中国铁建项目管理手册

综 合 篇

ZHONGGUO TIEJIAN XIANGMU GUANLI SHOUCE

(ZONGHEPIAN)

陈洪波　李小红　主编

中 国 计 划 出 版 社

北　京

图书在版编目（CIP）数据

中国铁建项目管理手册. 综合篇 / 陈洪波，李小红主编. -- 北京 : 中国计划出版社，2022.8
ISBN 978-7-5182-1472-3

Ⅰ. ①中… Ⅱ. ①陈… ②李… Ⅲ. ①铁路工程－基本建设项目－项目管理－手册 Ⅳ. ①F530.31-62

中国版本图书馆CIP数据核字(2022)第129563号

责任编辑：陈　飞　刘　原　丁　雪　　封面设计：纺印图文
责任校对：王　巍　　责任印制：李　晨　王亚军

中国计划出版社出版发行
网址：www.jhpress.com
地址：北京市西城区木樨地北里甲11号国宏大厦C座3层
邮政编码：100038　电话：（010）63906433（发行部）
北京市科星印刷有限责任公司印刷

880mm×1230mm　1/16　20印张　646千字
2022年8月第1版　2022年8月第1次印刷

定价：128.00元

编写委员会

主任委员： 汪建平　庄尚标

常务副主任委员： 王立新

副主任委员： 高晓东　陈志明

委员： 沈玉泉　楼翱　代敬辉　刘青林　秦正刚　王磊　刘正昶　王甲国　曾宗根　康福祥　刘树山　李睿　魏加志　李天胜　张树海　吴言坤　黄昌富　程红彬　陈宏伟　闫广天　杨哲峰　雷位冰　梅洪亮　万传军　申景涛　王旭永　沙明元　白云飞　陈洪波　贾国林　李小红

主编： 陈洪波　李小红

副主编： 姚宏安　王建红　王祖华　张军林　陈忠

参编人员：（以姓氏笔画排序）

丁浩　于程水　于斌　马林林　马勇　马冀元　王书萍　王龙　王发明　王闯　王兵　王陈　王贤俊　王明　王顺松　王炯　王晓军　王斌　王填弟　王雷　牛峰　仇强强　甘杰　成萌哲　毕中喜　吕国栋　朱杰　朱建敏　朱健源　朱新文　伍小刚　任敬锐　向慧君　庄勇　刘升琛　刘延华　刘自省　刘苏清　刘岗　刘昌银　刘金根　刘宝庆　刘革　刘铮　刘辉　齐元新　汤海洋　许杨林　许峰　孙逊　苏肖康　杜军良　李飞鸿　李凤伟　李书强　李玉彪　李同海　李军　李勇　李斌　杨伟　杨阳　杨启燕　杨柳　杨勇　杨强　杨新凯　吴天新　吴建辉　何佼　何海兵　何慈航　余先江　余斌　邹光剑　沈开林　宋大勇　宋红景　宋连英　张小川　张飞　张中驰　张长亮　张平　张弘睿　张宇立　张阳　张宏成　张纯清　张玮　张明江　张昶　张海　张超群　张鹏　张磊磊　陈风茂　陈延安　陈兆宇　陈红兵　陈志德　陈层顺　陈晓　陈越　陈锦文　范静　欧阳耀　欧振祥　罗勇　周凡　周本敏　周浩　城云　郝一明

郝慧晶　胡乃刚　胡志明　侯　敏　姜　攀　祝　威
贺　璇　桂武平　贾兴敏　贾　英　钱余欣　徐　奎
殷　豪　凌俊东　高　雄　高增启　郭春雷　唐达昆
黄诗尧　黄婧芝　黄　琴　康　林　章　俊　章　毅
梁真甄　扈士琰　董世峙　蒋　培　喻松峰　鲁　力
谢文辉　窦宏冰　管楚辉　廖良平　漆玉祥　谭　武
熊晓晖　颜　明　潘兆锋　薛丽波　薛宏飞　戴　文
魏向阳　魏　玲　瞿紫阳

编审专家：纪尊众　田宝华　胡建国　薛　峰　马　栋　王在仁
李　明

编写单位

主编单位：中国铁建股份有限公司
副主编单位：中铁十一局集团有限公司
参编单位：中铁十二局集团有限公司
中铁十七局集团有限公司
中铁十九局集团有限公司
中铁建设集团有限公司
中铁建电气化局集团有限公司
中铁城建集团有限公司
中国铁建发展集团有限公司

序

编撰一部《中国铁建项目管理手册》，既是中国铁建股份有限公司（以下简称“中国铁建”）工程技术人员多年的夙愿，也是实现工程项目规范管理的必需，更是实现高质量发展的基础。经过本手册编写组和所有为编撰工作倾注心血与努力的同志们的不懈努力，这本总结企业项目管理经验、符合企业项目管理实际、贴近企业项目管理需求的手册，终于付梓。

工程项目是建筑施工企业的发展之基、兴衰之本，是战略构想落地、转型升级发展的根本依托。近年来，中国铁建按照“实事求是、守正创新、行稳致远”的工作方针，遵循“1234+”工程项目管理思路，大力推行项目标准化、精益化管理，有力提升了项目管理能力和创誉创效水平，为企业高质量发展打下了坚实基础。

项目管理作为企业高质量发展的基础和关键，我们要贯彻高质量发展理念，以高质量项目管理为企业高质量发展创造更大价值，积极适应新形势，勇担新使命，狠抓管理提升，推进创誉创效。要坚持高质量发展主题，遵循“质量决定成败、安全决定根本、效益决定价值、创新决定发展、绿色决定未来”的发展理念，完善项目机制，整合项目资源，狠抓项目管理，强化全周期管理、全层级协同、全业务对标、全方位管控、全过程监管，确保项目在经济效益、人才队伍、经验成果、文化品牌等方面有收获。要防范高质量发展风险，把项目管理作为防范风险的第一道关口，坚决守住重大风险防控底线，严守安全、质量、工期、环保、效益、信誉风险底线。要打造高质量发展优势，立足基层项目，重视人才工作，培育专业高效的项目团队，打造忠诚干净的项目团队，夯实项目全面建设的基础，加快建立人力资源竞争优势。要夯实高质量发展基石，切实发挥基层党建基石作用，坚持党建服务生产经营，强化基层建设、基础活动、基本责任，让党建工作成为生产力、战斗力。

项目管理作为建筑施工企业的永恒主题和主旨，我们要围绕“建筑为本、相关多元、价值引领、品质卓越，发展成为最值得信赖的世界一流综合建设产业集团”的总体发展战略，贯彻创新、协调、绿色、开放、共享的发展理念，牢固树立底线思维，完善“大风控”“大监督”体系，坚持问题导向，狠抓“六条底线”，有效防范和化解各类风险，推进企业可持续健康稳定发展。健全管理体制机制，严格落实项目分级管理，科学实施“法人管项目”下的项目经理负责制，优化项目团队选聘机制和项目绩效考核机制，夯实管理基础。强力推进项目管理标准化，优化管理流程、明确各级管理标准、强化“四化”支撑，提升管理水平。全面推行精益化管理，构建以价值创造为导向、以管理提升为抓手、以提质增效为目标的基础管理体系，扎实做好“双预控”管理工作，大力推进“项目群”和“大标段”管理，加强施组管理，着力提升发展质量和效益。强化创新主体地位，增强核心竞争力。加大技术创新力度，重视创新成果转化，打造原创技术“策源地”和核心竞争力、专业施工能力。积极推进生产端数字化转型，按照“1236”数字化转型思路，加快“智慧工地”建设，全力推广智慧建造，打造“数字铁建”“智慧铁建”。

不忘初心，方得始终。中国铁建将始终坚持党的全面领导，坚持“守正、革新、提质、做实”

的工作要求，准确、完整、全面贯彻新发展理念，加快构建新发展格局，坚持稳中求进的工作总基调，以高质量发展为总主题，突出稳增长、提质效、促创新、强管控、防风险，以服务国家经济社会发展和满足人民对美好生活的向往为发展方向，倾力打造“品质铁建”。让我们踔厉奋发、笃行不怠，为实现“建筑为本、相关多元、价值引领、品质卓越，发展成为最值得信赖的世界一流综合建设产业集团”而不懈努力！

值此书编撰出版之际，向所有为中国铁建实现高质量发展而攻坚克难、奉献拼搏的工程技术人员致敬！

党委书记、董事长 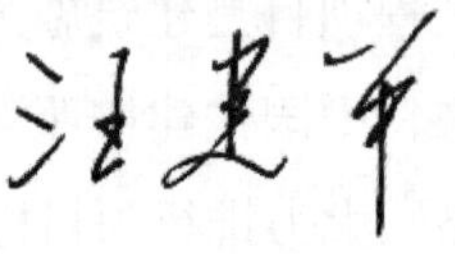

党委副书记、总裁 

2022年4月

编写说明

为推进项目管理制度化、流程化、标准化、精益化，实现项目创誉创效目标，全面提升中国铁建项目管理水平，推动企业高质量发展，根据《中国铁道建筑集团有限公司改革三年行动实施方案》(2020—2022年)，结合《中国铁建“十四五”发展战略与规划》，组织编写《中国铁建项目管理手册》。

《中国铁建项目管理手册》分为1个综合篇和8个专业篇。综合篇为项目综合管理的基本遵循，引领中国铁建项目管理的基本方向。专业篇为在建项目施工管理的专业工具，包括路基工程、路面工程、桥涵工程、隧道工程、建筑工程、铁路轨道工程、“四电”工程、市政工程8个主要方面。《中国铁建项目管理手册》全部编写完成后，将形成独具中国铁建特色的“1+N”项目管理体系。

《中国铁建项目管理手册（综合篇）》以项目管理全周期为主线，从项目管理各业务板块入手，分总则、项目投标、项目风险、项目策划、机构建设、施工技术、安全生产、工程质量、工程进度、项目成本、项目合同、项目分包、项目物资、机械设备、项目财税、节能环保、科技创新、信息化、智慧工地、综合业务、党群工作、项目收尾、督察与审计、附则等24章。一是介绍项目各业务板块管理的总体要求，重点宣贯中国铁建对项目各业务板块管理的总体思路和要求；二是理顺各业务板块管理流程，对管理目标进行分解；三是归纳总结各业务板块管理的主要内容，详细阐述工作要求；四是以表单形式对管理要点进一步细化，明确管理目的、管理活动及内容、管理依据、管理标准、工作重点和难点，在操作层面指导项目管理活动。

《中国铁建项目管理手册（综合篇）》是规范项目管理活动的指导性文件，供各层级项目管理人员履职参考。《中国铁建项目管理手册（综合篇）》是各类法规、规范、制度等标准化、表单化输出成果，不能代替现有法规、规范、制度相关内容，与现行文件、制度相冲突时，以具体文件、制度为准。加之中国铁建子（分）公司分布区域广，各单位发展历史、管理特点和现状不尽相同，在具体项目实施时还需根据各单位自身实际灵活运用。

工程项目管理是一个不断探索和完善的过程，随着市场的发展和改革的深入，项目管理工作还会面临各种新情况、新问题，需要进一步研究探讨。在《中国铁建项目管理手册（综合篇）》编写中，虽然力求做到内容全面、表达准确、切实可行，但由于时间仓促，编写人员经验与能力有限，难免有不足之处，希望各单位在执行过程中提出宝贵意见，以便今后不断修改完善，高质量服务项目管理实践。

《中国铁建项目管理手册（综合篇）》由中国铁建股份有限公司组织编写，中铁十一局集团有限公司牵头，中铁十二局集团有限公司、中铁十七局集团有限公司、中铁十九局集团有限公司、中铁建设集团有限公司、中铁建电气化局集团有限公司、中铁城建集团有限公司、中国铁建发展集团有限公司共同编写。中国铁建总部机关办公室（党委办公室）、发展规划部、科技创新部、经营部、运营管理部、安全监督部、财务资金部、审计监事部、法律合规部、信息化管理部、党委组织部（人力资源部）、党委工作部、工会工作部等部门分别参与各自部门业务范围内工作内容的编写、审核、校订等工作。

《中国铁建项目管理手册（综合篇）》编写和审查过程中，还得到了中国铁建股份有限公司总部机关其他部门和所属有关单位的大力支持和帮助，在此一并表示衷心的感谢！同时感谢参编人员的辛勤付出！

编写委员会

2022年4月

目　　录

第一章 总则

1.编写目的

工程项目是企业生存的根本、发展的根基、形象的窗口、效益的源泉、人才的摇篮、管理的基础、竞争的关键，为进一步健全项目管理体制机制，践行精益化管理理念，优化项目管理流程，明确各级管理标准，夯实项目管理基础，提升整体项目管理水平，提高项目创誉创效能力，推动项目管理制度化、流程化、标准化、精益化，助力推动企业高质量发展，打造“品质铁建”。

2.编写依据

现行国家有关法律法规、制度、标准、规范，股份公司现行管理制度、办法、文件，国内外同行业项目管理先进经验和方法。

3.适用范围

《中国铁建项目管理手册（综合篇）》（以下简称“本手册”）适用于中国铁建股份有限公司所有境内工程项目（含投资类项目的工程建设阶段），境外项目可参考执行。

4.项目管理基本原则

（1）遵循底线管理原则。 坚持“实事求是、守正创新、行稳致远”的工作方针，贯彻“1234+”项目管理思路，围绕项目创誉创效两个目标，坚守安全、质量、工期、环保、效益、信誉“六条底线”。

（2）遵循分级管理原则。 按照“股份公司统筹指导、集团公司全面管控、工程公司主体负责、项目部组织实施”的原则，形成统分有序、协同有力、责任清晰、运转高效的项目管理机制。

（3）遵循合规管理原则。 按照股份公司全面构建合规管理体系的总体部署，确保项目经营管理行为符合有关法律法规、监管规定、行业准则、商业惯例、道德规范、公司章程及企业各项规章制度等要求。

第二章 项目投标

1.投标管理总体要求

严格落实高质量经营要求，遵循“五必须”“六不揽”“七严禁”原则，从源头上确保项目经营质量。将项目上场责任成本测算结果作为经营业绩考核的重要指标，实行“两不奖、两处罚、一调整”。鼓励拟上场管理人员提前介入、尽早策划，借鉴类似工程经验，科学制订项目经营方案，稳步提升经营承揽质量。

2.投标管理流程

投标管理流程见下图。

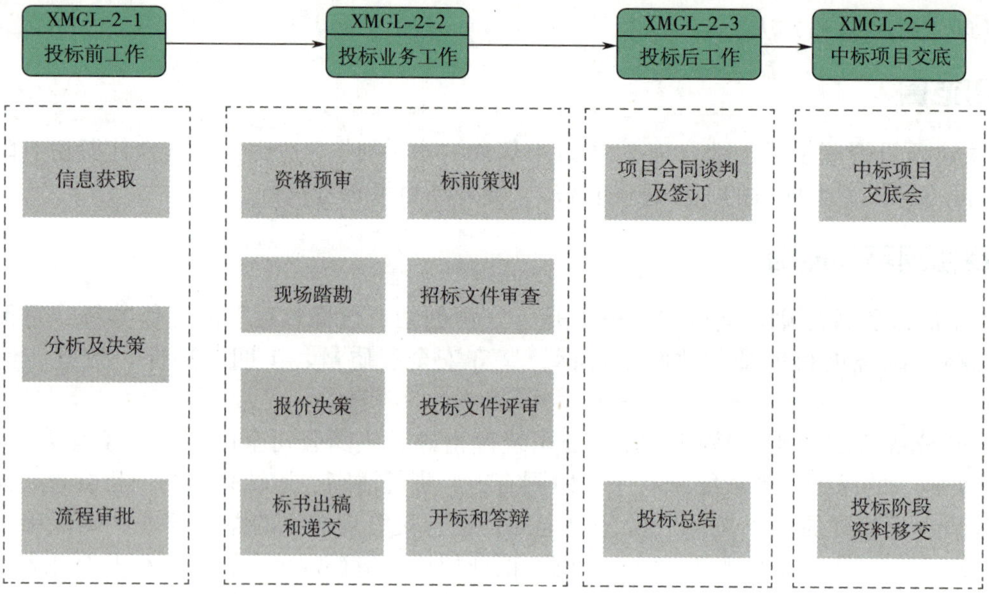

投标管理流程图

3.投标管理内容及要求

境内施工总承包项目投标管理工作内容包含投标前工作、投标业务工作、投标后工作、中标项目交底等。以股份公司名义投标的项目，按股份公司有关规定执行。

（1）投标前工作。在建设单位公开招标信息前，通过各级经营机构前期的项目跟踪，收集拟参与投标项目信息，在本级经营部门的配合下开展标前工作。在建项目实行“以干促揽，滚动发展”，鼓励项目人员参与到投标前工作中去，通过在建项目与经营部“两场联动”，将全员经营战略落到实处，确保高质量经营。

（2）投标业务工作。当建设单位发布招标信息后，投标责任单位组建投标业务组开展投标活动。业务组按招标文件要求编制投标文件并递交，参加开标会，收集中标结果等。

（3）投标后工作。投标完成后，投标责任单位组织业务组人员进行投标总结。对于中标项目，及时办理履约保函，接收中标通知书，组织对拟签订的合同进行评审、研读，对接建设单位进行合同谈判并签订合同文件。

（4）中标项目交底。合同签订后，由投标责任单位业务组向法人单位主要领导、相关部门及项目拟上场人员进行中标项目交底并形成纪要，交底内容应全面，资料应齐全。

4.投标管理要点

投标管理要点见下表。

投标管理要点

管理要点	管理目的	管理活动	活动内容	管理依据	管理表单	管理标准	重难点
XMGL-2-1 投标前工作	1.提前获取投标项目相关信息； 2.增加中标概率，提升经营成效； 3.对招标项目做出是否参投的决策	1.信息获取； 2.分析及决策； 3.流程审批	1.通过多种渠道获取项目信息，包括但不限于：项目参建单位情况（业主单位、勘察设计单位等）、项目潜在竞争对手情况、项目发包模式（施工总承包项目或投资类项目）、设计概况、概算清单、拟投入大型机械设备情况、招标文件条款设置情况及发包人建设资金落实情况等； 2.按照“五必须”“六不揽”“七严禁”的原则进行项目分析，对于企业资质条件、实施能力满足招标要求的项目，对于招标人合规性审查合规、招标人建设资金落实到位、建设期支付比例无风险的项目，对于附近有已完成类似工程并测算经济指标有利润的项目做出参与投标的决策； 3.由投标责任单位发起投标项目申报流程，逐级审批，最终做出企业参与投标的决策，进入投标业务工作流程	股份公司下发的相关经营工作文件	1.XMGL-2-1-1 信息浏览登记表； 2.XMGL-2-1-2 投标合规系列表	1.所选标段符合股份公司“五必须”“六不揽”“七严禁”的要求； 2.招标人符合股份公司关于“投标合规”的要求； 3.拟参投项目经济指标符合股份公司文件要求，利润可观、无亏损风险（企业战略性项目除外），并且建设资金落实到位，支付比例无风险	1.项目信息收集的准确性、及时性、全面性； 2.项目投标前期是否有在建项目人员参与，是否做到项目现场与经营部“两场联动”，是否对拟建项目概况及概算了解； 3.项目招标人合规，资金落实到位，支付条件优良，项目有利润； 4.投标流程按时发起及逐级审批完成

续表

管理要点	管理目的	管理活动	活动内容	管理依据	管理表单	管理标准	重难点
XMGL-2-2 投标业务工作	按要求进行投标业务策划，成立并组织投标组进行投标业务工作，确保投标过程可控，中标项目经济指标盈利	1.资格预审； 2.标前策划； 3.现场踏勘； 4.招标文件审查； 5.报价决策； 6.投标文件评审； 7.标书出稿和递交； 8.开标和答辩	1.按招标人的要求进行资格“预审”或“后审”； 2.按招标文件要求，由投标责任主体编制“投标业务工作策划书”，成立投标组，按节点、按要求对投标文件进行编制、评审工作； 3.重点项目现场踏勘可在投标不同阶段多次组织，全面、具体掌握项目现场情况； 4.投标组对招标文件进行审查，对项目风险大、财务数据不符合要求的项目应放弃投标并说明原因； 5.投标组通过现场踏勘、招标阶段图纸工程量复核，测算拟投项目经济指标，建立报价测算模型，提出报价方案（含不平衡报价），确保项目中标后盈利； 6.投标文件编制完成后，投标组进行分级审查，重点项目还需上级单位复审（以股份公司名义投标的，按照股份公司相关文件执行）； 7.完成评审的投标文件，根据招标文件要求进行打印、装订、签章、包封，并在规定时间内递交（电子投标按招标文件要求执行）； 8.在投标截止时间后参与开标，进入评标阶段，按招标文件要求进行答辩	1.股份公司下发的相关经营工作文件； 2.招标文件相关要求； 3.投标责任主体编制“投标业务工作策划书”中的相关要求	1.XMGL-2-2-1 资格预审（招标）文件评审记录表； 2.XMGL-2-2-2 投标业务工作策划书； 3.XMGL-2-2-3 项目踏勘报告； 4.XMGL-2-2-4 项目投标定价报备表； 5.XMGL-2-2-5 商务投标文件（资审申请文件）评审表； 6.XMGL-2-2-6 报价文件编制评审表； 7.XMGL-2-2-7 施工组织设计评审表； 8.XMGL-2-2-8 开标记录表	1.投标责任主体是否编制“投标业务工作策划书”，是否按要求执行； 2.投标文件是否高质量编制并按要求进行评审； 3.投标报价是否按相关要求进行测算，投标报价是否具有盈利性； 4.按要求出稿并递交投标文件； 5.参加开标会并按要求参加答辩	1.投标责任主体按招标文件要求及实际情况编制“投标业务工作策划书”，分工明确，节点时间清晰，落实到位，标准明确； 2.按企业实际情况测算成本，确保中标项目无亏损； 3.按要求递交标书、参加开标及答辩工作，确保投标阶段可控

续表

管理要点	管理目的	管理活动	活动内容	管理依据	管理表单	管理标准	重难点
XMGL-2-3 投标后工作	1.合同谈判时争取对企业有利条件，谋求公平、公正，并对合同中不利于我方的条款提出协商诉求； 2.确保与招标人经谈判达成一致的条款，以合同附件形式附在合同文件中； 3.按所属企业流程签订合同； 4.总结投标情况及投标过程得失，杜绝同类问题发生	1.项目合同谈判及签订； 2.投标总结	1.仔细研读合同条款内容； 2.全力争取有利于企业的合同条款； 3.提出合理化建议作为合同附件内容； 4.在谈判中，业主对技术和商务方面如提高标准，我方应相应提出价格调整诉求； 5.对谈判过程进行记录，并汇总成“纪要”存档，对“纪要”中未达成一致的问题，组织相关人员进行分析并提出解决方案，在中标交底时一并交底； 6.按企业流程，进行合同签字盖章及备案； 7.投标结束后，投标负责人组织进行投标总结，点评投标过程工作，分析投标过程得失情况，编写投标总结报告	1.股份公司下发的相关经营工作文件； 2.招标文件相关要求； 3.拟定的合同文件	1.XMGL-2-3-1 投标总结报告（格式自拟）； 2.XMGL-2-3-2 项目中标合同谈判纪要（格式自拟）	1.合同谈判前，向参与谈判人员提供项目有关资料，提前熟悉并制订谈判策略； 2.重视谈判过程，为企业争取最大利益； 3.是否按企业流程执行合同签订手续； 4.是否及时组织投标总结会； 5.是否及时编写投标总结报告	1.谈判前未“吃透”合同条款，未发现合同中潜在的风险； 2.未预测到合同条款中可能存在的风险，未能在合同谈判中为企业争取最大利益； 3.未按流程进行合同签订工作； 4.投标总结过于形式化，没有深刻分析过程中出现的问题； 5.编制人员是否吸取教训，杜绝同类问题再次发生
XMGL-2-4 中标项目交底	中标项目由经营部组织向企业内部有关部门及人员进行交底，并移交投标阶段有关资料	1.中标项目交底会； 2.投标阶段资料移交	1.召开中标项目交底会，一般项目由投标责任主体单位的投标组（经营部）向其他有关部门、拟上场人员进行交底；重点项目由上级法人经营部组织，向相关部门、拟上场人员进行交底； 2.交底内容应全面； 3.投标阶段资料移交（含招标文件、补遗、投标文件、合同文件及附件、合同谈判纪要等）	1.股份公司下发的相关经营工作文件； 2.招标文件相关要求； 3.投标文件； 4.合同文件及附件； 5.合同谈判纪要文件	XMGL-2-4-1 中标项目交底书（格式自拟）	1.及时进行全面的交底工作，并形成交底会签到记录； 2.及时移交投标阶段资料	1.交底内容不全面，特别是重点难点、承诺投入的大型设备、人员履约、取费标准、报价方案等内容； 2.交底未签字归档； 3.未及时移交投标阶段资料

第三章　项目风险

1.项目风险管理总体要求

坚持全面与重点相结合、与现行管理体系有效结合的原则，以项目管理体系为基础，融入风险管理要素，落实项目“大风控”的工作要求，规范管理流程，压实岗位责任，明确审批标准，建立项目风险管理“三道防线”，在保证工程项目经营管理依法合规及资产安全的同时，有效管控项目风险，促进项目管理总体目标实现。

强化管业务必须管风险，提升全员特别是项目管理人员的风险意识，将风险管理与业务工作深度融合，在开展业务活动的同时，全面、及时收集风险信息，做好风险的分析与辨识，重点关注重大、重要业务和高风险领域及重点人（岗位）、重点事和重点环节，采取有效的管控措施，减少各类风险发生的概率，降低风险可能给项目带来的损失和威胁，牢牢守住不发生重大风险的底线。

2.项目风险管理流程

项目风险管理流程见下图。

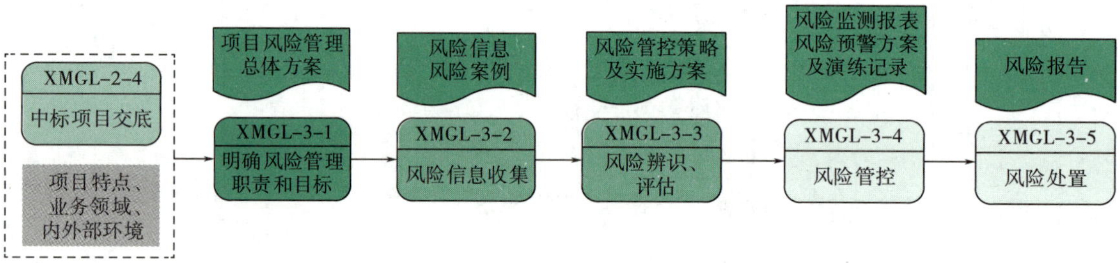

项目风险管理流程图

3.项目风险管理内容及要求

项目风险管理的工作内容主要包括明确风险管理职责和目标，风险信息收集，风险辨识、评估，风险管控，风险处置等工作。

（1）明确风险管理职责和目标。项目上场一个月内项目经理部根据项目组织结构，明确项目各层级风险管理职责，提出风险管理总体要求和任务目标。

（2）风险信息收集。项目各层级、各岗位根据风险管理职责持续收集内外部风险信息、案例，充分识别可能存在的各类风险。

（3）风险辨识、评估。结合项目特点和管控要求对收集的风险信息进行辨识分析，认定项目可能存在的主要风险因素，分析风险发生的条件或原因，评估风险发生可能性的高低，以及对项目管理目标实现可能产生的影响和程度。

（4）风险管控。根据项目风险管理领导小组最终确认的风险评估结果，围绕项目实际及管理目标，针对各类各级风险制订可行的风险管理解决方案，进行过程跟踪管控并及时报告；对评估认定的特别重大风险、重大风险和较大风险要重点关注，制订专项风险预警应急处理方案，建立风险跟踪监测工作机制，整合资源、集中力量，有针对性地开展管控工作。

（5）风险处置。对于发生的风险事件要快速应对、及时报告、妥善处置、消除影响、严肃追责，做好总结分析，举一反三，防止类似事件发生。同时，以定期风险管理报告和不定期专项报告形式，及时、准确、全面传递风险信息，排查风险隐患，有效制订应对方案。

4.项目风险管理要点

项目风险管理要点见下表。

项目风险管理要点

管理要点	管理目的	管理活动	活动内容	管理依据	管理表单	管理标准	重难点
XMGL-3-1 明确风险管理职责和目标	1.建立项目风险管理工作机制，规范管理流程，压实岗位责任，明确审批标准，建立项目风险管理"三道防线"，有效管控项目风险，促进项目管理综合目标实现； 2.强化管业务必须管风险，提升全员特别是项目管理人员的风险意识	1.明确项目风险管理职责； 2.确定项目风险管理总体要求和任务目标	1.项目上场一个月内项目经理部根据项目机构，明确项目各层级风险管理职责； 2.建立项目风险管理"三道防线"，将一线作业（业务）人员作为风险管理的第一道防线，业务部门为第二道防线，项目领导班子是第三道防线。"三道防线"责任到人，齐抓共管，确保项目风险得到有效管控； 3.强化业务发起者的首要责任，全面、逐级落实每一道把关责任，认真负责进行核准、审批或进行风险提示； 4.结合项目特点、业务领域、项目风险交底、内外部环境，准确把握风险管理与项目管控体系、绩效评价等关系，明确风险偏好，合理确定风险承受度，提出风险管理总体要求和任务目标	1.中标项目交底文件； 2.项目特点、业务领域、内外部发展环境	1.XMGL-3-1-1 项目管理主要风险分类清单（参考）； 2.XMGL-3-1-2 项目风险评判标准（参考）； 3.XMGL-3-1-3 项目风险管理总体方案	1.风险管理职责划分明确，逐级落实风险管理责任； 2.项目风险管理要求和目标明确，管控措施合理	1.准确把握项目风险管理内涵； 2.确定项目风险管理目标； 3.压实各级风险管理职责
XMGL-3-2 风险信息收集	将风险管理与业务工作深度融合，在开展业务活动的同时，全面、及时收集风险信息	收集内外部风险信息、案例	项目各层级、各岗位根据风险管理职责持续收集内外部风险信息、案例，充分识别可能存在的各类风险	两级风险管理办法	1.XMGL-3-2-1 风险信息收集表； 2.XMGL-3-2-2 风险案例收集表	1.风险信息收集及时、准确； 2.充分识别出项目面临的主要风险	1.全方位收集内外部风险信息和案例； 2.明确风险信息收集责任分工
XMGL-3-3 风险辨识、评估	结合项目特点和管控要求对收集的风险信息进行辨识分析，认定项目可能存在的主要风险因素，分析风险发生的条件或原因，评估风险发生可能性的高低，以及对项目管理目标实现可能产生的影响和程度	1.风险信息辨识分析； 2.定期开展项目层面风险评估	1.各业务部门对收集到的风险信息进行筛选、提炼、对比、分类、组合，充分发现、辨识、描述风险，并按传递渠道和程序及时、准确、完整地将风险信息提交项目风险管理牵头部门； 2.项目风险管理牵头部门对风险信息进行最终整理、汇总和分析工作； 3.评估认定项目可能存在的风险； 4.在项目风险管理体系建设过程中统一开展业务层面的风险评估，并至少按年度（建议按季度）定期开展项目层面的风险评估	两级风险管理办法	XMGL-3-3-1 风险评估工作报告	1.风险信息要素完整，风险辨识和描述准确； 2.风险信息上报及时、准确； 3.按要求开展项目层面风险评估	1.建立风险信息传递渠道和程序； 2.充分发现、辨识、描述风险； 3.组织开展业务层面和项目层面的风险评估

续表

管理要点	管理目的	管理活动	活动内容	管理依据	管理表单	管理标准	重难点
XMGL-3-4 风险管控	1.根据项目风险管理领导小组最终确认的风险评估结果，围绕项目实际及管理目标，针对各类各级风险制订可行的风险管理解决方案，进行过程跟踪管控，并及时报告； 2.对评估认定的特别重大风险、重大风险和较大风险要重点关注； 3.制订专项风险预警应急处理方案，整合资源、集中力量，有针对性地开展管控工作	研究制订风险管理解决方案	1.根据项目风险管理领导小组最终确认的风险评估结果，针对不同的风险，选择合适的应对策略或策略组合； 2.根据风险应对策略，针对各类各级风险制订可行的风险管理解决方案，进行过程跟踪管控； 3.特别重大风险、重大风险、较大风险应作为项目风险管控的重中之重，制订专项管控方案，并研究制订关键风险（KRI）监测指标，定期跟踪监测风险情况； 4.针对不同风险划分预警等级，设计预警指标，规范处置程序，明确责任部门和人员，对预警信息持续监测，制订预警响应措施并对执行情况进行跟踪； 5.开展必要应急演练和培训，确保危机得到及时妥善处理	—	1.XMGL-3-4-1风险管控专项方案； 2.XMGL-3-4-2项目关键风险（KRI）监测指标表； 3.XMGL-3-4-3项目风险跟踪监测表	1.风险应对策略选择以及风险管控方案制订科学、合理，针对性强，能有效管控风险； 2.项目风险预警及突发事件处理机制健全，运行顺畅	1.选择风险管理工具和方式方法； 2.制订风险管理解决方案； 3.设计风险预警指标，对风险进行过程跟踪管控； 4.对预警信息持续监测，制订预警响应措施并对执行情况进行跟踪
XMGL-3-5 风险处置	1.对于发生的风险事件要快速应对、及时报告、妥善处置、消除影响、严肃追责，做好总结分析，举一反三，防止类似事件发生； 2.以定期风险管理报告和不定期专项报告形式，及时、准确、全面传递风险信息，排查风险隐患，有效制订应对方案	1.专项风险管理报告； 2.定期风险分析报告	1.及时处置各类风险事件； 2.重大风险处置完毕后，相关业务部门向项目风险管理牵头部门提交专项风险分析报告； 3.各业务部门对职责范围内的风险管理情况实施持续监控，定期（建议按季度）编制风险管理报告； 4.项目风险管理牵头部门根据各专业部门提交的专项报告和定期报告，编制本项目年度风险管理报告	—	XMGL-3-5-1风险管理报告	按要求编制风险管理报告	1.及时处置风险事件； 2.及时编制风险报告

第四章　项目策划

1.项目策划总体要求

坚持对所有新开工项目开展前期策划。项目中标后，工程公司主要领导亲自带队到现场开展策划工作，重点落实设计优化、方案论证、成本测算、生产要素配置、重难点率先开工以及关系协调等事项。重大项目由集团公司牵头组织。

2.项目策划流程

项目策划流程见下图。

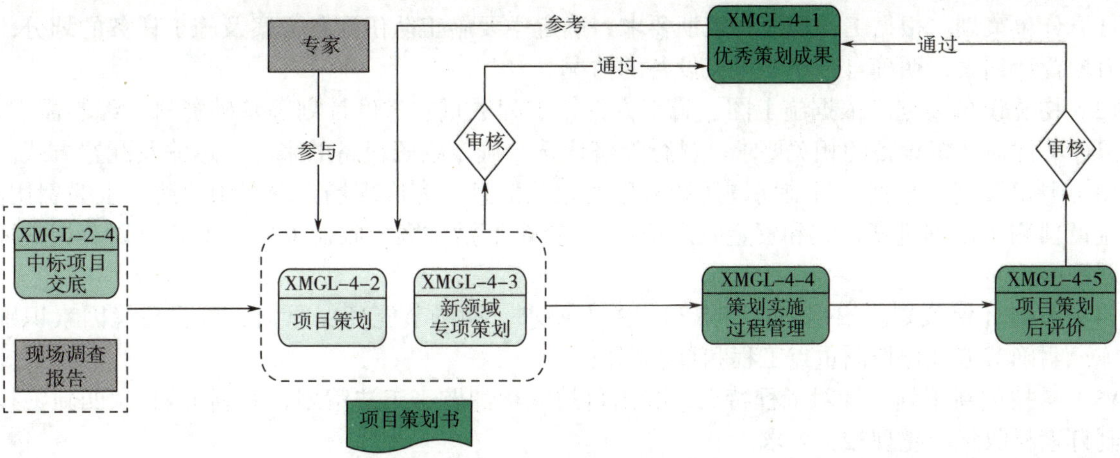

项目策划流程图

3.项目策划内容及要求

项目策划管理工作包括优秀策划成果、项目策划、新领域专项策划、策划实施过程管理和项目策划后评价五个方面的内容。项目策划实行分级管理，应根据项目投资大小、风险大小、难易程度、是否为新领域等要素，综合考虑策划管理层级。

（1）优秀策划成果。由工程公司推荐，集团公司筛选、分类、汇总形成优秀项目策划案例，通过不断更新、完善，为类似项目策划提供借鉴，提高策划工作质量和效率。

（2）项目策划。项目策划主责单位主要领导带领项目策划组进驻施工现场，在前期调查的基础上进行项目策划。策划主要内容包括策划前调查、风险评估和总体目标、组织架构、施工技术、安全生产、工程质量、工期、临建工程、成本效益及变更索赔、分包、物资设备、财税、节能环保、科技创新、创誉创优、特殊季节施工、文明施工及文化建设、信息化管理、智慧工地建设策划等。

1）策划前调查。项目策划前，组织相关人员进行设计文件复核、施工资源及环境调查，了解业主、勘察、设计、咨询、监理等相关单位情况，进行项目风险识别，形成现场调查报告。

2）风险评估。根据施工图纸和现场调查，对工程特点、难点、工期卡控工程进行分析，识别、评估潜在的风险。对主要风险予以确认，并制订相应对策或应急预案，在施工过程中加强监管，有效防范和降低风险。

3）总体目标策划。通过对项目的各种有利、不利因素的分析，确定项目管理的总体思路，制订项目安全、质量、工期、效益、环保、创誉、创优、文明施工等管理目标。

4）组织架构策划。根据业主要求及单位实际情况，完成项目管理组织机构定位及设置、主要管理人员配备、工区划分。制订保障措施，确定协调工作内容及重难点，进行协调工作策划。

5）施工技术策划。发挥策划组技术优势，确定项目总体施工方案，制订重点工程（如危大工程、重难点工程）等专项施工方案，完成测量及监测、试验及检测的策划工作。

6）安全生产策划。根据项目特点和相关方要求，明确项目安全控制重点工程和重点部位，制订安全管理主要控制措施。

7）工程质量策划。根据项目特点和相关方要求，明确项目质量控制重点工程和重点部位，制订质量管理主要控制措施。

8）工期策划。对项目的关键时点进行识别，明确工程总体施工顺序。依据总工期目标，确定关键节点工期，编写工程项目主要工序进度计划和完成时间指标。同时，绘制各阶段施工场地平面布置图。

9）临建工程策划。临建工程策划必须经济适用、科学合理、安全环保，满足施工生产需要。临建标准优先满足投标文件及外部环境的要求，并结合集团公司、工程公司建家建线文件执行。

10）成本效益及变更索赔策划。根据现场调查和合同分析，完成项目成本测算、项目经济评价、分包单价测定，研究变更索赔创效点，制订成本控制措施和创效措施。

11）分包策划。根据工程规模和工期要求，确定主要施工队伍配备方案及施工任务的划分，制订劳动力配置计划表，明确自带小型机械设备的情况。

12）物资设备策划。依据施工图、施工方案、工程数量、进度计划等基础资料，编制需求计划。根据招标文件对物资设备的相关要求，进行经济比选，确定物资设备的来源、运输及配置方式。

13）财税策划。根据项目前期调研和梳理的相关信息，完成现场管理费用预测、上缴费用测算、资金流量预测（依据进度计划和资金收入预算）、资金筹措方案、收益策划、税务筹划及相关风险方案策划等内容。

14）节能环保策划。根据项目特点和相关方要求，明确节能环保原则、重要环境因素识别及控制措施，明确节能环保控制重点工程和重点部位。

15）科技创新策划。针对工程特点，提出科技立项课题、工法策划、专利策划、“四新”技术应用，制订素材收集、整理相关要求。

16）创誉创优策划。依据行业信用评价办法、业主考评要求、项目创优目标，从联络协调、外业、内业等方面做好针对性安排，制订迎检具体措施、创优措施等。

17）特殊季节施工策划。根据工期要求和工程所在地环境特点，制订冬期、雨季、高温、台风、旱季等特殊季节及天气的施工方案和措施。

18）文明施工及文化建设策划。根据业主、外部环境和合同要求，结合集团公司、工程公司相关文件规定，制订项目文化建设、文明施工标准和管理措施。

19）信息化管理策划。根据项目特点和业主要求，结合集团公司、工程公司相关文件规定，制订信息化管理建设方案和管理措施。

20）智慧工地建设策划。根据项目特点和业主要求，结合集团公司、工程公司相关文件规定，制订智慧工地建设方案和管理措施。

（3）新领域专项策划。施工集团公司从未涉足过项目部分或者全部专业领域时，由策划主责单位聘请外部专家进行咨询，上级业务部门协助项目策划组，在项目策划成果的基础上，进一步踏勘现场，优选施工方案，优化资源配置，编制新领域专项策划，经法人单位审批后实施。

（4）策划实施过程管理。项目策划书经法人单位评审并履行相关程序后以正式文件下发，由项目部组织实施，法人单位要做好定期督导检查。项目部应严格执行策划方案，项目策划方案原则上不进行调整。当外部环境或施工条件发生重大变化时，必须按有关程序进行动态调整，经过重新审批后组织实施。

（5）项目策划后评价。项目在转入收尾阶段前，应做好项目策划后评价工作。策划后评价报告由项目部负责编制，项目部编制完成并报审后，后评价评审主责单位应及时开展评审，主要对后评价报告内容的全面性、针对性进行审核。项目部依据审核意见修订策划后评价报告，形成策划后评价报告最终成果。

4.项目策划管理要点

项目策划管理要点见下表。

项目策划管理要点

管理要点	管理目的	管理活动	活动内容	管理依据	管理表单	管理标准	重难点
XMGL-4-1 优秀策划成果	筛选并汇总项目优质策划案例，形成优秀策划成果，为后续类似项目的策划提供参考，提高项目策划质量	1.策划成果引用； 2.策划成果更新	1.工程公司推选本单位具有代表性的优秀策划成果上报集团公司； 2.集团公司通过遴选优秀项目策划，建立、完善、更新优秀策划成果案例； 3.项目策划组在项目策划阶段引用、参考优秀策划成果中类似项目的策划案例	1.审核入选的策划书； 2.规章制度； 3.项目策划书； 4.新领域专项策划书； 5.项目策划后评价报告	—	1.集团公司、工程公司在策划书或策划后评价报告审核后1个月内录入优秀策划成果中； 2.常规领域入选率不低于50%，新领域全部进入优秀策划成果	1.策划书各有侧重，筛选标准难统一； 2.规范入选审核、分类管理
XMGL-4-2 项目策划	明确管理目标，识别项目风险并制订应对措施，确定项目定位及组织架构，制订项目进度计划，细化施工方案，合理配置生产资源，厘清项目经济管理脉络，提升项目管理水平，实现项目管理目标	1.项目策划书编制； 2.项目策划书评审； 3.项目策划书调整	1.项目策划组负责编制，项目部参与； 2.正常情况下，在项目具备开工条件后规定时间内完成自评并报审； 3.上报集团公司或工程公司策划主管部门组织评审； 4.报审后在规定时间内完成评审，结合评审意见完成修订； 5.当外部环境或施工条件发生重大变化时，由项目原策划单位进行策划调整并按程序重新上报审批	1.中标项目交底书； 2.现场调查报告； 3.优秀策划成果； 4.项目策划管理制度	XMGL-4-2-1 项目策划书	1.是否切合实际； 2.目标是否满足业主、上级单位要求； 3.格式和内容是否符合集团公司、工程公司相关制度规定； 4.是否达到调整条件； 5.是否按照程序来进行调整	受设计文件、施工现场及时间所限，策划深度不够，操作性不强
XMGL-4-3 新领域专项策划	满足各集团公司战略发展需要，涉足新工程领域，充分利用外部资源，适应新领域要求，培养新领域专业人才，拓展企业市场	新领域专项策划	涉及新领域时，由策划主责单位聘请外部专家进行咨询，上级业务部门协助项目策划组编制新领域专项策划，纳入项目策划中，并上报审批	1.中标项目交底书； 2.现场调查报告	XMGL-4-2-1 项目策划书	1.是否切实可行； 2.能否达到人才培养目的	1.缺乏相关的管理经验及完善的制度； 2.新领域人才培养、技术创新机制有待探索
XMGL-4-4 策划实施过程管理	督促项目部抓好策划落实工作，严格执行策划方案，科学安排工期，合理配置资源。如现场发生重大变化时，及时调整并按原程序重新上报审批	项目策划实施过程管理	1.项目经理依据审批后的项目策划书对策划落实进行任务分解，明确责任人和完成时间； 2.项目部依据策划内容及策划分解清单，在项目管理过程中逐项抓好策划落实工作。项目经理每年组织对策划执行情况进行评价分析，分析结果及时存档； 3.集团公司、工程公司定期对项目部策划落实情况进行检查，按要求开展策划"回头看"	1.项目策划管理制度； 2.项目策划书	—	1.是否对策划书进行落实分解； 2.是否按照项目策划书实施； 3.是否按时开展策划执行检查和"回头看"	1.项目部对策划书的执行存在偏差； 2.策划书的动态调整不及时

续表

管理要点	管理目的	管理活动	活动内容	管理依据	管理表单	管理标准	重难点
XMGL-4-5 项目策划后评价	提升项目策划管理水平，评价项目策划是否达预期效果，对项目策划的合理性、可操作性及项目管理经验教训进行评价，总结、积累项目管理经验	项目策划后评价	项目主体工程完工后（四电工程及风水电专业在调试完成后、房屋建筑工程在装饰装修完成后、铺架工程在铺架完成后），由项目经理牵头对项目策划效果进行自评，编制“项目策划后评价报告”，上报工程公司或集团公司策划主管部门评审	1.项目策划管理制度； 2.项目策划书	XMGL-4-5-1 项目策划后评价报告大纲	1.是否附支撑性材料； 2.是否在规定时间内申报； 3.格式和内容是否符合集团公司、工程公司相关制度规定	1.主体工程完工后，部分关键岗位人员调整大，影响后评价报告质量； 2.项目后评价没有具体的评价标准； 3.相关单位未及时开展后评价资料审核

第五章　机构建设

1.机构建设总体要求

项目部机构建设以责权匹配、精干高效为控制原则，坚持法人管项目与精益化管理理念，不断创新体制、完善机制、优化模式，提升项目创誉创效能力，促进项目各项管控目标的实现。

2.机构建设管理内容及要求

（1）项目部职能定位及职责。

1）项目部职能定位。项目部承担工程项目的“组织实施”职责，作为法人的派出机构组织实施项目，是“法人管项目”的重要内涵和组成部分，是项目实施的责任主体，具体负责工程项目施工生产，对项目生产要素进行管理和使用，主要对工程进度、安全、质量、成本控制及上级下达的经济责任目标负责。

2）项目部主要职责。落实企业对项目管理的各项规章制度和管理要求，建立高效的组织运行机制。接受企业的领导、管控、监督、检查和考核；组织现场施工资源，全面履行企业与业主签订的工程建设施工合同；对工程项目的前期调查、开工准备、施工管理、过程控制、竣工验收、质量保修全过程负责，全面实现项目管理责任目标，为企业创造效益和信誉；负责优化设计和施工方案、做好管理创新及成果总结等工作；负责建立健全项目管理体系各项规章制度和办法，推进项目管理的制度化、流程化和标准化；负责制订各部门、各类人员的职能和职责，建立考核奖罚机制并实施考核；负责组织设备物资集中采购和劳务队伍选聘工作；负责项目文化建设和员工队伍建设；合理使用并为公司培养优秀管理人才和技术骨干，培育提升施工作业队的专业化施工能力和水平；负责项目党建思想政治和群团工作，构建和谐文明工地，确保职工队伍和施工现场稳定；负责协调与业主、设计、监理和地方政府的关系，营造良好的施工环境。此外，项目部应按照党章规定和股份公司党委、股份公司《关于加强和改进工程项目部党的建设的决定》的有关要求，设立党群组织和工作机构。

（2）项目部机构设置与职能划分。项目部职能部门设置应体现精干高效的原则，并根据项目规模、工程特点和工作职责进行合理设置。一般设工程技术部、安全质量部、计划合同部、财务部、设备物资部、综合办公室（党群工作部）、中心试验室等五部二室，详见下表。规模不大、技术难度不高和一些特殊类型的项目，职能部门设置可适当调整。个别施工环境复杂、受征拆影响大的项目，可设立征拆办公室。如建设单位（业主）有硬性要求，按建设单位（业主）要求进行设置。

典型项目部职能组合表

序号	部门设置	部门职能
1	工程技术部	项目策划、生产管理、技术管理、科技创新、收尾管理、智慧建造、标准化管理、节能环保、风险管理等
2	安全质量部	质量管理、安全管理等
3	计划合同部	合同管理、分包管理、成本管理等
4	财务部	财务管理、薪酬与绩效管理、审计管理等
5	设备物资部	物资管理、设备管理等
6	综合办公室	综合管理、党群管理、信息化管理等
7	中心试验室	技术管理（试验检测管理）

在线路较长、规模较大、专业较多时，项目部可根据具体情况划分若干分部（工区），分部（工区）可划分若干管理队（组）。项目分部（工区）为独立的项目管理责任主体，管理队（组）是项目部派驻现场的管理单元，对辖区内的进度、质量、安全、环保等现场管理活动负责。项目工区一般设施工技术室、安质环保室、计划财务室、设备物资室、试验室和测量队。

根据项目业务梳理与分析，对项目管理职能进行分解，一般有21个职能单元，详见下表。项目策划时可根据项目具体情况如业主要求、行业要求、项目规模、风险程度、施工难度等对职能单元进行组合。对于规模不大、技术难度不高及一些特殊类型的项目，职能单元设置可适当合并调整。

项目部主要管理职责责任矩阵

序号	职能单元	必要工作事项	工程技术部	安全质量部	计划合同部	财务部	设备物资部	综合办公室	中心试验室
1	项目策划	项目策划	★	☆	☆	☆	☆	☆	☆
		新领域策划	★	☆	☆	☆	☆		☆
		策划实施过程管理	★	☆	☆	☆	☆	☆	☆
		策划后评价	★	☆	☆	☆	☆	☆	☆
2	生产管理	项目进度计划	★	☆	☆	☆	☆		
		项目进度控制	★	☆	☆	☆	☆		
		征迁协调	★	☆	☆	☆	☆	☆	☆
		临建工程	★	☆	☆	☆	☆	☆	☆
		轨道运输管理	★	☆	☆	☆	☆		☆
3	智慧建造	BIM建模	★	☆	☆	☆	☆	☆	☆
		智慧工地	★	☆	☆	☆	☆	☆	☆
4	质量管理	信用管理	☆	★	☆	☆	☆		☆
		质量管理体系建设	☆	★	☆	☆	☆		☆
		质量过程控制	☆	★	☆	☆	☆		☆
		质量验收管理	☆	★	☆	☆	☆		☆
		质量改进管理	☆	★	☆	☆	☆		☆
		质量创优管理	☆	★	☆	☆	☆		☆
		质量总结	☆	★	☆		☆		☆
5	物资管理	材料价格库的应用	☆	☆	☆	☆	★		☆
		物资计划	☆	☆		☆	★		☆
		供应商管理	☆	☆	☆	☆	★		☆
		物资采购	☆	☆		☆	★		☆
		现场物资管理	☆	☆	☆	☆	★		☆
		物资核算	☆	☆	☆	☆	★		☆
		拌和站管理	☆	☆	☆	☆	★		☆

续表

序号	职能单元	必要工作事项	工程技术部	安全质量部	计划合同部	财务部	设备物资部	综合办公室	中心试验室
5	物资管理	钢材加工场管理	☆	☆	☆	☆	★		☆
		周转材料管理	☆	☆	☆	☆	★		☆
		民爆物品管理	☆	☆	☆	☆	★		
		废旧材料处置	☆	☆	☆	☆	★		☆
6	设备管理	设备价格库的应用	☆	☆	☆	☆	★	☆	
		设备计划管理	☆	☆	☆	☆	★	☆	
		设备合同管理	☆	☆	☆	☆	★	☆	
		设备进场管理	☆	☆			★	☆	
		设备现场管理	☆	☆			★	☆	
		设备安全管理	☆	☆	☆	☆	★	☆	
		设备结算管理	☆	☆	☆	☆	★	☆	
		设备核算管理	☆	☆	☆	☆	★	☆	
		设备退场管理	☆	☆	☆	☆	★	☆	
7	节能环保	节能环保制度管理	★	☆		☆	☆		☆
		环境方案管理	★	☆		☆	☆		☆
		节能环保过程管理	★	☆		☆	☆		☆
8	标准化管理	标准化管理推广	★	☆	☆	☆	☆	☆	☆
9	技术管理	施工组织设计	★	☆	☆	☆	☆		☆
		作业指导书	★	☆	☆		☆		☆
		技术方案	★	☆	☆	☆	☆		☆
		技术交底	★	☆	☆	☆	☆		☆
		施工过程技术	★	☆	☆	☆	☆		☆
		变更设计	★	☆	☆		☆		☆
		测量管理	★	☆	☆		☆		☆
		试验检测	☆	☆	☆		☆		★
		工程量	★	☆	☆		☆		☆
10	科技创新	课题立项	★	☆	☆	☆	☆		☆
		课题实施	★	☆	☆		☆		☆
		课题结题	★	☆	☆	☆	☆		☆

续表

序号	职能单元	必要工作事项	工程技术部	安全质量部	计划合同部	财务部	设备物资部	综合办公室	中心试验室
10	科技创新	专利申报	★	☆	☆	☆	☆		☆
		工法申报	★	☆	☆	☆	☆		☆
11	安全管理	安全管理组织设置	☆	★	☆	☆	☆	☆	☆
		安全生产责任制	☆	★	☆	☆	☆	☆	☆
		安全生产规章制度和操作规程	☆	★	☆	☆	☆	☆	☆
		安全教育培训	☆	★	☆	☆	☆	☆	☆
		分包商安全管理	☆	★	☆	☆	☆	☆	☆
		危大工程安全管理	☆	★	☆	☆	☆	☆	☆
		危险作业安全管理	☆	★	☆	☆	☆	☆	☆
		施工现场安全标准化	☆	★	☆	☆	☆	☆	☆
		安全生产费	☆	★	☆	☆	☆	☆	☆
		安全应急管理	☆	★	☆	☆	☆	☆	☆
		事故管理	☆	★	☆	☆	☆	☆	☆
		风险分级管控及隐患排查治理	☆	★	☆	☆	☆	☆	☆
12	合同管理	承包合同交底	☆	☆	★	☆	☆		
		内部分包合同	☆	☆	★	☆	☆		☆
		分包合同管理	☆	☆	★	☆	☆		☆
		收入目标与考核	☆	☆	★	☆	☆		
		变更索赔	☆	☆	★	☆	☆		
		效益策划	☆	☆	★	☆	☆		
		对上计价	☆	☆	★	☆	☆		
		分部对上计价	☆	☆	★	☆	☆		
13	分包管理	分包商价格库	☆	☆	★				
		分包商资源管理	☆	☆	★	☆	☆		☆
		项目分包清单关联项目WBS	☆		★				
		分包策划管理	☆		★				
		分部招标管理	☆	☆	★		☆		
		劳务用工管理	☆	☆	★	☆	☆		☆
		分包商成本核算	☆	☆	★	☆	☆		☆
		分包商计量结算	☆	☆	★	☆	☆		

续表

序号	职能单元	必要工作事项	工程技术部	安全质量部	计划合同部	财务部	设备物资部	综合办公室	中心试验室
14	成本管理	成本数据库的应用及维护			★	☆			
		责任单元成本预算	☆	☆	★	☆	☆		
		责任成本过程督导	☆	☆	★	☆	☆		
		责任成本绩效考核	☆	☆	★	☆	☆		
15	风险管理	明确风险管理职责和目标	★	☆	☆	☆	☆	☆	☆
		风险信息收集	★	☆	☆	☆	☆	☆	☆
		风险辨识、评估	★	☆	☆	☆	☆	☆	☆
		风险管控	★	☆	☆	☆	☆	☆	☆
		风险处置	★	☆	☆	☆	☆	☆	☆
16	信息化管理	软件正版化	☆	☆	☆	☆	☆	★	☆
		信息化基础设施建设及维护	☆	☆	☆	☆	☆	★	☆
		IT资产管理	☆	☆	☆	☆	☆	★	☆
		信息系统应用	☆	☆	☆	☆	☆	★	☆
		网络安全	☆	☆	☆	☆	☆	★	☆
17	财务管理	财务策划	☆	☆	☆	★	☆	☆	☆
		预算管理	☆	☆	☆	★	☆	☆	☆
		决算管理	☆	☆	☆	★	☆	☆	☆
		资金管理	☆	☆	☆	★	☆	☆	☆
		费用管理	☆	☆	☆	★	☆	☆	☆
		税务管理	☆	☆	☆	★	☆	☆	☆
		会计核算	☆	☆	☆	★	☆	☆	☆
		收尾并账			☆	★	☆	☆	
18	薪酬与绩效管理	岗位绩效考核管理	☆	☆	☆	★	☆	☆	☆
		员工考勤管理	☆	☆	☆	★	☆	☆	☆
		薪酬审批发放管理	☆	☆	☆	★	☆	☆	☆
19	审计管理	审计专项策划	☆	☆	☆	★	☆		☆
		内部审计管理	☆	☆	☆	★	☆		☆
		配合外部审计	☆	☆	☆	★	☆		☆

续表

序号	职能单元	必要工作事项	工程技术部	安全质量部	计划合同部	财务部	设备物资部	综合办公室	中心试验室
20	综合管理	公文处理	☆	☆	☆	☆	☆	★	☆
		会议管理	☆	☆	☆	☆	☆	★	☆
		印章管理	☆	☆	☆	☆	☆	★	☆
		督察督办	☆	☆	☆	☆	☆	★	☆
		办公用品管理	☆	☆	☆	☆	☆	★	☆
		信访内保	☆	☆	☆	☆	☆	★	☆
		日常管理	☆	☆	☆	☆	☆	★	☆
		档案工作	☆	☆	☆	☆	☆	★	☆
		组织建设	☆	☆	☆	☆	☆	★	☆
		党群活动	☆	☆	☆	☆	☆	★	☆
		文化宣教	☆	☆	☆	☆	☆	★	☆
		权益维护	☆	☆	☆	☆	☆	★	☆
		民主管理与监督	☆	☆	☆	☆	☆	★	☆
		考核评价	☆	☆	☆	☆	☆	★	☆
		法律联络员管理	☆	☆	☆	☆	☆	★	☆
		纠纷案件管理	☆	☆	☆	☆	☆	★	☆
		项目合规工作	☆	☆	☆	☆	☆	★	☆
21	收尾管理	预收尾介入	★	☆	☆	☆	☆	☆	☆
		纳入收尾及目标下达	★	☆	☆	☆	☆		☆
		收尾项目及人员考核	★	☆	☆	☆	☆		☆
		收尾工程管理	★	☆	☆	☆	☆		☆
		收尾经济管理	☆	☆	★	☆	☆		
		收尾财务管理	☆	☆	☆	★	☆		
		收尾人员管理	☆	☆	☆	☆	☆	★	☆
		收尾其他事项管理	☆	☆	☆	☆	☆	★	☆
		督导台账管理	★		☆	☆			

注：“★”为牵头部门，“☆”为配合部门。

（3）项目部管理人员岗位设置。项目管理岗位的设置应遵循以下原则：

1）岗位单元组合。组合后的岗位职责由岗位职责单元合并而成，根据工作量大小及岗位单元间关联程度，可以一人多岗、一岗多人进行岗位单元组合。有些岗位如副经理、专业工程师、施工员、调度员等可以多人同岗。

2）岗位副职设置。项目副经理、业务领导副职、部门副职的设置可由项目策划组会同项目部根据项目规模和管理难度，统筹考虑设置与否、设置数量，向公司提出需求，由公司审批后执行。

3）管理人员调整。项目部机构设置和编制定员审批下达后，必须严格执行，因特殊原因需要调整须经设立项目部的编制管理部门批准后，方可进行调整。

通过对项目管理岗位的梳理，并将岗位职责进行单元分解，共划分为40个岗位单元（详见附录3项目管理岗位职责，其中34个岗位单元可设置专职岗位，根据工程规模情况确定人员数量，6个岗位单元为兼职岗位，不建议配置专人。在项目策划时，公司根据投标文件中有关机构设置及人员编制方面的承诺、公司有关项目人员定编的规定及项目管理需求等确定岗位设置。

项目部应按照股份公司有关规定，设置合规官、法律顾问、法律联络员等专兼职岗位。详见附录3项目管理岗位职责。

（4）项目部编制定员。项目部应本着精干高效、一岗多责的原则，根据项目合同要求、工程规模、管理模式、技术难度、工期进度、工程特点等实际情况，合理编制确定项目部领导班子、职能部门及管理人员的数量。现场主要管理人员、技术人员的数量和资格必须满足现场施工需要。

项目部领导班子人数按照不超过项目部总人数25%的比例进行配置，一般为5～8人，超大规模、工期趋紧、施工难度系数大的工程项目可适当增加配置1～2人。领导班子职位设项目经理、项目党工委书记或专职党工委副书记、项目副经理、项目总工程师、项目安全总监。部分项目根据建设单位要求和项目实施需要可增设常务副经理、总经济师、总会计师、物资设备总机械师等职位，但必须严格控制项目部领导班子职数。项目班子成员应根据项目规模大小等实际情况，按照少而精、一岗多责、交叉任职的原则，尽量减少职数。

项目部的编制定员总人数根据项目规模大小、施工技术复杂程度和工程特点等进行合理配置，一般控制在35人以内（不含临时聘用的后勤辅助人员）。铁路既有线、高层建筑、铁路站房、托管项目部或工期趋紧、施工难度系数大的工程项目可适当增加定员1～5人。

第六章 施工技术

1.技术管理总体要求

遵守国家、行业等现行技术政策、标准、规范、规程。遵循技术经济合理统一，坚持安全第一、质量至上，实行各级总工程师负责制，围绕企业生产、经营管理总目标，科学、严谨、客观开展技术活动，为安全、质量、文明施工、节能环保提供技术保障。

2.技术管理流程

技术管理流程见下图。

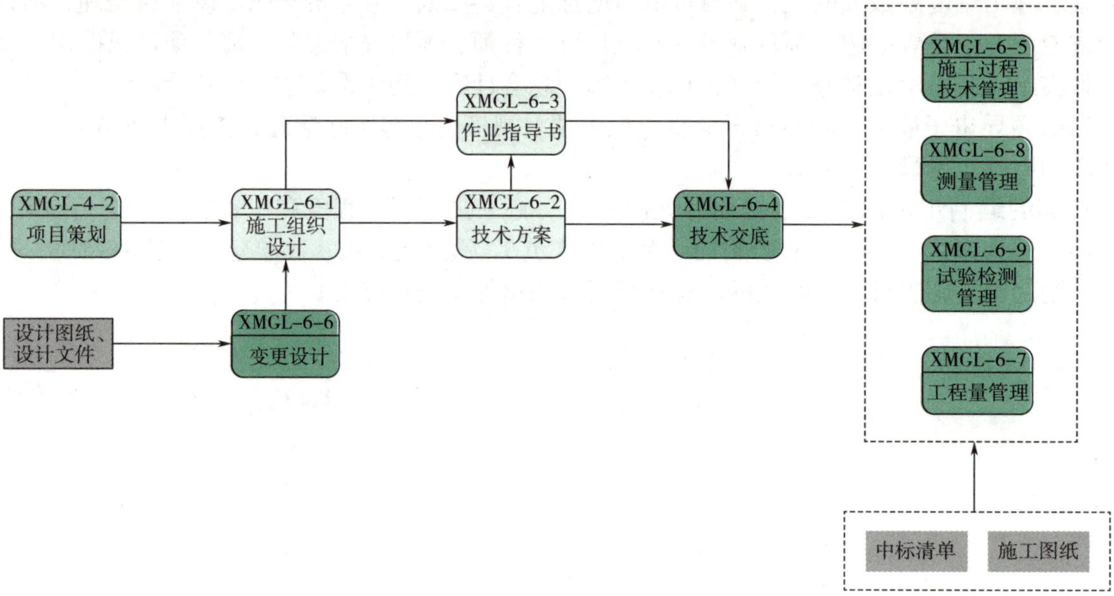

技术管理流程图

3.技术管理内容及要求

技术管理的内容主要有施工组织设计、技术方案、作业指导书、技术交底、施工过程技术管理、变更设计、工程量管理、测量管理、试验检测管理等工作。

（1）施工组织设计。在项目经理组织、项目总工主持下，依据项目策划方案编制实施性施工组织设计，明确项目工期、施工方案、资源配置等重要事项以及工程措施，并按相关程序完成审批手续。

（2）技术方案。由项目总工组织，依据项目策划方案、施工组织设计、施工图、现行施工规范编制分部分项工程专项施工技术方案，明确分部分项过程的施工方法、工艺流程、资源配置、安全环保等措施，并按相关程序完成审批手续。对危险性较大的分部分项工程施工技术方案还须通过专家论证评审。

（3）作业指导书。在单位工程开工前，编制作业指导性文件，明确施工工艺流程、作业要点、质量标准及环境保护、施工安全等注意事项，用以规范现场工程技术人员、作业人员的作业行为。

（4）技术交底。依据设计文件及设计交底纪要，将技术方案、技术工艺、进度计划、过程控制及质量标准、作业标准、材料设备及工装配置、安全技术措施及施工注意事项、应急处置措施等向施工管理人员和作业人员传达，技术交底实行三级交底，交底人和接受交底人应签字确认，交底记录齐全。

（5）施工过程技术管理。按照技术方案、作业指导书、技术交底，进行现场巡查管控，强化作业人员的作业标准和安全质量意识，并及时解决现场存在的技术问题，服务施工生产，按时完成技术资料归集。

（6）变更设计。严格遵循“先批准、后变更，先变更、后施工”的原则，以结构安全、设计优化、降低成本、保证质量和进度为前提，深入调查研究，充分论证，开展工程变更，变更手续完备，并及时建立设计变更台账。

（7）工程量管理。结合分包、进度、物资、成本等不同管理活动的需求，依据施工图设计（包含变更设计、临建工程设计），进行施工图工程量计算、复核，建立施工图工程量台账。按照项目策划方案、优化方案、技术规范、技术交底、施工图工程量，计算、建立技术交底工程量控制台账，作为验工收方工程量管控基础数据，强化算量、管理、用量分级规范管控、节超预警。

（8）测量管理。项目上场完成交接桩后进行控制网复测并加密，做好测量成果交接，按设计和测量—技术相互交底开展施工放样和监测工作，过程中及时对结构物进行复核，形成必要的测量资料。

（9）试验检测管理。原材料执行“先检后用，先进先用”的原则，结合设计及标准要求，及时优化设计混凝土配合比，加强原材料进场检测、标识和使用管理，制订不合格品管理制度和建立管理台账。

4.技术管理要点

技术管理要点见下表。

技术管理要点

管理要点	管理目的	管理活动	活动内容	管理依据	管理表单	管理标准	重难点
XMGL-6-1 施工组织设计	施工组织设计是用来指导工程项目施工准备、施工控制与协调、资源配置与使用的施工全过程的技术、经济和组织的综合性文件	1.设计文件审核； 2.技术策划； 3.实施性施工组织总设计编制、评审； 4.单位工程施工组织设计编制、评审； 5.施工组织设计动态管理	1.设计文件及图纸会审； 2.现场踏勘、调研，结合项目策划及时进行技术策划； 3.分阶段编制总体施工组织设计和单位工程施工组织设计，分级进行项目部、工程公司、集团公司评审，并报监理、建设单位审核批准； 4.工程实施过程中根据实际情况变化，对施工组织设计进行动态调整	1.合同文件、设计文件、建设单位相关要求； 2.现场自然条件和社会经济条件； 3.施工组织设计相关文件； 4.同类型项目的施工管理经验； 5.项目策划书	1.XMGL-6-1-1 施工调查报告； 2.XMGL-6-1-2 实施性施工组织设计	1.符合合同文件、设计文件、建设单位、上级单位的相关要求； 2.重难点工程、关键工程和特殊工程相关风险控制方案及主要施工方法（方案）等已进行策划； 3.按要求评审和批准后实施	1.施组科学性、合理性、经济性； 2.施组的动态管理
XMGL-6-2 技术方案	用以组织施工生产，指导现场作业，为安全、质量、进度、成本管理提供技术保证	1.技术方案分级管理； 2.技术方案编制、评审	1.按照技术难易程度及风险高低进行分级管理； 2.编制技术方案； 3.按照技术方案管理办法、相关法规要求进行分级评审、备案； 4.超过一定规模的危险性较大的分部分项工程专项施工方案还须进行专家论证、评审	1.相关现行施工规范、标准、法规； 2.技术方案管理办法； 3.设计文件； 4.施工组织设计； 5.项目策划书	XMGL-6-2-1 专项施工技术方案	1.符合施工组织设计、施工图、现行规范要求； 2.满足安全、质量、工期、经济、环保等要求	1.安全技术风险识别； 2.技术方案的经济性

续表

管理要点	管理目的	管理活动	活动内容	管理依据	管理表单	管理标准	重难点
XMGL-6-3 作业指导书	依据设计文件、施工组织设计、施工方案，识别项目的关键工序及特殊过程，编制作业指导书，供作业层操作使用	1.关键工序及特殊过程管理； 2.作业指导书编制	1.在编制单位施工组织设计、技术方案时对关键工序及特殊过程进行识别； 2.编制作业指导书，向现场管理人员、施工人员明确施工作业程序、施工操作方法、工艺要求、质量标准及环境保护、施工安全等注意事项	1.现行国家、行业规范、标准和施工指南； 2.施工图、设计文件、设计变更文件； 3.建设单位相关文件要求	XMGL-6-3-1 作业指导书	1.符合规范及验收标准的要求； 2.贴合现场需求，能够指导施工	对相同的关键工序及特殊过程具有通用性、可操作性
XMGL-6-4 技术交底	通过三级技术交底使参与工程施工的管理人员和作业人员，了解自己所要完成的分部分项工程的具体工作内容、操作方法、施工工艺、质量标准和安全注意事项等	1.一级技术交底； 2.二级技术交底； 3.三级技术交底	项目部技术交底实行三级交底，项目总工程师对项目部各部室及技术人员进行项目级技术交底；技术主管人员对项目分部（工区）技术负责人进行分部（工区）级技术交底；项目分部（工区）技术负责人对班组长及相关作业人员进行班组级技术交底	1.现行国家、行业规范、标准和施工指南； 2.施工图、设计文件、设计变更文件； 3.施工方案、施工方法； 4.作业指导书； 5.施工现场环境及水文地质情况	XMGL-6-4-1 技术交底书	1.在施工前完成交底； 2.能指导现场施工	1.交底的针对性和指导性； 2.因交底人对图纸、方案的理解不足，交底深度不够
XMGL-6-5 施工过程技术管理	通过落实技术方案、作业指导书、技术交底，加强现场工序管控，进行现场巡查，强化作业人员的作业标准和安全质量意识。及时解决现场存在的技术问题，更好服务施工生产。按时完成技术资料和竣工资料的编制	1.工序管理； 2.技术资料管理	1.对施工过程控制的各环节进行监督、检查和指导； 2.做好过程技术资料收集，确保技术资料与施工现场同步	1.施工图、验收标准、技术规程； 2.上级单位相关文件要求； 3.技术方案、作业指导书、技术交底	—	1.施工现场按照既定的施工工艺进行施工； 2.技术资料齐全、真实、准确、有效	1.技术方案和技术交底的落实； 2.检查指导的及时性； 3.技术资料的同步性
XMGL-6-6 变更设计	规范项目工程变更设计管理工作，在保证施工安全、质量、进度等前提条件下，降低企业二次经营风险，提高企业经济效益	1.变更立项； 2.变更技术资料签证	1.项目总工组织进行设计方案优化，提出设计变更立项建议； 2.在设计变更立项、审批过程中，项目总工组织技术人员及时收集、编制变更设计的技术资料、签证资料，完善变更设计手续	1.中标合同、中标清单； 2.施工图纸及设计联系单； 3.建设单位的变更管理办法； 4.上级单位的变更管理办法	—	1.满足合同、规范、图纸、审计的要求； 2.项目变更技术资料搜集是否齐全、及时，满足对上计量签证要求	1.变更立项工作； 2.变更资料搜集和签证工作

续表

管理要点	管理目的	管理活动	活动内容	管理依据	管理表单	管理标准	重难点
XMGL-6-7 工程量管理	加强项目工程数量、材料理论用量的预控管理以及施工过程中的工程量计量，提高项目工程量管理水平，提升项目创效能力	1.临时工程量计算； 2.施工图工程量计算； 3.责任预算工程量编制； 4.技术交底工程量编制； 5.主体工程材料理论用量计算； 6.临时工程材料理论用量计算； 7.工程量过程控制	1.工程量计算、复核； 2.编制工程量汇总表、材料理论用量汇总； 3.在每月按时完成各项工程计量工作	1.招标图、中标文件、任务分劈文件； 2.项目分包清单； 3.临时工程方案、临时工程施工图； 4.施工图； 5.变更通知单	—	1.按时完成各类工程量计算； 2.工程量计算与专项方案、技术交底同步； 3.工程量台账及时、同步	1.工程量计算； 2.工程量过程控制
XMGL-6-8 测量管理	通过规范的测量工作，实现测量管理标准化，确保结构物满足设计和规范要求，保证现场施工质量	1.交接桩； 2.编制测量方案； 3.控制测量； 4.技术、测量互相交底； 5.施工监测； 6.施工放样、复核； 7.竣工测量； 8.测量仪器管理	1.由业主组织交接桩，监理、设计、施工单位共同参加，做好交桩记录，形成交桩纪要； 2.依据现行测量规范、施工组织设计、施工图、交接桩资料编制复测方案与测量方案，指导本项目测量工作； 3.开展控制网复测和加密控制测量工作； 4.组织技术人员与测量人员互相交底； 5.开展变形监测工作，对监测数据分析并指导施工； 6.根据施工图纸开展施工放样和结构物复核； 7.开展竣工测量工作，形成竣工测量资料； 8.对测量仪器做好维护保养，定期检定，做好相关台账管理	1.测量规范、设计文件； 2.实施性施工组织总设计； 3.建设单位、监理、设计、评估等相关单位要求； 4.上级单位下发的相关测量工作文件	1.XMGL-6-8-1交接桩纪要； 2.XMGL-6-8-2精密测量控制网共用桩协议书； 3.XMGL-6-8-3监视和测量装置管理用表	1.交接桩及共桩协议签字盖章完全； 2.控制点布设形式、精度符合规范要求； 3.技术员、测量员共同对现场测量结果进行交接，双方书面签字确认； 4.监测数据采集及时、准确，并按规定时间将监测数据上传平台； 5.结构物满足设计要求	1.控制点桩位完整性确认和护桩工作； 2.方案内容是否符合本项目实际情况； 3.技术交底内容准确性和交底内容的复核确认； 4.监测工作及时性、数据准确性； 5.结构物满足设计要求
XMGL-6-9 试验检测管理	验证原材料、构件、半成品、结构及成品试验检测结果与工程设计及规范要求的符合性，严控现场施工质量	1.工地试验室建设； 2.试验检测； 3.混凝土配合比、试件与实体强度管理； 4.试验检测设备仪器管理； 5.拌和站试验管理； 6.试验检测资料管理	1.由具有资质的母体试验检测机构在项目开工时组建工地试验室； 2.开展原材料、构件、半成品、成品试验检测，并验证结果与工程实体的符合性； 3.根据设计要求及原材料情况，确定配合比，并报相关部门审批后使用； 4.根据工程试验开展需要配置试验检测仪器，并对仪器、设备实行动态管理； 5.拌和站必须采用自动计量装置并定期对其进行检验校准； 6.对各项试验检测记录、报告等资料进行编制、收集、整理、归档，参与竣工资料编制	1.现行国家、行业规范、标准和施工指南； 2.施工图、设计文件、变更设计文件； 3.建设单位相关文件要求； 4.施工组织设计中确定的施工方案、施工方法	1.XMGL-6-9-1混凝土试件力学试验台账； 2.XMGL-6-9-2仪器设备使用记录； 3.XMGL-6-9-3不合格品管理台账	1.工地试验室建设满足标准及规范要求； 2.试验检测频率满足规范要求； 3.配合比强度、耐久性、经济性、适用性满足设计及规范要求； 4.试验仪器设备配置满足参数检测要求，精度、量程符合规范； 5.试验资料齐全、真实、准确、有效并通过相关单位的竣工资料验收	1.试验仪器的有效性； 2.检测过程的规范性

第七章　安全生产

1.安全管理总体要求

安全生产工作应当加强党的领导，以人为本，坚持人民至上、生命至上，把保护人民生命安全摆在首位，树牢安全发展理念。坚持“安全第一，预防为主，综合治理”的方针，落实“党政同责、一岗双责、齐抓共管、失职追责”的要求，按照“管行业必须管安全、管业务必须管安全、管生产经营必须管安全”的原则，落实“生命至上、预防为主”的安全理念，建立健全并落实全员安全生产责任制，完善安全生产监督管理体系，确保安全生产投入，采用先进的安全生产技术和管理方法，实行全员、全过程、全方位的安全管理，不断提升项目本质安全水平。杜绝一切亡人事故，实现“零事故”的安全生产目标。

2.安全管理流程

安全管理流程见下图。

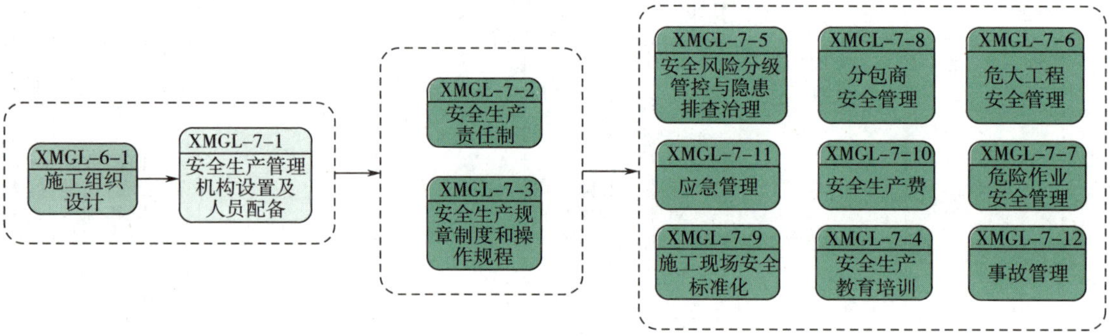

安全管理流程图

3.安全管理内容及要求

各项目应当建立健全安全生产工作体系，主要包括安全生产管理机构设置与人员配备、安全生产责任制、安全生产规章制度和操作规程、安全生产教育培训、安全风险分级管控与隐患排查治理、分包商安全管理、危大工程安全管理、危险作业安全管理、施工现场安全标准化、安全生产费用、应急管理、事故管理等。加强体系运行控制，强化岗位培训、过程监管、总结反馈、持续改进等管理过程，并定期按照股份公司《安全生产工作评价管理规定》对项目安全生产工作进行考核评价，确保体系有效运行。

（1）安全生产管理机构设置与人员配备。组建安全生产管理机构并配备相应的专职安全生产管理人员，加强项目安全生产管理，预防生产安全事故，保障人员生命和财产安全，促进企业持续健康发展。

（2）安全生产责任制。坚持并落实“党政同责、一岗双责、齐抓共管、失职追责”与“管行业必须管安全、管业务必须管安全、管生产经营必须管安全”的要求，建立健全并落实全员安全生产责任制。根据各岗位安全生产职责及“零事故”的安全生产目标要求，细化项目部及所属各部门安全工作任务清单。

（3）安全生产规章制度和操作规程。建立和完善可操作性强的安全生产规章制度、操作规程，指引、约束和规范安全生产行为，持续提升各岗位执行力。

（4）安全生产教育培训。建立安全培训管理制度，结合从业人员实名制管理，对从业人员进行与其所从事岗位相应的安全教育培训，提高作业人员的安全素质。如实记录并建档从业人员安全培训的时间、内容、参加人员以及考核结果等情况。

（5）安全风险分级管控与隐患排查治理。根据上级单位安全风险清单库，建立本项目安全风险清单，对重大危险源实行动态监控、评估和管控，综合运用现场巡查、技术监测、信息分析等手段，实现风险预测和预警。建立安全生产隐患排查治理制度，根据上级单位隐患清单库和项目特点，建立项目隐患清单库，采用智能化、信息化等手段，通过日常排查、综合性排查、专项排查和外聘专家排查等方式，对照隐患清单库，从“人、机、料、法、环”五个方面，全面系统地排查并消除生产过程和管理活动中各类隐患，实现排查、统计、分析、治理闭环管理。

（6）危大工程安全管理。危大工程必须按规定编制专项施工方案，履行报批、评审程序，采取科学、合理的安全技术措施。危大工程开工前，应对安全生产条件进行核查，确认合格后方可施工。项目施工过程中，通过安全技术交底、安全条件验收、监督检查等手段，确保专项施工方案落实。

（7）危险作业安全管理。进一步强化安全管理基础，规范作业人员安全行为，加强事故易发部位安全管理，避免事故及危险性事件的发生。

（8）分包商安全管理。贯彻“安全+”理念，建立分包商安全管理制度，将分包商安全管理纳入项目安全生产管理体系；坚持分包管理安全为先，在分包商选择、合同签订、过程管控、考核评价、结果应用等关键环节，增强安全防范意识，加强分包全过程安全管控。

（9）施工现场安全标准化。通过全员全过程参与，建立并保持安全生产管理体系，全面管控生产经营活动各环节的安全生产与职业卫生工作，实现安全健康管理系统化、岗位操作行为规范化、设备设施本质安全化、作业环境器具定置化，并持续改进。

（10）安全生产费。按照国家、行业及股份公司有关规定，及时、足额提取和使用安全生产费用，专门用于改善项目安全生产条件，专项核算，明确费用投入的项目内容、额度、完成期限、责任部门和责任人等，在成本中据实列支，确保安全生产费用投入的落实。

（11）应急管理。针对可能发生的生产安全事故和灾害的特点、危害，进行风险辨识和评估，制订相应的应急预案；建立专（兼）职应急救援队伍，配备相应的应急救援装备和物资，定期进行维护、保养，保证正常运转；按规定组织开展应急预案演练、评估、修订和备案工作。

（12）事故管理。建立生产安全事故管理制度，对事故信息报告、内部调查、责任追究、整改落实、与绩效考核挂钩等做出具体规定。生产安全事故发生后，事故单位应按照规定报告地方政府及有关部门，并逐级上报至股份公司。严禁瞒报、谎报、迟报。项目应当按照“四不放过”的原则，组织开展内部事故分析，查找管理短板，分析自身原因，汲取事故教训，制订并落实整改措施，开展整改效果自评。

4.安全管理要点

安全管理要点见下表。

安全管理要点

管理要点	管理目的	管理活动	活动内容	管理依据	管理表单	管理标准	重难点
XMGL-7-1 安全生产管理机构设置与人员配备	建立项目安全生产管理机构，组织指导项目安全生产管理活动，配齐专职安全管理人员，加强安全生产管理，预防生产安全事故，保障人员生命和财产安全，促进企业持续健康发展	1.建立项目安全生产管理机构； 2.配齐专职安全生产管理人员	1.建立以项目主要负责人为组长，项目领导班子成员为副组长，各部室负责人、分包商负责人为组员的安全生产领导小组； 2.按照国家相关法律法规、规章制度要求配齐专职安全生产管理人员	1.项目部成立文件； 2.施工组织设计	—	1.是否按要求成立安全组织机构； 2.人员配置是否符合行业管理规定	1.安全生产管理机构成立形式的规范性； 2.专职安全生产管理人员配置的合规性

续表

管理要点	管理目的	管理活动	活动内容	管理依据	管理表单	管理标准	重难点
XMGL-7-2 安全生产责任制	明确各级、各岗位安全生产主体责任，强化“全员参与，全员责任”和“管业务必须管安全”安全责任意识。全面明确项目部及所属各部门安全责任和工作任务清单	1.建立全员安全生产责任制； 2.制订安全生产目标； 3.签订安全包保责任书	1.制订覆盖全员，包括企业主体安全生产职责、项目所属各单位、各部门安全生产职责、各岗位安全生产职责的安全生产责任制，并由相关责任人签字确认； 2.根据上级单位安全生产目标制订项目本级安全生产目标，并按照职责分工将工作任务分解到各个部门； 3.安全包保责任书逐级签订到全体参建人员	1.相关法律法规； 2.上级单位安全生产责任制及目标	1.XMGL-7-2-1安全生产责任制； 2.XMGL-7-2-2安全包保责任书； 3.XMGL-7-2-3安全生产责任制考核表	1.是否覆盖项目全员； 2.各岗位安全职责是否符合相关法律法规规定	安全职责划分的全面性、科学性、可执行性
XMGL-7-3 安全生产规章制度和操作规程	建立和完善可操作性强的安全生产规章制度、操作规程，指引、约束和规范安全生产行为，持续提升各岗位执行力	1.识别适用的安全生产法律、相关要求清单； 2.制订安全生产规章制度和操作规程	1.在开工前识别适用的安全生产法律、行政法规、部门规章、地方性法规、地方规章和相关标准、规范性文件，并建立项目安全风险清单和隐患清单库，定期更新； 2.项目在开工前制订安全生产规章制度和操作规程，明确各岗位安全工作任务及要求、规范安全生产行为	1.相关法律法规； 2.相关国家行业规范	1.XMGL-7-3-1安全生产法律法规及其他要求清单； 2.XMGL-7-3-2安全生产操作规程	1.是否全面覆盖项目需要； 2.是否根据相关法律法规及时更新	1.项目安全管理的科学性和可执行性； 2.岗位识别的全面性，操作规程覆盖现场施工所有岗位
XMGL-7-4 安全生产教育培训	确保全体员工按规定接受安全教育培训，提高全员安全技能水平和安全生产意识	1.制订安全教育培训计划； 2.安全培训、考核； 3.工前安全教育	1.项目进场后30日内或年度1月份内，根据项目特点，项目安全生产领导小组编制安全教育培训计划，并纳入年度工作计划； 2.项目各相关部门按照安全教育培训计划开展安全培训及考核； 3.分包商班组长每天作业前对本班作业人员就本日施工内容安全注意要点及管控措施进行工前安全教育	1.相关法律法规； 2.项目安全生产规章制度及操作规程等； 3.专项施工方案、交底	1.XMGL-7-4-1安全教育培训计划表； 2.XMGL-7-4-2安全教育培训台账	1.是否全面考虑了各专业、各岗位、各类型培训； 2.是否符合施工专业需要	1.培训的实用性、全面性、专业性； 2.新型教育设备留存教育培训基础资料的合规性
XMGL-7-5 安全风险分级管控与隐患排查治理	开展对风险的识别、评价，分级制订管控措施，提高高风险点的安全管控力度，确保高风险施工安全稳定。持续开展隐患排查工作，保障各项安全管控措施的有效落实，消除安全隐患，保障施工平稳、可控	1.风险点确定； 2.风险分析、评价、分级； 3.风险公示； 4.安全隐患排查； 5.安全隐患治理	1.项目进场后定期组织分析生产工艺、设备设施、作业环境、人员行为和管理体系等方面存在的安全风险，做到系统、全面、无遗漏，并动态更新； 2.对辨识出的安全风险进行分类梳理，确定安全风险类别。对不同类别的安全风险，采用相应的风险评估方法确定安全风险等级； 3.风险评价后根据辨识评价的风险，制订管控措施并做好风险及管控措施的公示公告； 4.根据项目情况，制订安全生产（日常）检查清单，组织各部门开展各种安全检查； 5.根据隐患问题大小及整改难易程度适当限定整改时限、制订整改措施或方案进行整改	1.相关法律法规； 2.《中国铁建股份有限公司生产安全风险分级管控规定》； 3.设计图纸、施工初步方案、施工工艺工法	1.XMGL-7-5-1风险管控措施清单； 2.XMGL-7-5-2风险评价报告； 3.XMGL-7-5-3管理活动记录表； 4.XMGL-7-5-4安全生产（日常）检查清单； 5.XMGL-7-5-5安全检查台账	1.风险辨识是否全面； 2.是否动态管理，定期更新； 3.是否分级制订了管控措施，明确管控责任人； 4.是否在工地醒目位置将风险相关信息进行公示公告； 5.在施工现场出入口和风险的作业点附近设置安全警示标志	1.风险识别的全面性； 2.风险公示的及时性； 3.安全隐患排查的及时性、科学性、全面性； 4.安全隐患治理的科学性、彻底性

续表

管理要点	管理目的	管理活动	活动内容	管理依据	管理表单	管理标准	重难点
XMGL-7-6 危大工程 安全管理	加强对施工建设过程中危险性较大的分部分项工程安全管理，有效防范生产安全事故。杜绝人员群死群伤或者造成重大经济损失的安全事故发生。落实国家对危大工程的相关法律法规	1.危大工程清单； 2.专项施工方案； 3.安全技术交底； 4.危大工程公示； 5.现场带班； 6.危大工程验收	1.在项目策划阶段梳理建立本项目危大工程清单。施工过程中如因工程变更，危大工程发生变化的应及时更新、调整； 2.在危大工程施工前由项目技术管理部门根据施工内容编制专项施工方案； 3.根据专项施工方案的内容，由项目技术管理部门组织对现场管理人员及施工作业人员进行安全技术交底，并由双方安全员签字确认； 4.危大工程施工过程中，项目应在施工现场显著位置公告危大工程信息名称、施工时间和具体责任人员，并在危险区域设置安全警示标志； 5.项目负责人现场带班检查，全面掌握项目安全状况，加强对重点部位、关键环节的控制，及时消除隐患； 6.危大工程实施过程中，组织相关人员进行验收。验收合格的，经施工单位项目技术负责人及总监理工程师签字确认后，方可进入下一道工序	1.《危险性较大的分部分项工程安全管理规定》； 2.项目施工组织设计； 3.项目安全生产规章制度； 4.危大工程专项施工方案	1.XMGL-7-6-1危大工程安全管理台账； 2.XMGL-7-6-2现场带班生产记录表	1.识别是否全面，施工条件发生变化是否及时更新； 2.是否公示，并在危险区域设置安全警示标志； 3.危大工程是否开展了验收，是否在施工现场明显位置设置验收标识牌，公示验收时间及责任人员	1.方案内容的针对性、可操作性； 2.方案交底和安全技术交底的全面性、及时性、合规性、可执行性； 3.验收程序的合规性
XMGL-7-7 危险作业 安全管理	进一步强化安全管理基础，加强事故易发部位安全管理，避免事故及危险性事件的发生	1.工程项目安全许可； 2.安排专门人员现场安全管理	1.相关部门在工程施工前，对营区、施工作业面、特种设备与机械、危爆物品等危险作业实行安全许可检查，对符合安全条件的进行安全许可； 2.进行危险作业时，安排专门人员进行现场安全管理，确保操作规程的遵守和安全措施的落实	1.《安全生产法》； 2.中国铁建股份有限公司安全生产工作评价管理规定	1.XMGL-7-7-1工程项目安全许可证； 2.XMGL-7-7-2动火作业审批表	1.许可项目、条件是否准确； 2.带班检查时间是否符合要求	安全许可条件的科学性、可执行性、全面性
XMGL-7-8 分包商 安全管理	规范分包安全管理行为，促进分包商与企业安全管理水平同步提升；加强分包全过程安全管控，坚决遏制分包安全事故	1.签订分包安全管理协议； 2.分包商人员配备； 3.分包商安全评价	1.分包商招标后，与分包商签订安全管理协议，明确双方权责； 2.督促分包商按照安全管理协议内容配备安全管理人员； 3.定期对分包商的安全履职、履约情况进行考核评价	1.国家相关法律法规、规章制度； 2.中国铁建股份有限公司分包商安全管理办法	1.XMGL-7-8-1分包商安全管理协议； 2.XMGL-7-8-2分包商安全履约评价表及评价说明	1.是否及时与分包商签订安全管理协议； 2.协议内容是否依法合规； 3.是否定期对分包商安全履约情况进行考核	1.分包商企业及人员资质的合规性； 2.分包商企业及人员生产过程中安全行为规范性、标准性
XMGL-7-9 施工现场 安全标准化	通过全员全过程参与，建立并保持安全生产管理体系，全面管控生产经营活动各环节的安全生产与职业卫生工作，实现安全健康管理系统化、岗位操作行为规范化、设备设施本质安全化、作业环境器具定置化，并持续改进	1.制订施工现场安全标准化实施方案及图集； 2.施工现场安全标准化评价	1.项目进场后3个月内，根据相关法律法规、规范要求、属地各主管部门要求制订项目安全防护标准化实施方案及图集，报项目安全生产领导小组审核后实施； 2.定期按照安全生产标准化实施方案要求，对施工现场安全标准化实施情况进行考核评价并将考核评价结果应用于项目安全责任考核及分包商评价	1.相关法律法规、规范要求； 2.属地相关部门要求； 3.项目安全生产规章制度	—	是否定期开展标准化评价、考核	现场安全标准化方案、图集的可执行性

续表

管理要点	管理目的	管理活动	活动内容	管理依据	管理表单	管理标准	重难点
XMGL-7-10 安全 生产费	指导、规范安全生产费用的提取和使用，建立安全生产投入长效机制，确保安全生产费用的提取和使用依法合规	1.制订安全生产费使用计划； 2.安全生产费过程管控	1.项目上场初期，制订安全生产费总体使用计划，每年1月底前合理制订年度安全生产费使用计划，组织相关部门交底； 2.每月明确各部门所发生安全生产费用的内容，并组织会议分析纠偏，建立安全生产费使用台账并定期更新	1.《企业安全生产费用提取和使用管理办法》； 2.承包合同中标清单	1.XMGL-7-10-1安全生产费使用年度计划； 2.XMGL-7-10-2安全生产费使用台账	1.是否符合相关法律法规要求； 2.是否符合现场施工情况	安全生产费相关凭证的合规性
XMGL-7-11 应急管理	提高防范和处置生产安全事故（灾害）的能力，最大程度预防和减少事故（灾害）及其造成的损害和影响	1.生产安全事故风险评估； 2.应急资源调查； 3.应急预案编制及评审； 4.应急培训与演练； 5.应急响应	1.开展生产安全事故风险评估，撰写评估报告，辨识施工过程中可能存在的危险有害因素，确定可能发生的生产安全事故类别；分析各种事故类别发生的可能性、危害后果和影响范围;评估确定相应事故类别的风险等级； 2.编制应急预案前全面调查分析本单位以及周边单位可请求援助的应急资源状况，撰写应急资源调查报告； 3.依据风险评价报告，组织各相关部室编制应急预案并进行评审； 4.根据项目事故预防重点，开展应急培训，制订应急预案演练计划并按要求进行应急演练； 5.发生事故（事件），报告各上级单位后，项目执行应急预案内容，开展应急救援工作	1.《生产经营单位生产安全事故应急预案编制导则》； 2.《项目风险评价报告》； 3.《安全生产法》	1.XMGL-7-11-1生产安全事故应急资源调查报告； 2.XMGL-7-11-2综合应急预案； 3.XMGL-7-11-3专项应急预案； 4.XMGL-7-11-4现场处置方案； 5.XMGL-7-11-5年度应急预案演练计划表	1.应急预案编制是否依法合规，能否满足施工需求； 2.是否按预案要求频率进行应急演练	1.应急预案的科学性； 2.应急演练频次
XMGL-7-12 事故管理	加强生产安全事故报告和调查处理，防止和减少生产安全事故	1.事故报告； 2.事故调查处理	1.事故发生后，事故现场有关人员应立即报告现场负责人，现场负责人接到事故报告后应立即报告上级负责人，并于1小时内向事故发生地县级以上政府有关部门报告； 2.在接到事故报告后，事故单位应妥善保护事故现场及相关证据，积极配合政府开展事故调查，稳妥进行善后处理。发生事故的上级单位成立事故调查组，开展企业内部调查，查找事故原因，深刻吸取教训，举一反三	1.中国铁建股份有限公司生产安全事故管理规定； 2.相关法律法规	1.XMGL-7-12-1生产安全事故快报表； 2.XMGL-7-12-2生产安全事故调查报告	1.事故上报的真实性和及时性； 2.事故调查报告是否合规、及时	事故报告程序的规范性

第八章 工程质量

1.质量管理总体要求

贯彻执行国家及上级有关工程质量管理的方针、政策、法规、制度，大力弘扬工匠精神，牢固树立“今天的质量就是明天的安全，而且是最大的安全”质量管理理念。聚焦质量缺陷的预控，强化技术工艺创新，锚定质量“零缺陷”目标，推进质量标准化管理，落实质量终身责任制，建立质量缺陷责任追究制度。推行全面质量管理，提高全员、全过程、全方位质量管控水平，积极开展质量创优活动，建造优质工程。

2.质量管理流程

质量管理流程见下图。

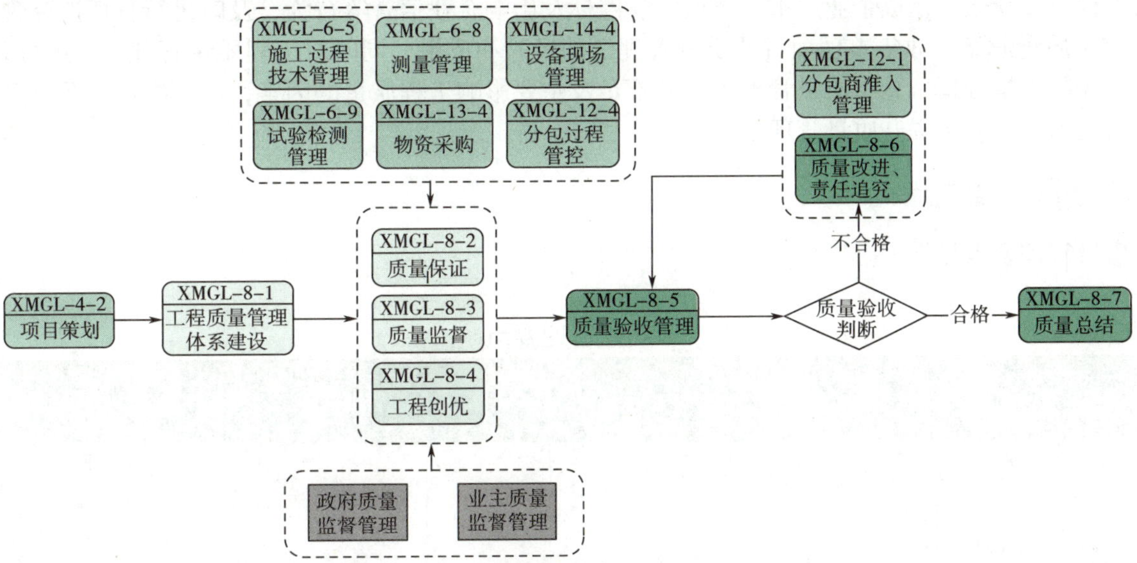

质量管理流程图

3.质量管理内容及要求

质量管理主要内容有工程质量管理体系建设，质量保证，质量监督，工程创优，质量验收管理，质量改进、责任追究，质量总结等内容。

（1）工程质量管理体系建设。严格按照ISO 9001质量管理体系标准，落实公司质量管理要求，建立并完善涵盖全员、全过程、全方位的项目质量管理体系，采取有效措施，全面管控工程实体质量。全面落实质量终身责任制、各级岗位质量终端责任制等相关管理制度，确保管理体系的有效运行。配备与法律规定、行业规范、工程规模、岗位要求等相适应的质量管理人员。

（2）质量保证。质量保证是项目部质量管理体系的主要组成部分。依据承包合同中确定的质量目标，开展质量策划，指导施工组织总设计的编制；设置质量控制点或分部、分项工程，预先分析施工中可能发生的质量缺陷，对影响质量的因素提出相应的对策，采取有效的措施进行预先控制。同时分别从直接或间接影响工程质量的人力资源、材料物资、施工设备、施工及技术管理、商务合约管理等机构、岗位的管理职责、管理制度等方面进行控制，从而构成完整的管理体系。

（3）**质量监督**。质量监督是项目部质量管理体系的主要组成部分，质量监督管理工作应完全独立于质量要素管理之外。在质量自控体系的推动下，对影响质量的因素“人、机、料、法、环、测”因素进行过程控制，以“工序质量”为施工质量控制的最基本单元，进行全员、全过程、全方位管控，通过标准化建设、首件及样板制度、工程旁站制度、质量三检制度、质量巡查制度等措施和方法，对质量控制点进行严格控制。监督项目部质量管理体系运行的有效性，监督质量保证体系运行的可靠性，监督工序质量水平，施工方案及技术交底的落实，监督最终质量的合格性，对所有报监理验收的质量把关。

（4）**工程创优**。工程质量创优与项目策划、施工组织设计紧密结合，分析工程特点、难点，编制项目创优目标和实施细则，落实各项保障措施，细化各项节点目标，做好过程资料收集、整理上报工作，稳步推进创优工作。

（5）**质量验收管理**。按照国家施工验收规范、质量标准所规定的检查项目，参照设计施工图纸，采用国家规定的方法和手段，对半成品、成品、检验批、分项工程、分部工程和单位工程进行质量检测，重点对隐蔽工程、关键施工部位进行质量验收，确定工程质量是否符合要求。

（6）**质量改进、责任追究**。项目质量管理工作中，针对工程质量问题、隐患和事故，及时采取措施进行纠正，消除隐患；积极开展质量管理小组活动，提高工程质量，降低消耗，提高经济效益；对因工程质量缺陷，造成企业严重经济损失、停标及影响企业信誉等行为，及时进行责任追究管理。

（7）**质量总结**。收集整理项目的质量管理活动经验和成果，同时对工程质量管理工作进行总结，分阶段开展质量分析，总结质量管理工作的不足及主要影响工程质量的因素，循证决策，及时采取预防、纠正措施，持续提升质量管理水平。

4.质量管理要点

质量管理要点见下表。

质量管理要点

管理要点	业务价值/目的	业务活动	活动内容	依据	管理表单	评价标准	重难点
XMGL-8-1 工程质量管理体系建设	建立项目质量管理体系，完善质量管理制度。提高自控能力，强化项目质量管理主体责任，确保质量管理体系有效运行	1.质量管理组织机构建设； 2.质量管理制度建设	1.结合施工合同及项目结构和岗位，按照便于管理等原则，设置质量管理组织机构并配备合格人员，建立质量管理体系； 2.结合施工合同及现场实际情况，满足项目质量管理需要，建立质量管理制度	1.国家、行业、地方发布质量管理文件； 2.股份公司内部质量管理办法	—	1.是否编制质量管理体系文件； 2.组织机构设置是否合理； 3.项目工程质量管理办法是否满足施工需要； 4.项目质量管理办法是否符合公司要求	1.质量制度、管理办法落实不到位； 2.质量体系不能有效运行

续表

管理要点	业务价值/目的	业务活动	活动内容	依据	管理表单	评价标准	重难点
XMGL-8-2 质量保证	质量要素（人、机、料、法、环等）应通过管理制度、岗位职责、检查考核、持续改进等机制，实现自我控制、自我完善，建立健全质量保证体系	1.建立对各项施工质量保证要素的检查机制，对施工质量进行预控； 2.建立人力资源管理体系； 3.建立施工技术管理体系； 4.建立施工物资管理体系； 5.建立施工设备管理体系； 6.建立施工生产管理体系	1.结合施工合同及项目结构，配齐施工技术、管理、作业人员，满足质量保证体系要求； 2.开展施工技术方案编制、交底培训； 3.进场施工物资质量检查，保证符合设计及规范要求； 4.采用合格的施工设备，保证施工质量有效控制； 5.结合工程特点和施工生产进度情况，编制质量风险清单，对影响质量的因素进行分析及评估，并进行风险动态管理； 6.保证现场施工生产环境满足质量保证体系要求； 7.编制月度和季节性质量管控要点计划，提前做好防控措施，如夏季、冬季混凝土养护施工； 8.新工艺、新工装试验合格后，方可大面推广	1.国家、行业、地方发布质量管理文件； 2.公司管理办法	—	各质量要素（人、机、料、法、环等）是否满足质量保证体系要求	各要素体系建立不完整，施工质量控制要素不到位
XMGL-8-3 质量监督	强化施工过程（技术）指导、质量检查，从源头消除质量问题，减少质量缺陷	1.质量风险管理； 2.质量教育培训； 3.质量标准化建设； 4.首件及样板工程； 5.过程质量巡查； 6.工序盯控； 7.质量“三检”； 8.质量缺陷预防	1.制订质量培训计划，组织质量管理人员进行质量培训； 2.制订标准化手册，指导、检查现场施工质量； 3.严格执行首件工程制度，评选样板工程，召开观摩会进行经验推广； 4.制订关键工序验收制度，对关键部位质量监控； 5.对重难点部位，实行领导值班制度，工程施工实行全过程盯控； 6.施工过程中，对工序转换时进行“三检”检查； 7.落实质量通病手册，制订控制措施，防止问题发生； 8.对各项质量管理制度和措施实施情况进行统计、通报； 9.定期开展质量综合大检查、质量分析会，质量评比活动，及时发现问题，制订有效防控措施； 10.严格执行质量各项检查制度，检查，将质量管理措施、施工方案、施工现场相比较，及时采取纠偏措施； 11.采用信息化手段对现场施工质量监控	1.规范及验标； 2.质量管理办法； 3.设计文件； 4.现场勘查报告； 5.施工组织设计； 6.作业指导书； 7.技术交底书	XMGL-8-3-1 工序转换质量“三检”验收记录表	1.是否建立质量风险台账并及时更新； 2.质量风险措施是否有效落实到位； 3.是否编制质量培训计划；是否按照计划实施； 4.质量标准是否符合各级质量标准文件规定； 5.质量检查活动是否按计划进行； 6.对重难点、关键工序及隐蔽工程，部长验收、领导带班制度是否落实； 7.质量通病问题数量是否减少； 8.是否召开质量观摩会； 9.是否建立质量问题库并及时更新； 10.质量奖罚是否落实到位； 11.质量信息化监控平台是否长期坚持使用	1.过程控制，提前预防质量问题（事故）发生； 2.质量工艺、标准过程指导不到位，质量管控不严，分包商质量意识不足

续表

管理要点	业务价值/目的	业务活动	活动内容	依据	管理表单	评价标准	重难点
XMGL-8-4 工程创优	提高企业声誉，展现企业综合实力	1.创优过程管理； 2.优质工程申报	1.项目施工过程中，督促相关部门，根据项目创优目标，完成施工生产任务及信息采集，做好优质工程申报所需资料的整理、汇总、上报； 2.将优质工程申报材料逐级上报评审	1.项目创优目标； 2.优质工程申报相关规定要求	1.XMGL-8-4-1 项目创优计划表； 2.XMGL-8-4-2 优质工程申报表	1.资料是否完整； 2.优质工程申报材料是否符合评审要求	创优管理时间跨度大，人员更替较为频繁，过程中资料收集存在缺失、遗漏等问题
XMGL-8-5 质量验收管理	对成品半成品、检验批、分项、分部工程及单位工程分级验收，确保最终质量合格	1.成品、半成品验收； 2.检验批验收； 3.分项工程验收； 4.分部工程验收； 5.单位工程验收	1.在出厂前对预制构件、钢筋加工等进行出厂检验，质量满足设计及验标方可出厂，形成验收记录表、出厂合格证； 2.在“三检”合格之后，报专业监理工程师检查验收，形成检验批检查验收记录表； 3.在检验批验收合格后，通过无损检测等手段，分段进行分项工程质量检查，形成分项工程质量评定表； 4.在分项验收合格后，进行分部工程验收，合格后报总监理工程师复查签认，并形成分部工程质量评定表； 5.在分部工程验收合格后，报总监理工程师，组织进行工程预验收。预验收通过后，向建设单位申请工程竣工验收	1.规范及验标； 2.图纸及设计文件	—	1.预制构件、钢筋加工是否进行出厂检验，质量合格方可用于实体工程； 2.主控项目和一般项目的质量抽样检验是否合格； 3.是否对分项工程进行实体检验；发现质量问题是否及时整改； 4.所含分项工程、分部工程的质量是否验收合格；验收资料是否完整；主要使用功能的抽样结果是否符合相应规定；观感质量验收是否符合要求	1.隐蔽工程和关键施工部位的监督检查验收； 2.专职质检（技术）人员少，经验不足，质量把控不严，质量缺陷时有发生
XMGL-8-6 质量改进、责任追究	1.通过对质量缺陷及质量事故的整改，提高施工质量； 2.对重难点工程，开展QC小组活动，改进质量，降低消耗，提高经济效益； 3.提高质量意识，落实质量负责制	1.质量问题整改； 2.参与质量事故处理； 3. QC活动	1.根据发生的质量问题，下发安全质量处罚通知单，并监督分包商及时将问题整改到位； 2.质量事故发生后，及时按程序报告，第一时间采取应急措施，避免事故扩大，开展事故调查工作，查找原因，并进行整改； 3.根据质量目标，制订工作QC活动计划，开展活动，及时总结并上报成果； 4.开展“五小”创新、发明、工装收集、奖励活动，提高工程质量管控水平； 5.工程质量问题严格奖罚细则标准进行处罚； 6.制订并实施质量缺陷追责制度； 7.因工程质量原因造成的企业经济损失、企业名誉受损的相关责任人，采取责任追究措施	1.规范及验标； 2.实体质量自检合格报告； 3.实体质量复检报告； 4.质量管理办法； 5.实体质量检查验收报告； 6.实体质量复检记录表； 7.项目QC目标； 8.企业质量追责管理办法	1.XMGL-8-6-1 质量处罚通知单； 2.XMGL-8-6-2 质量较差分包商统计表； 3.XMGL-8-6-3 QC小组活动成果评审表； 4.XMGL-8-6-4 单位（项）工程质量责任档案； 5.XMGL-8-6-5 班组长工序质量承诺书	1.整改方案是否切实可行，整改后实体质量是否符合规范设计要求； 2.是否积极配合质量事故调查； 3.是否按“四不放过”原则进行警示教育； 4.QC成果是否具有推广价值； 5.相关责任是否进行了责任追究； 6.质量缺陷数量是否减少	质量缺陷整治消除

续表

管理要点	业务价值/目的	业务活动	活动内容	依据	管理表单	评价标准	重难点
XMGL-8-7 质量总结	总结质量管理活动、经验和成果，分析存在的主要问题，制订改进措施，加强下一阶段质量管理，提升质量管理水平	1.质量统计分析； 2.质量工作报告	1.定期召开质量专题会，分析当期的质量指标偏差及原因，制订对策，查找管理方面的问题，明确问题、缺陷整改责任人，制订预防措施，明确下期的质量管理工作重点； 2.质量工作报告包括年度和项目总体质量工作报告。每年对质量管理活动、工程质量总体情况、质量管理成果和经验进行总结，分析存在的主要问题，明确改进措施，制订下阶段质量工作计划、主要举措，形成年度质量工作报告	1.规范及验标； 2.图纸及设计文件； 3.公司质量管理办法； 4.实施性施工组织设计	—	1.是否每月开展质量专题会； 2.是否按要求上报质量工作报告	质量总结针对性不强，分析不全面，改进措施落实不到位

第九章　工程进度

1.进度管理总体要求

围绕合同工期，合理安排进度计划，留足工期保险系数。优化施工组织，合理配置生产要素，做到均衡生产。强化动态监控和工期风险预警响应，动态调整施工组织及生产要素，及时有效化解工期风险。

2.进度管理流程

进度管理流程见下图。

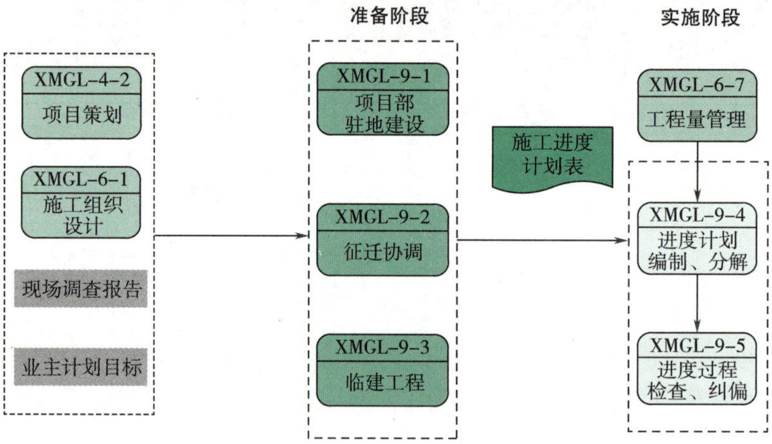

进度管理流程图

3.进度管理内容及要求

贯彻以快制胜理念，推进项目部驻地建设、征地拆迁、大临设施建设等准备工作，快速开工。根据项目策划和施工组织设计文件，将施工任务层层分解，考虑一定工期富余量，编制合理的施工进度计划。根据施工组织设计和施工计划，做好人员、物资材料、设备机具、技术、资金等方面的全面保障，确保关键线路、重难点工程按期突破。做好过程进度检查、分析、预警、纠偏，对进度计划进行动态管理，及时调整施工组织设计，确保项目顺利实施。

（1）准备阶段。

1）项目部驻地建设。根据项目规模、特点、管理模式，选派专业优势互补的项目管理人员，组建项目部。项目部驻地建设选址要满足安全和便于管理的要求，满足办公和生活需要，符合招标文件和标准化施工管理要求，在确定选址方案后报业主审批。

2）征迁协调。根据征迁任务量和难度系数，设定专人积极协助业主加快红线内施工用地的征迁协调工作，特别是影响到控制性工程开工的征迁工作要重点推进。依据项目策划成果，协调地方政府相关部门，开展项目临时用地的征迁协调工作，依法合规履行相关征迁手续，并及时处理工程建设过程中出现的各类征迁协调问题。

3）临建工程。加强拌和站、加工场、试验室、预制场、铺轨基地、临时道路、临时营地等临建设施场地标准化建设，临时营地选址、设计和建设前必须进行风险评估，并应与施工组织设计的总体规划协调一致，在满足需求功能的同时要充分考虑周边水文、地质、地形情况，以及台风、地震、泥石流、海啸、洪水、滑坡等自然灾害因素的影响和社情民俗，做好各项灾害预防措施，确保安全可靠。临建工程建设必须按专项方案设计组织施工，要布局合理，满足生产功能需求和消防、安全、环保要求，经验收合格后方可投入使用。

（2）实施阶段。

1）进度计划编制、分解。围绕合同工期，对项目受各种水文、气象、外部环境、营业线等影响较大的关键时点进行识别，确定关键线路、关键工点，根据项目进度策划、施工组织设计等文件，合理安排进度计划，留足工期保险系数，根据相关要求完成报批手续。工程进度总目标确定后，项目部将单位工程施工进度计划进行分解，编制季度、月度计划，并将计划任务落实到施工队（班组）。

2）进度过程检查、纠偏。对照进度计划目标进行跟踪，检查资源配置情况、进度计划执行情况、工程实际进展情况，定期进行进度分析，并对进度情况实施预警。重点检查关键工作进度、工序衔接、施工资源配置、施工成本控制及施工管理情况等。定期召开项目施工进度分析会，分析产生进度偏差的原因，采取纠偏措施进行调整，形成新的计划，进行施工进度动态控制。

4.进度管理要点

（1）准备阶段管理要点。

准备阶段管理要点

管理要点	管理目的	管理活动	活动内容	管理依据	管理表单	管理标准	重难点
XMGL-9-1 项目部 驻地建设	进行项目部驻地建设，满足施工管理需要	成立组织机构，组建项目部，进行项目部驻地建设	根据项目规模、特点、管理模式，建立项目组织机构，组建项目部。根据相关要求选址进行项目部驻地建设，在确定选址方案后报业主审批	1.招投标文件； 2.中标通知书； 3.工程施工合同； 4.专用合同条款； 5.相关法律法规； 6.股份公司施工现场临时营地管理规定	—	1.项目部驻地建设是否满足安全消防要求； 2.是否便于项目管理、满足办公和生活需要； 3.是否符合招标文件和标准化管理要求	—
XMGL-9-2 征迁协调	1.协助业主加快红线内施工用地的征迁协调工作； 2.协调地方政府相关部门，办理项目临时用地的征迁协调工作，确保施工生产顺利进行	1.专人负责征迁协调工作； 2.积极协调业主加快红线内征迁工作； 3.协调临时用地征迁工作	1.设定专人积极协助业主加快红线内征迁工作，特别是影响控制性工程开工的征迁工作要重点推进； 2.协调地方政府相关部门，办理项目临时用地的征迁协调工作； 3.及时处理工程建设过程中出现的各类征迁协调问题	1.相关法律法规及征迁文件； 2.审核通过的策划书； 3.施工组织总设计； 4.临时工程方案； 5.业主、设计院的拆迁图纸、文件及业主其他要求； 6.拆迁令及处理特殊问题的会议纪要等相关文件资料； 7.临时用地规定的相关部门审批手续	XMGL-9-2-1 临时用地数量计划表	1.明确临时用地控制目标，红线外用地是否压缩到最优； 2.是否符合合同及财务管理办法相关要求； 3.拆迁进度能否满足施工进度要求； 4.现场遗留问题是否已处理	1.征迁人员协调能力参差不齐； 2.征迁的补偿资金与被征迁户诉求之间存在差异和矛盾

续表

管理要点	管理目的	管理活动	活动内容	管理依据	管理表单	管理标准	重难点
XMGL-9-3 临建工程	加强拌和站、加工场、试验室、预制场、铺轨基地、临时道路、临时营地等临建设施场地标准化建设，满足施工生产需要	1.选址和布局； 2.设计及风险评估； 3.施工验收	1.临时营地选址应充分考虑周边水文、地质、地形情况以及台风、地震、泥石流、海啸、洪水、滑坡等自然灾害因素的影响以及社情民俗特点； 2.设计和建设前必须进行风险评估，并应与施工组织设计的总体规划协调一致，在满足需求功能的同时，做好灾害预防措施； 3.临建工程建设必须按专项方案设计组织施工，要布局合理，满足生产功能需求和消防、安全、环保要求，经验收合格后方可投入使用	1.审核通过后的策划书； 2.施工组织总设计； 3.临时工程方案； 4.临电施工组织设计； 5.工程数量汇总表； 6.合同交底书； 7.设备需求计划表； 8.《临建标准化手册》； 9.股份公司施工现场临时营地管理规定	—	1.是否满足业主标准化建设要求； 2.是否做到经济、科学、布局合理； 3.是否满足消防、安全和环保管理要求； 4.是否满足职业健康、环境保护的需要； 5.是否建立卫生防疫制度； 6.是否验收合格	1.受业主、外部环境影响，临建工程建设标准难统一； 2.临建工程生产统筹管理机制是否有效运行； 3.生产规模与现场需求不匹配

（2）实施阶段管理要点。

实施阶段管理要点

管理要点	管理目的	管理活动	活动内容	管理依据	管理表单	管理标准	重难点
XMGL-9-4 进度计划编制、分解	确定项目的关键时点，合理安排进度计划，将单位工程进度计划进行分解，编制季度、月度计划，并将计划任务落实到施工队（班组），满足合同工期要求	1.项目关键时点识别； 2.项目年度计划编制、评审，并层层分解	1.围绕合同工期，对项目受水文、气象、外部环境、营业线等影响较大的关键时点进行识别，确定关键线路、关键工点，根据项目进度策划，合理安排进度计划，留足工期保险系数，根据相关要求完成报批手续； 2.工程进度总目标确定后，项目部将单位工程进度计划进行层层分解，编制季度、月度计划，并将计划任务落实到施工队（班组）	1.审核通过的策划书； 2.业主计划目标； 3.现场调查报告； 4.施工组织总设计； 5.单位分部分项工程检验批划分表； 6.工程数量汇总表； 7.年度施工进度计划表	1.XMGL-9-4-1关键时点清单； 2.XMGL-9-4-2年度施工进度计划表	1.是否充分识别所有关键时点； 2.是否满足业主进度计划目标要求； 3.进度计划、资源配置等是否合理； 4.是否与现场实际情况相结合	1.关键时点识别不充分； 2.项目部的施工进度计划编制水平参差不齐，导致进度计划指导性不强

续表

管理要点	管理目的	管理活动	活动内容	管理依据	管理表单	管理标准	重难点
XMGL-9-5 进度过程检查、纠偏	1.依据施工计划，进行资源配置，优化现场组织协调，确保施工生产有序进行； 2.通过对进度计划的跟踪、检查、分析、预警、纠偏，确保目标工期的实现	1.生产资源配置； 2.现场组织协调； 3.进度跟踪、检查、分析； 4.进度预警响应； 5.进度纠偏	1.项目部根据施工组织总设计、施工进度计划表、专项方案等，结合项目特点合理配置人、材、机等资源； 2.对照进度计划目标，跟踪检查资源配置到位情况、进度计划执行情况、实际施工进展情况，定期进行进度分析，并对进度情况实施预警；重点检查关键工作进度、工序衔接、施工资源配置及施工管理情况等； 3.定期召开项目施工进度分析会，分析产生进度偏差的原因，采取纠偏措施进行调整，形成新的计划，进行施工进度动态控制	1.施工组织总设计； 2.专项技术方案； 3.工程数量汇总表； 4.技术交底书； 5.合同交底书； 6.年、季、月进度施工进度计划表； 7.月施工进度计划表； 8.工程量验收签证单； 9.调度报表	1.XMGL-9-5-1 生产要素资源配置表； 2.XMGL-9-5-2 月施工进度预警分析表	1.资源配置是否合理、资源调配是否满足进度计划要求； 2.是否满足施工组织总设计及施工进度计划表的要求； 3.生产信息是否及时的采集上报； 4.是否对关键线路形象进度完成情况按预警级别进行分类管理； 5.采取的处置措施是否及时、有效； 6.是否定期进行相关检查活动	1.受外部活动影响，导致计划滞后； 2.因生产组织、资源配置、技术能力等管理原因导致计划滞后

第十章　项目成本

1.成本管理总体要求

责任成本管理应遵从收支分管、预控先行、预算约束、动态调整、量价双控、责任分解、奖惩结合以及专业化管理等指导原则，实行股份公司指导、集团公司监控、工程公司管理、项目部直接控制的分级管理体制。具体以工程项目为依托，以可控成本为对象，以责任者为主体，以利益为驱动，以合同为载体，以奖罚为手段，建立健全横向到边、纵向到底的全员、全过程项目成本控制体系，达到降本增效、循环提升的成本管理目标。

2.成本管理流程

成本管理流程见下图。

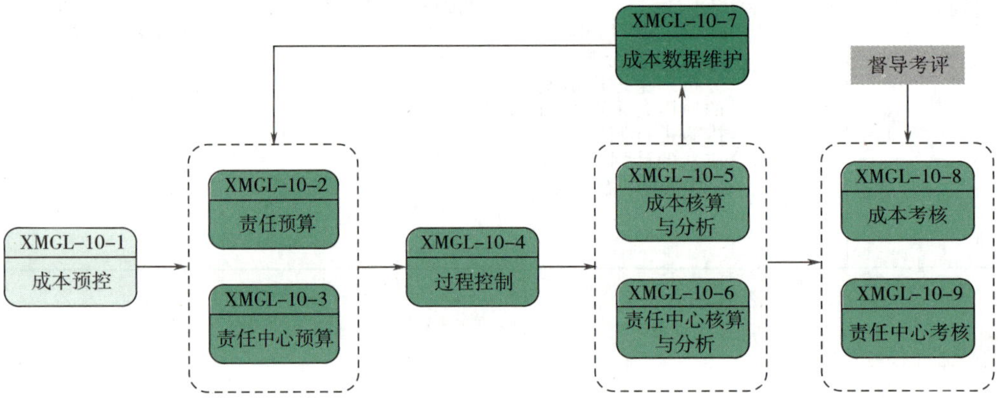

成本管理流程图

3.成本管理内容及要求

（1）成本预控。成本预控以合同交底为前提，以成本与效益策划为主线，以科学设置项目组织管理机构、合理确定作业层管理模式、优化施工组织设计及资源配置方案、强化生产要素管理为重点，制订全面完整的项目成本预控方案，形成项目成本预控书。

（2）责任预算。项目责任预算是公司对项目下达绩效考核指标的基本依据。项目责任预算由收入预算（预计合同总收入）、责任成本预算和综合收益预算组成。其中项目综合收益预算包括责任预算收益和二次经营预计收益。项目综合收益预算应参考投标测算收益、已竣工同类工程实现收益及责任成本测算收益综合分析确定。项目责任预算由工程公司负责组织编制，必须在项目预控方案确定后3个月内完成。责任预算编制完成后，经相关会议评审或履行相应的审批程序确定项目绩效责任目标，签订责任合同，明确责任成本管理目标，落实项目管理团队的经济责任。

（3）责任中心预算。项目部责任中心为责任成本管理的基本单元，按照工程任务构成及开展责任成本管理工作需要，根据“负责什么就控制什么”及“管理层控价，作业层控量”的原则，按照“能分解责任预算就分解责任预算，能分解工程数量就分解工程数量，能分解岗位职责就分解岗位职责”的方式，合理划分责任中心。管理层面的责任中心为管理部门或具体管理人员，作业层面的责任中心为劳务队、专业队、拌和站、加工场等作业控制单元。工期较短的项目按照单位工程划分作业控制单元，并通过签订成本控制责任书或岗位责任书等形式分解落实成本管理的直接责任。

（4）过程控制。项目部为责任成本管理过程控制的主体，相关业务部门（责任中心）做好工程数量、分包成本、材料成本、机械设备成本、临时工程成本、现场管理费用等控制，以及影响成本的工期、安全、质量、环保和信用等方面的管理。

（5）成本核算与分析。责任成本核算主要包括工程数量核算、收入核算、成本费用核算（材料成本核算、劳务成本核算、机械设备成本核算、临时工程成本核算、其他直接费核算、现场管理费核算）等内容。责任成本核算要做到时间同步、口径统一，数据对接。由项目各部门分工负责，密切配合，核算结果由主责部门统一汇总。

责任成本分析要坚持真实性、谨慎性、配比性、一致性、完整性原则，项目按照“月重点、季全面、年综合”的要求，加强成本分析，建立项目成本风险预警机制，每月10日前开展经济活动分析，分析盈亏状况及原因，制订改进措施。

（6）责任中心核算与分析。项目部根据设置的责任中心分别进行工程数量、收入、成本费用核算，并按月进行对比分析。

（7）成本数据维护。成本数据中的人工、材料、机械消耗量指标可以作为责任成本过程控制中相应消耗量的比照依据，成本综合单价可作为成本测算、项目分包的参考依据。通过不断测定、收集、补充、校验，对成本数据进行及时更新，确保成本数据的全面性和时效性，实现对成本价格的动态管理。

（8）成本考核。法人单位对项目管理团队的考核方面，坚决落实“四个必须”要求，即必须按时签订责任状，必须足额缴纳风险抵押金，必须做到过程考核与终期考核相统一，必须及时进行奖罚兑现。项目部对作业管理层（责任中心）考核方面，按照“联岗、联产、联效”的原则，建立项目经理与作业管理层（责任中心）人员考核传导机制，做到“人人肩上有指标”，实现绩效考核的逐层传递。法人单位对项目每年至少考核一次，项目部每月对责任中心进行考核，项目终结之后6个月内应组织进行完工审计。

（9）责任中心考核。项目部按照与各个责任中心签订的成本控制责任书（或内部经济责任书）进行专项考核。应根据现场实际和成本完成情况对项目责任中心进行考核。责任中心的成本考核兑现要突出及时性，根据项目实际情况定期或不定期进行考核兑现。

4.成本管理要点

成本管理要点见下表。

成本管理要点

管理要点	管理目的	管理活动	活动内容	管理依据	管理表单	管理标准	重难点
XMGL-10-1 成本预控	1.使工程项目内部各责任中心的行为能同项目总体目标协调一致； 2.通过明确项目各责任中心的责权利，使责任成本控制工作真正落到实处	1.确定作业层管理模式； 2.优化施工组织设计、资源配置方案； 3.制订项目成本预控方案	1.合理选择与确定施工队伍承包模式、专业类型、队伍数量、劳动力配置要求、组织管理方式、劳务价格、计量结算规则等，有效防范施工队伍管理风险； 2.通过各类施工组织技术方案的经济比选，优化生产要素资源配置，科学制订安全、质量、工期、环水保等控制目标，合理确定现场作业组织管理方式，落实重难点工程、关键工序施工方案，积极推广“四新”应用，有效提高施工生产效率； 3.通过制订全面完整的项目成本预控方案，形成项目成本预控书	1.国家法律法规； 2.上级单位相关文件； 3.合同文件； 4.公司相关管理制度	—	1.选择与确定的施工队伍承包模式、专业类型、队伍数量、劳动力配置要求、组织管理方式、劳务价格、计量结算规则等是否合理； 2.施工组织设计、资源配置方案是否合理； 3.编制的项目成本预控方案是否合理	1.合理选择与确定施工队伍承包模式、专业类型、队伍数量、劳动力配置要求、组织管理方式、劳务价格、计量结算规则等； 2.优化施工组织设计、资源配置方案

续表

管理要点	管理目的	管理活动	活动内容	管理依据	管理表单	管理标准	重难点
XMGL-10-2 责任预算	1.项目责任预算是公司对项目下达绩效考核指标的基本依据； 2.落实项目部成本管理绩效	1.编制责任预算； 2.下达责任预算	1.工程公司负责组织编制项目责任预算，必须在项目预控方案确定后3个月内完成编制； 2.责任预算编制完成，经过相关会议评审或者履行相应的审批程序后，确定项目绩效责任目标，签订责任合同，明确责任成本管理目标，落实项目管理团队的经济责任	1.国家法律法规； 2.上级单位相关文件； 3.合同文件； 4.公司相关管理制度； 5.公司指导价（信息价）	—	1.编制责任预算是否合理； 2.下达责任预算是否及时	1.准确、及时地编制责任预算； 2.项目管理团队的经济责任目标明确、可行
XMGL-10-3 责任中心预算	将责任成本预算做到责任中心，按照责任中心组成责任考核体，落实项目部内部成本管理绩效	1.合理划分责任中心； 2.通过签订成本控制责任书或岗位责任书等形式分解落实成本管理的直接责任	1.以成本预控为目标，自下而上，以工程实体为对象、对责任中心进行项目责任预算编制； 2.坚持“量价分控”“成本分块”原则，按照管理层控价、作业层控量的原则，按管理单元进行成本汇总，确保责任中心成本费用界定清晰； 3.坚持“价税分离”原则，净价和税金分别体现，体现税负筹划思路	1.施工方案； 2.责任成本预算	—	1.责任中心划分是否合理； 2.责任预算编制是否合理	准确编制责任中心预算
XMGL-10-4 过程控制	1.明确责任成本目标，与实际发生成本对比，为考核兑现提供依据； 2.阶段性对比各项责任成本指标偏差，查找发生差异的原因，及时发现责任成本管控问题并采取纠偏措施，直至问题整改； 3.及时发现影响成本的各类风险，采取管控或规避措施，及时化解风险； 4.形成责任成本管理总结：一是总结各类成本指标；二是发现成本管理制度缺漏；三是提炼成本先进做法和总结错误教训	1.方案经济比选； 2.考核单元成本核算； 3.工区（管理队）成本核算； 4.项目层级成本核算； 5.经济活动分析； 6.考核单元责任预算调整； 7.项目责任成本预算调整申请； 8.经济管理总结	1.通过责任成本核算，将应发生成本，与实际发生成本对比分析，为责任成本考核提供依据； 2.及时进行责任成本核算，定期对经济指标进行分析，召开经济活动分析会议，对成本内控管理及异动情况进行偏差分析，查明原因，总结上一期整改措施落实情况和取得效果，提出下一步整改措施； 3.当发生重大变化时，根据责任预算调整办法向公司申请调整项目责任成本预算； 4.阶段性（半年、年度及项目竣工后）对各项经济管理指标、各项经济管理内控制度执行情况进行分析总结，查漏补缺，总结先进做法及错误教训	1.施工方案； 2.责任成本预算； 3.经济活动分析报告	—	1.通过责任成本核算，及时进行责任成本分析，发现管理存在的问题并制订下一步成本管控措施； 2.内容全面，总结分析项目管理制度落实情况及先进做法，找出错误教训； 3.反馈措施落实情况及效果	1.成本数据的准确性和可追溯性； 2.分析及核算工作的业务效率； 3.问题的整改与落实； 4.风险识别与化解； 5.项目发生重大变化后，责任预算调整申请流程不顺畅

续表

管理要点	管理目的	管理活动	活动内容	管理依据	管理表单	管理标准	重难点
XMGL-10-5 成本核算与分析	1.落实项目部内部成本管理绩效； 2.完善项目核算与分析体系； 3.及时发现管理偏差并进行预警、应对，预防亏损风险	1.工程数量核算； 2.收入核算； 3.成本费用核算	1.工程数量核算； 2.收入核算； 3.成本费用核算（材料成本核算、劳务成本核算、机械设备成本核算、临时工程成本核算、其他直接费核算、现场管理费核算）	1.施工方案； 2.责任成本预算	—	成本数据归集及时、准确	做到时间同步，口径统一，数据准确
XMGL-10-6 责任中心核算与分析	1.落实项目部内部成本管理绩效； 2.完善项目核算与分析体系； 3.及时发现管理偏差并进行预警、应对，预防亏损风险	1.工程数量核算； 2.收入核算； 3.成本费用核算	1.工程数量核算； 2.收入核算； 3.成本费用核算（材料成本核算、劳务成本核算、机械设备成本核算、临时工程成本核算、其他直接费核算、现场管理费核算）	1.施工方案； 2.责任成本预算	—	成本数据归集及时、准确	做到时间同步，口径统一，数据准确
XMGL-10-7 成本数据维护	1.通过收集、动态更新、维护成本数据，形成企业大数据库； 2.指导标前测算、提高责任预算准确度、为同类项目施工提供参考	1.工序定额测定； 2.经验数据收集； 3.成本数据汇总	1.项目部在正常施工条件下分工序对人员、设备、材料、临时措施等发生的实际成本或消耗量进行现场测定； 2.计划合同部对常规工序成本经验数据（包含分包合同价、结算价、主要材料消耗系数、机械设备价格以及消耗量）进行收集； 3.项目部分工序对各类成本数据进行统计汇总上报公司	1.成本数据测定计划； 2.经济管理总结报告； 3.主体工程经验数据统计表； 4.临时工程费用统计表； 5.周转材料及配合比等统计数据表	1.XMGL-10-7-1主体工程经验数据统计表； 2.XMGL -10-7-2临时工程费用统计表； 3.XMGL-10-7-3周转材料及配合比等统计数据表； 4.XMGL-10-7-4成本数据汇总表	1.数据真实、有据可查； 2.资料要全面、系统，能充分反映成本管理的过程和关联性； 3.数据归集顺序简单、明了，检索方便	1.项目从事成本测定人员业务水平不足； 2.定额测定工作无辅助工具，工作效率有待提高
XMGL-10-8 成本考核	1.充分调动项目管理和创效的积极性，实现员企双赢，树立与分包商合作共赢的价值取向； 2.通过逐层级考核兑现，压实各层级成本管理责任，解决终端考核缺位问题，达到将创效压力传递至控制最终成本实施主体的管理目的，闭合项目责任成本管理链条，提升项目成本管控水平	1.建立科学合理的项目绩效考核体系； 2.建立责任成本管理监督问责制度； 3.考核结果及时兑现	1.建立科学合理的项目绩效考核体系，激发全员创效动能； 2.坚决落实“四个必须”要求，按时签订责任状，足额缴纳风险抵押金，做到过程考核与终期考核相统一，及时进行奖罚兑现； 3.项目部对作业管理层（责任中心）考核方面，按照“联岗、联产、联效”的原则，建立项目经理与作业管理层（责任中心）人员考核传导机制，做到“人人肩上有指标”，实现绩效考核的逐层传递	1.施工方案； 2.责任成本预算； 3.经济活动分析报告	—	1.及时、准确； 2.体现“收入与贡献”匹配原则； 3.考核及时兑现	1.项目管理模式未定型，项目逐级考核制度未建立； 2.责任难以分解、压实，考核目标无法确定、应用不及时； 3.考核难兑现

续表

管理要点	管理目的	管理活动	活动内容	管理依据	管理表单	管理标准	重难点
XMGL-10-9 责任中心考核	1.充分调动项目管理和创效的积极性，实现员企双赢，树立与分包商合作共赢的价值取向； 2.通过逐层级考核兑现，压实各层级成本管理责任，解决终端考核缺位问题，达到将创效压力传递至控制最终成本实施主体的管理目的，闭合项目责任成本管理链条，提升项目成本管控水平	1.建立科学合理的项目绩效考核体系； 2.建立责任成本管理监督问责制度； 3.考核结果及时兑现	1.建立科学合理的项目绩效考核体系，激发全员创效动能； 2.坚决落实“四个必须”要求，按时签订责任状，足额缴纳风险抵押金，做到过程考核与终期考核相统一，及时进行奖罚兑现； 3.建立项目经理与作业管理层（责任中心）人员考核传导机制，做到“人人肩上有指标”，实现绩效考核的逐层传递	1.施工方案； 2.责任成本预算； 3.经济活动分析报告	—	1.及时、准确； 2.体现“收入与贡献”匹配原则； 3.考核及时兑现	1.责任中心设置是否合理； 2.责任难以分解、压实，考核目标无法确定、应用不及时； 3.考核难兑现

第十一章 项目合同

1.承包合同

（1）承包合同管理总体要求。 承包合同是指与业主签订的建设工程施工合同。承包合同管理遵循法人分级管理、授权管理、全过程管理、先签合同后履行的原则。合同管理的主要环节有合同订立、合同履行、合同终止。

（2）合同管理流程。 合同管理流程见下图。

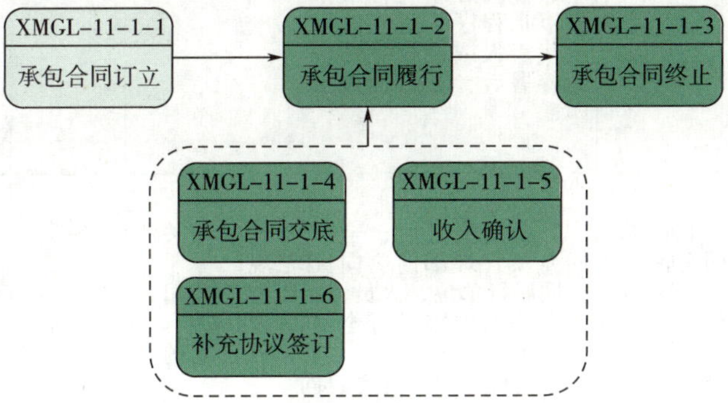

合同管理流程图

（3）承包合同管理内容及要求。

1）承包合同订立。承包合同订立包含合同评审、合同审批、合同签署三个环节。订立合同前，由集团公司或工程公司组织合同评审，形成书面评审意见。完成评审后，应根据公司制度要求进行审批，遵循先审批、后签订的原则，由法人单位法人代表或其授权代理人签署，并加盖公章、骑缝章。

2）承包合同履行。承包合同履行主要包括合同交底、收入确认、签订补充协议等内容。

①合同交底。合同签订后，承办合同订立的合同专项管理部门应向合同履行单位、人员，对合同的内容进行全面交底，介绍合同的范围、各方的责任与义务、合同的主要经济指标，合同的既有风险和潜在风险，履约中应注意的问题等，将合同责任进行分解落实。合同生效后，合同执行单位应当认真履行合同，并按照法律规定与合同约定行使权利、履行义务。

②收入确认。收入确认是施工单位对建设单位清收确权的主要工作，是企业取得收入，回笼资金，盘活现金流的重要途径，包括对上计价收入和变更索赔收入。对上计价收入是指项目部对建设单位计价；变更索赔收入是指在承包合同履行过程中，由于变更、索赔、保险、激励约束考核外的奖励等原因而形成的不含税收入。

③补充协议签订。合同履行过程中，出现新情况或对事先约定的事项进行变更、补充以及解除合同的，或相对人提出中止、转让、变更、补充、解除合同的，均要及时签订补充协议，经双方签字盖章，使之成为合同文件。不得以口头形式改变合同权利义务。若发生法律规定的合同解除事由或者不可抗力事件，合同执行单位应当及时上报业务主管部门及法律合规部门，书面通知合同相对人，并根据法律规定或合同约定，经相关业务主管部门审批同意后，对合同进行变更或解除。补充协议由项目申报、公司审批，由法人单位法人代表或其授权代理人签字、盖章后生效。

3）承包合同终止。合同按约定履行完毕，按约定条件解除、转让或达到法定终止条件的，合同专项管理部门应收集整理合同签订、履行等相关资料，办理验收移交、结算付款等合同终止手续，做好合同存档工作。因履行异常导致合同终止的，合同专项管理部门应当及时了解情况，并向合同牵头管理部门提交书面报告。

（4）承包合同管理要点。

承包合同管理要点

管理要点	管理目的	管理活动	活动内容	管理依据	管理表单	管理标准	重难点
XMGL-11-1-1 承包合同订立	1.保证拟签订的合同合理、合法，具有可执行性，并使双方的责任得到明确； 2.完善合同审批流程，使合同管理过程依法合规； 3.合同签署是合同成立的要件	1.合同评审； 2.合同审批； 3.合同签署	1.合同评审内容包括资信状况、履约能力、合同价款、存在风险及合同主要条款等； 2.拟签合同文本及相关资料应分级报送有权批准人审批； 3.合同必须履行审核审批程序，且经法定代表人或授权签约人签署后，方可加盖印章	1.国家相关法律法规； 2.股份公司合同管理办法； 3.企业内部合同范本	—	1.是否进行合同评审； 2.是否进行合同审批； 3.合同签字、盖章是否符合要求	1.合同评审内容全面、真实、有效； 2.合同分级分类审批
XMGL-11-1-2 承包合同履行	1.约束合同当事人按照合同约定，行使约定的权利，同时履行约定的义务； 2.实现合同订立的目标	1.承包合同交底； 2.收入确认； 3.签订补充协议	1.合同签订后，合同专项管理部门应向合同履行单位、人员，对合同的内容进行全面交底； 2.履行过程中变更、补充、中止、解除合同的，均要及时签订补充协议，经双方有权人签字盖章，使之成为合同文件	1.国家相关法律法规； 2.股份公司合同管理办法； 3.已订立的合同	—	1.书面交底资料是否内容全面； 2.合同履行过程是否依法合规	1.明确合同交底的范围、各方的责任与义务、合同的主要经济指标，合同的既有风险和潜在风险，履约中应注意的问题； 2.将合同责任进行分解落实
XMGL-11-1-3 承包合同终止	1.合同按约定履行完毕，当事人获得了相应的权利； 2.合同按约定条件解除或达到法定终止条件的，依法解除当事人的履约义务	1.验收移交； 2.结算付款； 3.合同存档	1.合同按约定履行完毕、按约定条件解除、转让或达到法定终止条件的，合同专项管理部门应收集整理合同签订、履行等相关资料，办理验收移交、结算付款等合同终止手续，做好合同存档工作； 2.因履行异常导致合同终止的，合同专项管理部门应当及时了解情况，并向合同牵头管理部门提交报告	1.国家相关法律法规； 2.股份公司合同管理办法； 3.已订立的合同	—	1.合同履行过程是否依法合规； 2.合同终止手续是否齐全	1.合同当事人依法使相互间的权利义务关系终止； 2.及时办理结算付款
XMGL-11-1-4 承包合同交底	1.明确合同范围； 2.明确内部经济关系； 3.凸显合同主要条款； 4.核算施工图与合同清单工程量及单价的差异	1.清单复核、分批； 2.招标文件说明； 3.合同条款解读	1.凸显主要条款； 2.复核中标清单工程数量； 3.明确计量规则、计价原则，合同重要条款交底； 4.重点核实合同清单工程量、项目特征、固定总价的内容； 5.明确支付条款、支付节点及比例； 6.确认变更索赔条款，及时进行签认核算	1.投标文件； 2.企业经济管理政策相关文件； 3.合同清单、清单编制说明、清单计价规范、计量规范、图纸、项目策划书（效益策划）等； 4.现场踏勘报告	—	1.对关键条款分析准确； 2.公司项目策划完成一个月内进行详细交底； 3.项目清单特征分析清晰； 4.与施工图、施工方案、招标资料匹配核查是否详尽	清单复核难度较大，容易出现对详细清单研究深入程度不足，未考虑各阶段图纸、文件的对比等问题

续表

管理要点	管理目的	管理活动	活动内容	管理依据	管理表单	管理标准	重难点
XMGL-11-1-5 收入确认	1.及时对上确权； 2.保证整体收入最大化	1.计价策划； 2.变更索赔批复； 3.产值计价分析； 4.对上计价资料编制； 5.登记对上计价台账	1.制订计价策划，全面收集对上计价基础资料，编制计价表； 2.复核计价台账，确保数据准确； 3.及时登记计价台账	1.计价策划； 2.中间交工证书及相关质检资料； 3.工程数量等签认单； 4.安全文明生产费签认单； 5.变更、索赔批复资料； 6.材料、设备合格证明； 7.甲供材料确认签单； 8.各项奖罚文件等	—	1.系统性规划，保证项目利益最大化； 2.技术资料与现场施工及对上计价策划同步，计价及时； 3.及时确权	1.缺乏系统性规划，业务人员经验不足，导致项目利益的流失； 2.技术资料无法与现场施工及对上计价策划同步，计价滞后； 3.受计量规则影响无法及时确权，对调差材料的价格波动趋势未进行深入调查，对调差收益和资金时间价值计算不准确等
XMGL-11-1-6 补充协议签订	补充完善原合同内容	1.补充协议的拟定； 2.补充协议的审批； 3.补充协议的签署	1.项目部与业主或第三方进行补充协议前的谈判； 2.补充协议商定后的条款拟定、审批； 3.补充协议签署	1.承包合同； 2.变更批复； 3.索赔批复	—	1.及时签订； 2.合同中表述的内容是否与变更内容一致、描述准确、条款清晰	合同中表述的内容与变更内容不一致、描述不准确、条款不清晰

2.分包合同

（1）分包合同管理总体要求。分包合同特指股份公司各级法人单位作为项目总承包人或施工承包人，为完成工程施工任务而将其中的部分工程或工作与第三方合作或分包的施工合同。遵循依法签订、严格履约，明确分工、规范管理的原则。分包合同管理要注重事前风险防范、事中风险控制、事后风险补救。

（2）分包合同管理流程。分包合同管理流程见下图。

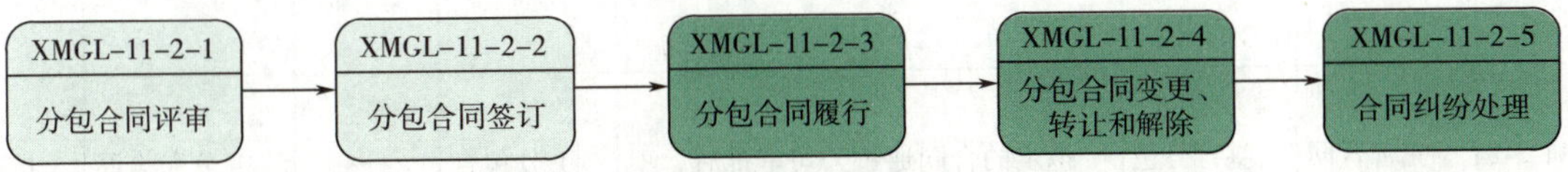

分包合同管理流程图

（3）分包合同管理内容及要求。

1）分包合同评审。为防范合同风险，各级单位必须在签订分包合同前进行分包合同评审。主要对建设环境、资信状况、履约能力、收益预测、存在风险及合同主要条款等内容进行评审。参加评审人员评审意见必须形成书面评审报告，评审人应在合同签署审批表中签字。

2）分包合同签订。合同签订应当遵守国家法律、法规的规定，坚持平等自愿、诚实信用的原则。合同签订应由法定代表人或由其书面授权的委托代理人签署，委托代理人不得转委托签订合同。合同签订应建立由合同归口管理部门牵头、相关部门分工评审、法律合规部门审查、分管领导审核、主管领导审批的会签制度。对于标的额巨大及法律关系复杂的合同，从可行性论证到签订合同阶段，应有企业法律合规部门人员全程参加。

3）分包合同履行。合同签订后一个月内，合同归口管理部门应组织相关单位（部门）对具体实施单位进行合同内容、履行进行交底。合同一经签订应严格执行，除合同中约定可调范围外，原则上不得随意调整。在合同的履行过程中，经办人员应定期与对方对账，确认双方债权债务。各级单位合同归口管理部门应至少每年牵头组织一次合同履行情况分析会，对每份合同逐一进行梳理，对合同的计价（结算）、付款、已履约部分评价、后期履约风险等情况进行分析。各单位应及时依据合同进行验工计价和结算。

4）分包合同的变更、转让和解除。在合同履行过程中，发生需要变更或解除合同的情况时，应当书面通知对方，并说明理由。接到对方要求变更或解除合同的通知时，应当立即审查对方的理由是否正当，如果符合变更或解除条件，同意变更或解除的，应当签订书面协议。因变更或解除合同造成损失的，应当向对方提出索赔。遇到不可抗力影响合同履行，应当及时以书面形式通知对方，采取必要的补救措施，尽量减少损失，并注意收集和保存有关证据。合同履行过程中，出现合同未曾约定的新情况或对事先约定的事项进行变更的，均要及时形成书面文字，有双方签章的补充协议、签证或会议记录等记载，使之成为合同附件。对于合同的变更、转让和解除，合同执行单位应做好书面记录，收集相关文件资料，做好工程清算工作，过程中及时向单位合同主管部门汇报。

5）合同纠纷处理。发生合同纠纷后，合同执行单位应及时向上级单位合同主管部门、法律合规部门汇报，并积极协调处理纠纷事宜。

（4）分包合同管理要点。

分包合同管理要点

管理要点	管理目的	管理活动	活动内容	管理依据	管理表单	管理标准	重难点
XMGL-11-2-1 分包合同评审	防范合同风险	采取召开专题会议现场评审或单位办公管理系统网内评审两种方式	1.工程、技术、安质、设备、物资等部门就项目实施技术方案、工期、进度、安全、质量、施工管理人员能力、专业施工人员配备、设备、物资等方面对对方履约能力和潜在风险进行评审； 2.经管、财务等部门对合同承包方履约担保、资金投入、成本预控、验工计价、付款方式、纳税人类别等履约能力和风险进行评审； 3.法律合规部门对合同主体合法性、资信状况、合同条款的全面性、合规性等内容进行评审； 4.其他部门对合同涉及本部门的内容进行评审	1.国家法律法规； 2.中国铁建股份有限公司工程项目施工合同管理办法； 3.分包合同范本	—	1.是否分行业、分专业、分模式拟定分包合同； 2.分包合同是否依法合规	1.对履约能力和潜在风险评审是否全面； 2.合同条款是否依法合规
XMGL-11-2-2 分包合同签订	完善合同签订程序，使分包合同具备法律效力	签订分包合同	拟定的合同通过公司审批后，项目计划合同部按照公司审批意见，完善拟定的合同，与分包商签订分包合同	1.分包合同； 2.公司审批意见	—	1.分包合同签订及时、全面、准确； 2.是否按照公司审批意见签订合同	按照公司审批意见签订合同
XMGL-11-2-3 分包合同履行	1.使合同当事人履行合同义务； 2.使合同当事人为实现合同目标、获得合同权益	1.合同交底； 2.债权债务的确认； 3.定期召开合同履约分析会； 4.验工计价和结算	1.合同归口管理部门组织相关单位（部门）对具体实施单位进行合同内容交底； 2.在合同的履行过程中，经办人员应定期与对方对账，确认双方债权债务； 3.合同归口管理部门应至少每年牵头组织一次合同履行情况的分析会； 4.各单位及时依据合同进行验工计价和结算	1.分包合同； 2.补充协议； 3.合同交底； 4.现场签证； 5.分包商计量结算申请	—	1.合同交底是否全面，双方权责是否明确； 2.债权债务的确认是否及时、准确； 3.是否定期召开合同履约分析会； 4.是否及时进行验工计价和结算	1.债权债务的确认； 2.验工计价及时、准确； 3.结算工作按时开展

续表

管理要点	管理目的	管理活动	活动内容	管理依据	管理表单	管理标准	重难点
XMGL-11-2-4 分包合同变更、转让和解除	依法合规处理分包合同的变更、转让和解除	分包合同变更、转让或解除的处理程序	1.分包合同发生需要变更、转让或解除合同的情况时，应当书面通知对方，并说明理由； 2.接到对方要求变更、转让或解除合同的通知时，应当立即审查对方的理由是否正当，如果符合变更或解除条件，同意变更或解除的，应当签订书面协议； 3.因变更、转让或解除合同造成损失的，应当向对方提出索赔； 4.遇到不可抗力影响合同履行，应当及时以书面形式通知对方，采取必要的补救措施，尽量减少损失，并注意收集和保存有关证据	1.国家法律法规； 2.中国铁建股份有限公司工程项目施工合同管理办法； 3.分包合同； 4.补充协议	—	1.分包合同变更、转让和解除的理由是否依法合规； 2.变更、转让和解除的程序是否依法合规	核算分包合同变更、转让和解除导致的合同损失，并界定相关方责任
XMGL-11-2-5 合同纠纷处理	1.对分包合同风险进行识别、应对； 2.制订处理方案，更好地解决纠纷	1.启动应急预案，制订纠纷处理初步意见，上报公司审批； 2.及时总结经验教训，并上报公司编制案例，为其他项目提供处理经验	1.劳务纠纷发生后，项目经理部须立即启动应急预案，召开专项会议，讨论并制订纠纷事件处理初步意见，报公司审批通过后执行； 2.一般纠纷由项目制订纠纷处置方案，重大纠纷由项目经理部与工程公司工作组共同制订处理方案，报工程公司领导审批后执行； 3.纠纷处置后，及时总结经验教训，并上报公司编制案例	1.一般劳务纠纷处置方案； 2.重大劳务纠纷处置方案； 3.公司审批意见	—	1.纠纷方案是否深入、透彻，有针对性； 2.纠纷方案考虑内外因素是否全面； 3.纠纷案例是否总结到位，有借鉴意义	1.编制纠纷处理方案，依法合规界定双方责任； 2.妥善处理纠纷事件

3.其他合同

其他类型的合同管理，按照“谁主责、谁负责”的原则，由主责部门负责管理，相关内容详见相应章节。

4.变更索赔

（1）变更索赔总体要求。变更索赔工作要在充分熟悉和掌握法律法规、政策文件、制度办法及项目合同条款、承包模式、计价原则、设计思路、技术规范的前提下，以施工合同为依据，以技术经济分析为基础，以规范化、合法化及效益最大化为原则。

（2）变更索赔管理流程。变更索赔管理流程见下图。

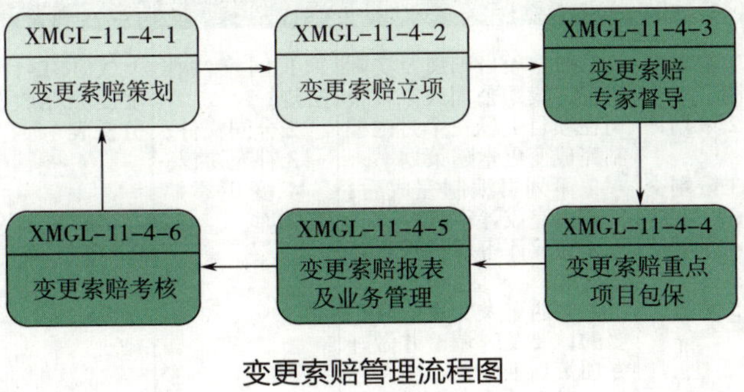

变更索赔管理流程图

（3）变更索赔管理内容及要求。变更索赔是指工程项目在施工合同执行过程中，为化解施工合同风险、促进项目提质增效，依法合规开展的变更设计、方案优化、价格调整、工期及费用索赔等工作。项目部负责具体落实变更索赔策划、立项申报及动态管理，做好基础资料收集、整理，推进项目变更索赔申报、批复等工作。

1）变更索赔策划。变更索赔策划书是依据法律法规、政策文件、招投标文件、合同条款、建设单位相关管理规定、造价资料、设计图纸，结合现场实际，建立变更索赔工作实施组织，确定方向、策划项点，明确实施措施和责任目标的纲领性文件。主要任务是指引项目化解合同风险和施工风险，提升项目创收、创效能力。主要内容包括策划书编制、策划评审、策划交底、专项策划、动态管理等。

2）变更索赔立项。项目上场六个月内（除动态调整外）应完成项目变更索赔立项建议书。立项建议书应明确具体变更索赔创效事项，对事项的发起、现场监理和设计签证、资料组卷、上报建设单位审核、审批等各个环节进行分工，细化工作内容、明确工作目标及考核指标。同时，应报上级公司审批，并作为对项目变更索赔工作考核的重要依据。

3）变更索赔专家督导。各单位要高度重视变更索赔人才队伍建设，建立变更索赔专家库，实行专家分级管理。充分发挥变更索赔专家督导帮扶作用。集团公司、工程公司要成立专家督导组，负责对所属项目进行巡回检查、指导帮扶，参与制订重大项目变更索赔策划方案和重大变更设计方案的优化工作，对重点项目或重大问题进行会审，指导项目防范法律及审计风险，协同项目推进变更索赔工作。

4）变更索赔重点项目包保。各单位要对重难点项目和重大变更事项建立变更索赔包保责任制度。要根据项目规模、变更事项实际情况，实施分级包保管理，落实包保责任。

5）变更索赔报表及业务管理。加强变更索赔工作台账建设，建立从下到上的报表管理制度。各项目要建立变更索赔工作策划、立项、申报、跟踪、批复、奖罚等全过程基础记录台账，并定期上报工作报表。各单位要定期总结变更索赔先进经验和成功做法，及时编写、上报变更索赔典型案例，并在工作中结合实际分析、寻找突破口，强化事前策划，谋求主动变更，创新工作方法，更好适应外部形势变化，发挥借鉴交流作用，提升管理水平和业务能力。原则上股份公司每年至少组织一次变更索赔工作专题会，集团公司、工程公司要及时召开变更索赔业务分析会。项目部要定期分析变更索赔事项的进展情况及存在问题，研究制订应对措施，推动解决具体变更索赔事宜。

6）变更索赔考核。变更索赔考核管理由股份公司、集团公司、工程公司及项目部分级组织实施，分别制订相应考核管理办法或实施细则。重大项目或重大变更事项要结合变更索赔创收及创效成果实施一事一奖，侧重于变更索赔策划立项及创效成果奖励，变更索赔收益额由上级单位根据本办法进行认定。变更索赔考核奖罚可分阶段实施，按照关键节点对具体业务人员予以一定比例额度的奖励，切实提高项目变更索赔人员的积极性。

（4）变更索赔管理要点。

变更索赔管理要点

管理要点	管理目的	管理活动	活动内容	管理依据	管理表单	管理标准	重难点
XMGL-11-4-1 变更索赔策划	1.建立变更索赔工作实施组织； 2.确定方向、策划项点； 3.明确实施措施和责任目标	1.策划书编制； 2.策划评审； 3.策划交底； 4.专项策划； 5.动态管理	1.根据项目归属及实际情况，集团公司或工程公司在项目上场三个月内编制完成变更索赔策划书； 2.策划书编制完成后1个月内完成评审； 3.完成评审后，进行策划交底； 4.如遇重大变更或有必要的，要及时调整并做好专项策划工作； 5.因设计方案、施工条件、技术标准、原合同内容增减、策划方向和预期效果发生变化的，要及时调整策划方案，动态调整变更索赔目标	1.国家法律法规； 2.合同文件； 3.补充协议； 4.变更索赔案例库	XMGL-11-4-1-1 变更索赔收益对照分析表	1.策划方案是否全面、可行； 2.如遇重大变更或有必要的，调整或专项策划工作是否及时； 3.是否进行了动态管理	变更索赔策划深度不足，策划书可执行度不强

管理要点	管理目的	管理活动	活动内容	管理依据	管理表单	管理标准	重难点
XMGL-11-4-2 变更索赔立项	1.明确变更索赔工作方向和目标； 2.便于将变更索赔目标分解、落实	1.编制变更索赔立项建议书； 2.完成立项审批	1.项目上场6个月内完成项目变更索赔立项建议书； 2.上报审批，并作为变更索赔工作考核的重要依据	1.国家法律法规； 2.合同文件； 3.补充协议； 4.责任预算； 5.变更策划书	—	变更立项建议书编制是否及时	项目部不及时向公司反馈项目的重大变更事项，缺乏系统监督指导和帮扶，造成变更效果不理想
XMGL-11-4-3 变更索赔专家督导	1.指导项目防范法律及审计风险； 2.协同项目推进变更索赔工作，提高成功率	1.建立变更索赔专家库； 2.实行专家分级管理； 3.成立专家督导组，对项目进行督导帮扶	1.建立变更索赔专家库； 2.实行专家分级管理； 3.成立专家督导组，对项目进行督导帮扶，参与制订重大项目变更索赔策划方案和重大变更设计方案的优化工作，对重点项目或重大问题进行会审	1.国家法律法规； 2.合同文件； 3.补充协议； 4.责任预算； 5.变更策划书； 6.变更建议书	—	1.是否建立变更索赔专家库； 2.是否实行专家分级管理； 3.专家督导组对项目进行督导帮扶是否有针对性、实用性	专家督导组对项目进行督导帮扶，参与制订重大项目变更索赔策划方案和重大变更设计方案的优化工作，对重点项目或重大问题进行会审
XMGL-11-4-4 变更索赔重点项目包保	1.对项目变更索赔工作进行督导帮扶； 2.与相关建设单位、设计院、监理单位建立对接机制，及时推进解决问题	1.建立变更索赔包保责任制度； 2.实行分级管理； 3.建立工作对接机制	1.对重难点项目和重大变更事项建立变更索赔包保责任制度； 2.根据项目规模、变更事项实际情况，实施分级包保管理，落实包保责任； 3.与相关建设单位、设计院、监理单位建立对接机制，及时推进解决问题	1.国家法律法规； 2.合同文件； 3.补充协议； 4.责任预算； 5.变更策划书； 6.变更建议书	—	1.是否建立变更索赔包保责任制度； 2.是否实行分级管理； 3.是否建立工作对接机制	与相关建设单位、设计院、监理单位建立对接机制，及时推进解决问题
XMGL-11-4-5 变更索赔报表及业务管理	1.统计变更索赔成果； 2.加强业务交流； 3.通过编写典型案例，总结先进经验和成功做法，提升业务能力和管理水平	1.定期上报报表； 2.定期通报工作情况； 3.编写典型案例； 4.定期召开专题会； 5.定期召开业务分析会	1.定期上报台账、报表； 2.定期通报工作情况，强化业务工作交流； 3.编写典型案例，总结先进经验和成功做法； 4.定期召开专题会、业务分析会，部署重点工作，落实管理责任，推动解决具体事项	1.国家法律法规； 2.合同文件； 3.补充协议； 4.责任预算； 5.变更策划书； 6.变更建议书	—	1.是否定期上报报表，报表质量是否满足管理要求； 2.是否定期通报工作进展情况； 3.编写典型案例是否具有推广价值； 4.是否定期召开专题会、业务分析会	项目人员对变更索赔基础概念理解不透彻，对政策和切入点理解不透、消化不深；基础资料薄弱、不扎实、不完善，时效性不强、可追溯性差
XMGL-11-4-6 变更索赔考核	1.提高项目变更索赔人员工作积极性； 2.形成管理闭环	1.实行分级、分阶段考核； 2.实行一事一奖	1.变更索赔考核工作实行分级考核的措施，由股份公司、集团公司、工程公司及项目部分级组织实施； 2.重大项目或重大变更事项要结合变更索赔创收及创效成果实施一事一奖； 3.变更索赔收益额由上级单位根据相关管理办法进行认定； 4.变更索赔考核奖罚可分阶段实施，切实提高项目变更索赔人员积极性	1.国家法律法规； 2.合同文件； 3.补充协议； 4.责任预算； 5.变更策划书； 6.变更建议书	—	1.是否实行分级、分阶段考核； 2.是否实行一事一奖，奖罚标准、程序是否依法合规	全员参与程度不足，不重视内控措施及迎审预案

第十二章 项目分包

1.分包管理总体要求

分包管理要坚持“谁使用、谁选择，谁选择、谁负责”和“先签合同后进场”的原则，坚持严管与善待相结合、正向管理与“黑名单”管理相结合，选好用好分包队伍。杜绝违法分包、提点大包、以包代管、包而不管。分包单价原则上不高于企业指导单价，严禁超计价超付款。禁止将主体工程（钢结构除外）、混凝土搅拌站等分包，禁止将现场测量试验等基础性技术工作外包。分包管理旨在通过规范管理，有效利用社会资源，培植品质分包商群体，扩充企业施工力量，弥补企业要素短板，有效降低管理成本和施工成本，为项目建设增值，实现企业利润最大化。

2.分包管理流程

分包管理流程见下图。

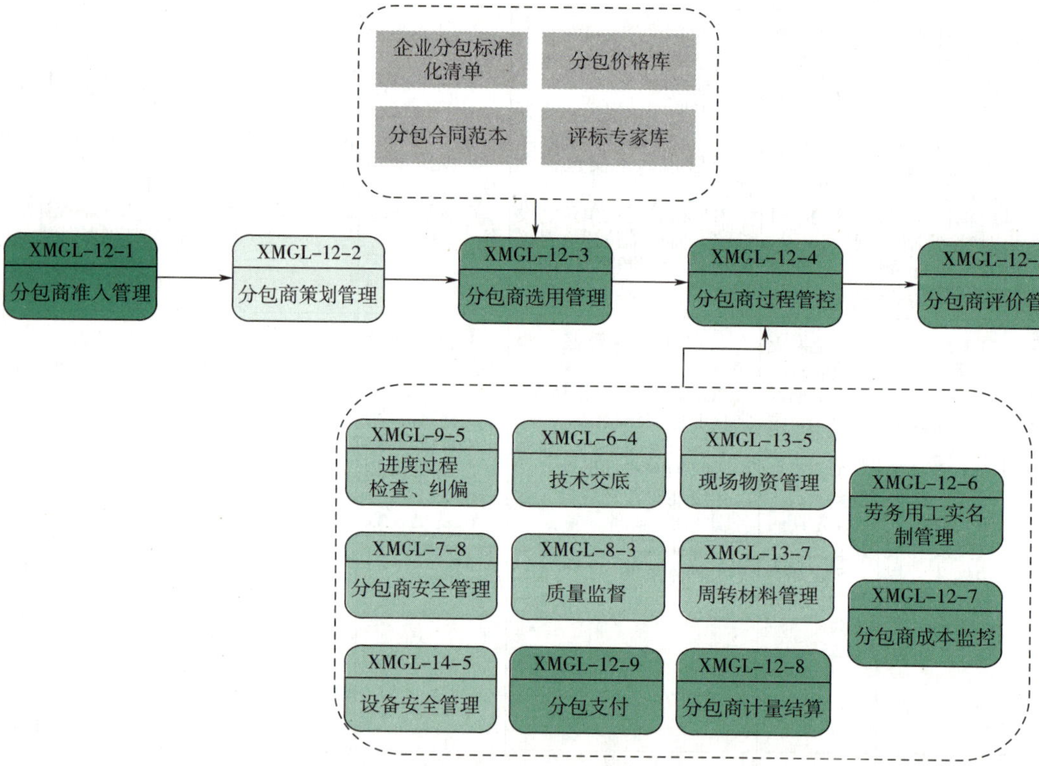

分包管理流程图

3.分包管理内容及要求

分包管理包含分包商准入、分包专项策划、分包商选用、分包过程管控、分包商评价5个主要环节。

（1）分包商准入。严格把好分包商准入关，把好资信证照、施工业绩、履约能力等审核关，办理资格准入的分包商必须是企业营业执照（三证合一）、资质证书、安全生产许可证三证齐全，市场信誉良好，具有一定的施工能力和业绩，具备相应分包能力的合法成建制分包企业以及专业作业企业。对重难点工程及专业分包工程等，还应采取现场考察方式，对分包商公司运行、在建项目管理等方面进行考察，编制分包商考察报告，经考察合格后，进行准入审批。所有分包商必须经审批通过、取得准入资格后，方可参与工程项目施工分包招标。

（2）分包专项策划。在项目上场阶段，策划组根据项目行业特点、合同特点、建设环境、自然环境、资源配置等一系列因素，详细研究分包内容的不同特点，确定项目的最佳分包模式、分包单元、分包范围、分包计税方式、分包价格模式、计划招标时间、计划进场时间、计划退场时间等，编制分包商使用计划。项目部必须严格执行分包专项策划，无特殊情况不得随意更改。在项目实施过程中，出现重大变化，需要对分包专项策划进行调整的，由项目部制订调整方案，经审批同意后执行。

（3）分包商选用。遵循“资质与专业匹配、能力与任务匹配、资源与需求匹配”和“谁使用、谁选择，谁选择、谁负责”的原则，通过公开招标、邀请招标、竞争性谈判等方式确定分包商，严把资质、业绩、专业能力、信誉审核关，确保分包商身份真实合法，优先选用优秀分包商，慎重选用警示分包商，禁用不合格分包商。选用结果经备案或审批后，方能签订分包合同，签订分包合同后，方能组织分包商进场施工。

（4）分包过程管控。分包过程管控包括对分包商的技术交底、进度过程检查纠偏、分包商安全管理、质量过程控制、现场物资管理、周转材料管理、设备现场管理、分包商成本监控、计量与结算、分包支付、劳务用工实名制管理等日常管理环节。项目部要依据合同条件，对分包商提供及时、必要的现场服务保障工作，确保分包合同有效履行。大力推进分包商的培育工作，推进“五优”分包商建设（即集中培育一批信誉、规模、资金实力、专业能力、合作默契度“五优”的分包商）。

1）劳务用工实名制管理。劳务用工实名制管理要依据国家法律法规及上级单位相关规定，规范项目劳务用工信息管理、现场考勤、工资支付等相关内容，切实保障劳务人员的合法权益。健全监控和保障制度，对分包商与劳务人员签订的劳动合同书进行备案，完善劳务人员管理台账，对劳务人员进行动态考勤，实行劳务用工人员工资委托代发制度，开设农民工工资专用账户。分包商根据合同约定缴纳工资保证金。

2）分包商成本监控。分包商成本监控是指对分包商施工过程中发生的人工费、材料（二三类）费、机械设备（含小型机具）使用费、管理费等进行归集、统计、分析，监控分包商盈亏及现金流情况，进行项目管理服务评价，提高分包商履约能力、施工组织能力，为计价结算提供决策依据。及时识别和化解风险、指导过程纠偏、提高分包商管理能力，维护企业信誉。

3）分包商计量结算。以签订的合同（补充协议）及计量规则为依据，对分包商办理中间计量和结算。计量工程数量以经现场验收、技术安全质量部门审核、总工程师审批的工程数量为准，要严格按合同规定执行甲供材料、设备使用情况核算及超耗扣款。重点控制对分包商的合同外工程、零星用工、机械台班及其他费用补偿，补充协议金额原则上不能超过原合同的10%。推行分包商过程结算，计价结算按照月度计价结算、年度过程结算、完工最终结算的程序进行。

4）分包支付。计价或结算审批完成后，由分包商开具发票并转交财务部，财务部对验工计价单和发票金额核验无误后入账，计划合同部根据业主资金支付情况、合同约定的支付比例或项目整体付款比例编制资金使用计划。资金使用计划审定后，由财务部根据相关规定、履行相关手续进行付款。合同履行完毕后，计划合同部按照合同约定进行履约保证金、农民工工资保证金返还等手续的办理，财务部履行返还职责。

（5）分包商评价。对分包商实行逐级评价机制，主要从分包商资信、安全、质量、工程进度、现场管理、合同结算、劳务用工工资支付等方面进行综合评定，评定等级分为优秀、合格、不合格三个等级。项目部为分包商信用评价管理的执行层，主要职责是按上级单位相关规定和要求对分包商进行信用评价，上报信用评价工作情况，项目部分包商信用评价原则上每年至少两次。

4.分包管理要点

分包管理要点见下表。

分包管理要点

管理要点	管理目的	管理活动	活动内容	管理依据	管理表单	管理标准	重难点
XMGL-12-1 分包商准入管理	1.分包商通过股份公司分包商准入与名录系统，进行注册登记，填报分包商各项信息数据，提交审查，对分包商的资信、专业、实力、业绩、信誉等通过考察或审查后，并审批通过，方可进入分包商准入与名录系统； 2.所有分包商必须通过准入审批后方可使用，从源头上保证分包商质量，达到规避和降低项目分包商使用风险的目的	1.分包商资信审核； 2.分包商考察； 3.分包商准入审批	1.对分包商的企业营业执照、资质证书、安全生产许可证进行审查，三证须齐全、真实、有效。分包商应具有一定的施工能力、业绩以及良好的市场信誉。对重难点工程及专业分包工程等，还应采取现场考察方式，对分包商公司运行、在建项目管理等方面进行考察，编制分包商考察报告； 2.根据审查内容及结果，经考察合格后，进行准入审批	1.中国铁建分包商准入与名录系统； 2.分包商准入管理办法	—	1.分包商准入审核与考察是否及时、全面、规范、严谨； 2.分包商资源是否动态更新、及时准确	1.分包商考察； 2.分包商准入审查
XMGL-12-2 分包商策划管理	1.有效利用社会优秀分包资源，弥补企业要素短板，有效降低管理成本和施工成本，实现利润最大化，指导项目部做好分包管理； 2.分包策划要根据项目定模式、根据模式定队伍，坚持“区域滚动、合理有序、确保质量，增加效益”的原则，严控队伍使用数量，分块划分施工单元，扩大分包规模、提升工效效率，实现合作共赢	1.选择分包模式； 2.划分任务段落； 3.编制使用计划； 4.编制分包策划文件（一般工程、大型及重难点工程）； 5.执行分包策划； 6.重大变化调整	1.依据一次经营交底、合同文件、公司合同交底、现场调查报告、分包商资源库，结合项目特点，确定各施工单元分包模式； 2.兼顾主体工程与临建工程，考虑施工便道、材料运输、土方调配等因素，划分分包段落； 3.根据项目策划、施工组织设计，明确项目分包商数量、策划重难点、关键工作等工程的分包商主要来源、招标方式和进退场时间，编制使用计划； 4.在确定分包模式、划分任务段落，编制分包商使用计划后，形成分包策划文件并上报评审。分包策划评审通过后，作为项目分包管理的纲领性文件，项目部必须刚性执行，无特殊情况不得随意改变	1.承包合同文件； 2.承包合同交底； 3.现场调查报告； 4.分包商资源库； 5.分包策划管理办法	XMGL-12-2-1 分包策划方案	1.分包策划切合现场实际、分包模式、资源配置、任务划分科学合理； 2.兼顾各分包商利益均衡、最大程度调动分包商积极性； 3.分包管理严格执行分包策划；达到调整条件，确需调整策划内容按照程序进行	1.分包模式依法合规； 2.分包任务划分、分包内容的合理性； 3.项目实际执行和策划存在偏差，策划的动态调整应及时

续表

管理要点	管理目的	管理活动	活动内容	管理依据	管理表单	管理标准	重难点
XMGL-12-3 分包商 选用管理	1.遵循“资质与专业匹配、能力与任务匹配、资源与需求匹配”“公开透明、公平公正、依法合规、诚实信用、科学合理”以及“谁使用、谁选择，谁选择、谁负责”的原则； 2.依据分包策划，制订招标计划，确定邀请招标范围，依法合规选用成本、安全、质量、进度、信用等综合实力最强，最符合项目管理要求的分包商	1.编制招标计划； 2.发布招标通知或公告； 3.资格审查； 4.发放招标文件； 5.组织招标； 6.评标，推荐中标候选人； 7.中标候选人报上级单位备案、审批； 8.签订分包合同	1.项目部编制分包招标计划； 2.项目部编制招标文件并上报工程公司审核； 3.项目部发布招标公告、投标邀请书； 4.项目部对参与投标的分包商资信、业绩、履约能力等进行再次审查； 5.项目部招标评标领导小组依法合规开展招标、开标、评标活动，推荐中标候选人，评标结果报上级单位备案或审批，审批通过后，项目部发放中标通知书，并签订分包合同； 6.非实体工程、技术复杂潜在的投标人不足、因时间紧急等特殊情况造成无法实施招标或已经进行招标由于其他原因而无法定标且不宜再重新招标的，报上级单位批准后，可采用竞争性谈判方式确定分包商	1.分包商选用管理办法； 2.招标管理办法； 3.分包策划方案	—	招标活动、程序是否依法合规，是否符合分包商选用管理规定以及招标管理办法	1.招标邀请分包商范围应在“合格分包商名录”及新准入分包商资源库中选择； 2.招评标程序及内容依法合规； 3.结合招标工程类型、风险等级、技术重难点等因素，选定中标人
XMGL-12-4 分包商 过程管控	1.实现对分包商的技术、质量、安全、进度、物资、周转材料、设备、实名制、成本核算、计价与结算、资金等各环节的管控； 2.项目部要依据合同条件，对分包商提供及时、必要的现场服务保障工作，确保分包合同有效履行	1.分包商安全、质量、进度等目标计划制订及考核； 2.劳务用工实名制管理； 3.分包商成本监控； 4.分包商计价与结算； 5.分包商资金支付	1.根据项目施工组织计划安排及分包商专业特点制订分包商施工各项目标计划并进行考核； 2.实行劳务用工实名制管理； 3.开展分包商成本监控工作，收集整理分包商各项成本信息，分析分包商盈亏情况，实施过程纠偏，防范分包风险； 4.对分包商实施月度计价、阶段性清算、完工结算； 5.编制分包商资金计划，开设农民工工资专用账户，代发农民工工资	1.保障农劳务用工工资支付条例； 2.分包管理办法； 3.验工计价管理办法	—	1.目标考核切实可行； 2.验工计价与结算是否及时、准确； 3.是否开设农民工工资专用账户； 4.是否实行实名制管理并签订劳动合同； 5.是否进行分包商成本监控	1.签证费用（合同外费用）管理； 2.实名制管理动态更新； 3.分包商各项成本的收集整理
XMGL-12-5 分包商 评价管理	1.对于在用分包商采取统一的评价内容和标准，主要从资信、安全、质量、工程进度、现场管理、合同结算、劳务用工工资支付等方面进行综合评定，实现管理全过程可留痕、可追溯，实现对分包商企业评价的档案化管理； 2.分包商信用等级与允许承担的工程任务规模、复杂程度等挂钩，与工程项目标标、评标挂钩	1.项目部对分包商资信、安全、质量、工程进度、现场管理、合同结算、劳务用工工资支付等各方面进行评价； 2.项目部将分包商信用评价结果上报工程公司	1.项目分包商信用评价领导小组定期对分包商进行评价； 2.评价结果上报工程公司，由工程公司汇总，集团公司审核后，纳入分包商名录管理	1.分包商信用评价管理办法； 2.股份公司分包商名录	XMGL-12-5-1 合格分包商名录	1.分包商信用评价是否全面； 2.分包商资源及评价是否及时、动态更新	分包商信用评价及时、全面、公正

续表

管理要点	管理目的	管理活动	活动内容	管理依据	管理表单	管理标准	重难点
XMGL-12-6 劳务用工实名制管理	1.规范项目劳务用工信息管理、现场考勤、工资支付管理，切实保障劳务人员的合法权益； 2.通过劳务用工信用管理，提高劳务市场诚信度	1.劳务用工实名制信息管理； 2.劳务用工考勤管理； 3.劳务用工信用管理	1.分包合同签订后，分包商进场施工时，向所在项目部报送《劳务用工花名册》《劳动合同》和身份证，原件查验后复印备案； 2.建立劳务用工实名制信息台账，实行实名制动态管理，信息应包括劳务用工姓名、年龄、身份证号码、籍贯、家庭地址、文化程度、培训信息、技能水平、健康状况、良好及不良行为记录等； 3.项目部应落实建筑工人实名制考勤制度，每月对劳务人员进行实名考勤，新增人员或退场人员，需在项目登记备案； 4.对劳务用工个人信用信息进行档案管理	1.分包合同； 2.劳动合同； 3.现场劳务用工行为记录	XMGL-12-6-1 劳务用工实名制管理台账	1.劳务用工人员劳动合同签订及时； 2.考勤信息完整、及时，相关台账动态更新，记录保存完整	1.劳务用工人员工资按时足额发放； 2.劳务用工实名制管理动态更新； 3.岗前教育培训全员参与、可追溯
XMGL-12-7 分包商成本监控	1.全面、及时、准确了解分包商在合同履约过程中施工能力、盈利能力、债权债务状况； 2.过程纠偏指导，避免出现分包纠纷； 3.提高项目分包商管控能力； 4.及时识别劳务风险和化解劳务纠纷，降低诉讼风险	1.建立分包商成本监控台账； 2.了解、收集分包商收入、成本； 3.分包商盈亏监控； 4.分包风险识别； 5.纠纷处置	1.分包合同签订后，项目计划合同部依据分包合同约定，按照分包商成本组成要素和形成过程，建立分包商成本监控台账； 2.项目计划合同部根据了解、收集的当期分包商收入、成本数据，进行盈亏分析； 3.在分包商合同履约过程中，通过对分包商进行盈亏分析，了解分包商的履约行为、债权债务、安全、质量、现场管控等情况，对劳务纠纷风险进行辨识； 4.若发生劳务纠纷，项目部须立即启动应急预案，召开专项会议，讨论并制订纠纷事件处理意见，根据相关程序报上级单位审批后执行	1.分包合同； 2.验工计价； 3.分包商成本凭证资料； 4.劳务纠纷处理方案	XMGL-12-7-1 分包商成本监控表	1.建立的台账有实用性，便于数据统计、分析； 2.基础数据收集及时、准确、全面； 3.分包商盈亏分析准确、透彻； 4.制订的纠偏措施具有针对性； 5.风险识别及时、准确，纠纷方案全面、深入、透彻，有针对性； 6.纠纷案例总结到位，有借鉴意义	1.基础数据收集的及时性、准确性、全面性； 2.偏差分析是否透彻、准确，制订的纠偏措施是否具有针对性； 3.劳务纠纷风险识别和发生纠纷后的合理处置

续表

管理要点	管理目的	管理活动	活动内容	管理依据	管理表单	管理标准	重难点
XMGL-12-8 分包商 计量结算	1.确保对下计价的及时性、准确性，以及计价资料的完整性； 2.规范计价程序，确保合同履约顺畅	1.现场验收； 2.收集汇总奖罚及扣款项； 3.临时用工（机）签单； 4.对下验工计价； 5.编制分包商资金计划	1.项目经理组织，项目总工或成本副经理牵头，项目验工计价领导小组现场对分包商当月完成工程数量和施工质量进行验收，并同步进行库存材料盘点； 2.项目计划合同部收集汇总各部门提供的甲供材料、设备使用情况核算和超耗扣款，以及安全、质量、进度等奖罚情况； 3.项目计划合同部对现场签认的临时用工、用机费用进行审核，对临时用工（机）费用进行计量； 4.项目计划合同部根据各业务部门提交的资料进行计量。分包工程完工后及时办理结算，期间计价项目部内部审批，竣工结算报工程公司审批； 5.编制各分包商资金支付计划	1.验工计价管理办法； 2.分包合同； 3.项目部资金状况及资金管理办法	XMGL-12-8-1 对下验工计价台账	1.验工计价与结算是否及时、准确； 2.是否严格按合同规定执行甲供材料、设备使用情况核算及超耗扣款； 3.合同外费用计价程序满足管理要求	1.对下计价及时准确，实行月度计价，推行分包商过程结算制度，工程完工验收合格后3个月内办理竣工结算手续； 2.重点控制对分包商的合同外工程、零星用工、机械台班及其他费用补偿； 3.业务核算考核及扣款的及时性
XMGL-12-9 分包支付	1.确保资金支付依法合规； 2.确保各类保证金的返还符合规定	1.计价入账； 2.编制资金使用计划； 3.分包付款； 4.履约保证金返还	1.计价或结算审批完成后，由分包商开具发票并转交财务部，财务部对验工计价单和发票金额核验无误后入账； 2.计划合同部根据业主资金支付情况、合同约定的支付比例或项目整体付款比例编制资金使用计划； 3.资金使用计划审定后，由财务部根据相关规定、履行相关手续进行付款； 4.合同履行完毕后，计划合同部按照合同约定进行履约保证金、农民工工资保证金返还等手续的办理，财务部履行返还职责	1.验工计价管理办法； 2.分包合同； 3.项目部资金状况及资金管理办法	—	1.计价入账是否及时； 2.编制资金使用计划是否合理、公平、公正； 3.履约保证金返还是否及时	计划合同部根据业主资金支付情况、合同约定的支付比例或项目整体付款比例编制资金使用计划，确保资金分配及时合理、公平公正

第十三章　项目物资

1.物资管理总体要求

物资管理实行“统一领导、集中管理、逐级负责、分级实施”的管理体制。坚持公开、公平、公正、科学择优、依法合规的原则实施物资采购，严格执行“两级集采”制度，对供应商开展动态评价实现优胜劣汰，有效整合物资供应商资源，规范物资计划、采购、验收、仓储、发放、核算等全过程管理，实现“两保一降一提”的目标。

2.物资管理流程

物资管理流程见下图。

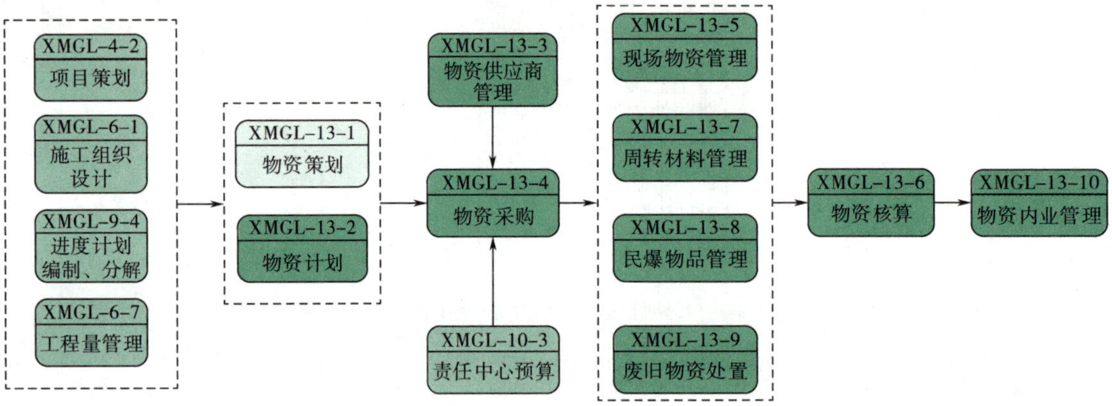

物资管理流程图

3.物资管理内容及要求

物资管理主要内容包括物资策划、物资计划、物资供应商管理、物资采购、现场物资管理、物资核算、周转材料管理、民爆物品管理、废旧物资处置、物资内业管理等工作。

（1）物资策划。项目上场后，物资部门编制物资策划方案并按规定进行审核审批。

（2）物资计划。物资计划分为物资需求计划、物资采购（含调剂、租赁）计划、物资供应计划三类，按规定编制审批后实施。

（3）物资供应商管理。项目严格执行供应商管理相关制度，认真落实进场前的调查评价，严格供应商准入，加强日常管理，动态考核评价，定期向上级推荐合格供应商并提报不良行为供应商。

（4）物资采购。物资采购严格执行“两级集采”制度，依法合规的通过招标采购、竞争性谈判、单一来源采购、询价、战略采购、框架协议采购、内部物资产品采购等方式组织实施。

（5）现场物资管理。进场材料严格落实验收、报验制度，分类集中存储、做好防护。按照先进先出的原则对用料单位进行限额发料，定期盘点，及时点验列销。

（6）物资核算。每月根据现场盘点量、材料理论用量以及实耗量进行物资核算，编制“材料节超分析表”，并分析节超原因、制订纠偏措施。

（7）周转材料管理。编制“周转材料需求计划”，遵循先调剂、改制，后租赁或新购的原则，及时组织周转材料进场。加强厂内试拼、进场验收、维护保养、盘点及退场回收等工作，建立周转材料动态管理台账，实施合理调配，提高周转材料的完好率和使用率。

（8）民爆物品管理。严格按照项目所在地公安部门要求建设库房；严格执行持证上岗，配足涉爆人员；做好验收、堆码、发放、回收、盘点、出入库台账登记、现场管理等工作。

（9）**废旧物资处置**。组织项目相关部门及时对废旧材料进行鉴定，按规定审批后，依法合规、公平公开公正进行处置，并按规定做好账务处理。

（10）**物资内业管理**。物资管理部门负责完成内业资料的收集、编制、整理、分类、装订、归档、移交、保管等工作。

4.物资管理要点

物资管理要点见下表。

物资管理要点

管理要点	管理目的	管理活动	活动内容	管理依据	管理表单	管理标准	重难点
XMGL-13-1 物资策划	1.编制物资采购供应方案； 2.制订项目物资管理目标	物资策划	1.物资部门编制物资策划方案按规定进行审批； 2.开展采购前的市场调查； 3.根据批复意见选择物资采购方式	1.股份公司物资管理规定； 2.实施性施工组织总设计； 3.市场调查报告书	XMGL-13-1-1 物资策划方案	1.物资策划方案是否真实、有效； 2.是否有效指导物资采购工作	策划方案合理性和可操作性
XMGL-13-2 物资计划	1.提供采购依据； 2.防止供应中断； 3.避免超量采购； 4.编制预算依据	1.物资需求计划； 2.物资采购计划； 3.物资供应计划； 4.物资资金预算； 5.物资资金付款计划	1.物资计划分为物资需求计划、物资采购（含调剂、租赁）计划、物资供应计划三类； 2.物资部门根据需求计划编制物资采购计划，并按规定进行审批； 3.根据现场实际合理编制物资供应计划，经审批后实施； 4.根据“物资采购计划表”编制资金预算，由财务部门统一汇总； 5.一级集采物资计划需通过股份公司物资采购管理系统上报审批	1.技术交底书； 2.施工总承包合同； 3.分包合同	1.XMGL-13-2-1 物资采购计划表； 2.XMGL-13-2-2 物资外欠款统计表	1.是否明确材料技术规格书； 2.单价控制是否有据可依； 3.资金预算是否匹配项目物资资金需求及时间要求； 4.物资资金付款计划是否公正、合理，维持供应商稳定	计划性不强，准确度不高，应急采购情况较多
XMGL-13-3 物资供应商管理	1.规范供应商行为； 2.确保物资质量	1.物资供应商注册、准入及合格供应商名录的建立； 2.物资供应商评价管理； 3.供应商不良行为管理	1.物资供应商须在股份公司采购管理系统进行注册； 2.物资部门对供应商的基本情况进行调查，指导项目物资采购； 3.物资部门对供应商准入评审，建立合格供应商名录； 4.物资供应商实行动态评价管理，通过采购管理系统实现对供应商日常评价和年度评价； 5.物资供应商在采购活动、履约过程中出现不良行为的，按照物资供应商管理权限及时认定、上报、处理	1.股份公司物资供应商管理办法； 2.上级单位处罚期内的不良行为供应商名录	XMGL-13-3-1 合格供应商准入评审表	1.准入供应商是否存在不良行为； 2.供应商评价是否及时、公正、准确	1.供应商准入审核把关不严、供应商履约能力差； 2.供应商评价流于形式，未对不良行为供应商形成约束

续表

管理要点	管理目的	管理活动	活动内容	管理依据	管理表单	管理标准	重难点
XMGL-13-4 物资采购	1.采购依法合规； 2.保障物资供应； 3.降低采购成本	1.市场调查； 2.采购方式； 3.采购合同	1.物资采购必须严格执行“两级集采”制度，遵循依法合规的原则，通过招标采购、竞争性谈判、单一来源采购、询价、战略采购、框架协议采购、内部物资产品采购等采购方式合理组织采购； 2.一级集采物资分集采内供和外供。集采内供由物资集团组织供应；集采外供由区域中心通过招标或框架协议等选定供应商进行供应； 3.二级集采物资严格按照项目上级单位物资采购相关规定组织实施； 4.内部物资产品采购严格按照股份公司内部物资产品采购管理办法实施； 5.选定供应商后项目物资部门按照合同范本拟定物资采购合同，经项目采购领导小组评审并报上级部门审批同意后，与供应商签订采购合同； 6.按计划组织物资采购	1.国家相关法律； 2.股份公司物资采购管理办法； 3.股份公司内部物资产品采购管理办法； 4.施工组织总设计； 5.物资需求计划； 6.税务策划	—	1.采购程序是否依法合规； 2.合同签订规范性	1.材料调价频繁，影响保障供应； 2.供应商调查评价不充分，履约过程中存在材料质量不合格、保供困难、诉讼等风险
XMGL-13-5 现场物资管理	1.严管进场材料质量； 2.提供材料结算依据； 3.反映现场材料变化； 4.管控材料终端消耗； 5.规范材料仓储管理； 6.控制现场物资成本	1.材料进场验收； 2.不合格品处置； 3.材料仓储； 4.材料发放； 5.材料点验列销入账； 6.材料盘点； 7.物资财务对账	1.进场材料严格执行双人验收制度，收集质量证明文件，登记台账，并及时报试验部门检测； 2.不合格品要单独存放并做好相关记录；及时与供应商联系，查明原因，分清责任； 3.验收合格的材料实行集中仓储管理，堆码整齐，配备消防器材，做好防护措施； 4.按月与供应商对账并办理结算手续，督促供应商开具发票； 5.按照先进先出的原则对用料单位限额发料； 6.及时开具点验列销单据交财务部门入账，并登记物资明细账； 7.每月定期进行物资盘点； 8.定期与财务部门对账，确保账物、账账相符	1.物资采购合同； 2.物资需求计划； 3.技术交底书； 4.材料检验结果反馈单； 5.库房相关管理制度	1.XMGL-13-5-1 物资验收原始记录表； 2.XMGL-13-5-2 材料报检台账； 3.XMGL-13-5-3 物资发放原始记录表； 4.XMGL-13-5-4 物资对账单； 5.XMGL-13-5-5 物资明细账； 6.XMGL-13-5-6 限额发料台账； 7.XMGL-13-5-7 物资盘点表； 8.XMGL-13-5-8 物资、财务对账表	1.原材料进场验收记录编制及原材料报检是否及时、准确； 2.是否按照合同约定进行不合格品处置； 3.账务处理是否及时、准确、合规； 4.是否执行限额发料	1.部分原材料质量不稳定、控制难度大； 2.现场材料仓储标准不高，容易引起材料变质； 3.未严格落实限额发料； 4.盘点不全面、不及时、不准确
XMGL-13-6 物资核算	1.管控消耗成本； 2.提供结算数据； 3.制订决策依据	材料节超分析	1.项目建立以单位、单项工程或施工队或工班为核算主体的物资核算管理控制体系，明确核算考核对象及相关责任； 2.编制“材料节超分析表”，项目相关部门共同分析节超原因，提出纠偏措施； 3.对用料单位超耗材料及时予以扣款	1.物资验收、发放原始记录表； 2.物资盘点表； 3.材料理论用量； 4.分包合同	XMGL-13-6-1 材料节超分析表	1.基础数据是否准确、全面； 2.节超原因分析是否深入，核算结果是否按合同进行经济考核	1.物资核算种类不全面，数据不准确； 2.材料节超原因分析不透彻，超耗控制措施不合理

续表

管理要点	管理目的	管理活动	活动内容	管理依据	管理表单	管理标准	重难点
XMGL-13-7 周转材料管理	1.提高周转利用率； 2.降低工程成本； 3.强化维修保养	1.周转材料需求计划； 2.周转材料采购； 3.周转材料验收； 4.周转材料结算； 5.周转材料出库； 6.周转材料盘点； 7.周转材料摊销； 8.周转材料回收； 9.周转材料调拨	1.编制周转材料需求计划，报上级单位审批； 2.进行市场调查，合理选择内部调配、租赁或新购等方式，与供应商签订合同后组织进场； 3.物资部门组织相关部门对周转材料数量、质量进行验收（含厂内试拼），登记台账； 4.按月及时与供应商办理结算，督促其开具发票，点验入账； 5.与使用单位签订周转材料使用协议后发放周转材料，登记台账； 6.定期对周转材料进行盘点核算，使用单位造成丢失损坏的及时扣款； 7.自有周转材料定期摊销，并移交财务入账； 8.及时回收下场周转材料，做好维修保养； 9.对闲置周转材料及时调配其他项目，提高周转率	1.周转材料管理制度； 2.技术交底； 3.周转材料配置方案； 4.分包合同； 5.周转材料采购/租赁合同； 6.市场调查报告	—	1.周转材料配置方案是否进行经济比选； 2.周转材料技术参数、质量标准、数量的准确性； 3.盘点是否及时、准确； 4.采购/租赁是否依法合规； 5.摊销是否及时、准确	1.周转材料配置方案不合理，采购成本不经济； 2.验收过程不规范，相关部门参与度不高，未按要求形成验收报告； 3.维修保养不到位，损坏度高； 4.闲置周转材料使用价值评估不够，调拨利用率不高； 5.账务处理不及时，影响项目成本归集
XMGL-13-8 民爆物品管理	1.服务施工生产； 2.保障涉爆安全	1.建库； 2.人员、设备配置； 3.民爆物品采购； 4.民爆物品库房管理； 5.民爆物品退库； 6.民爆物品盘点； 7.民爆物品收支存台账； 8.民爆物品销毁	1.按公安部门要求建立民爆物品存储库房； 2.严格执行持证上岗，按规定配足涉爆作业相关人员和设备；实施人防、技防、犬防、物防相结合，确保民爆物品管理安全可控； 3.合理编制民爆物品采购计划，并按规定依法合规组织采购； 4.严格按照法律法规对库房进行管理，做好验收、堆码、发放、回收、盘点、出入库台账登记等工作； 5.当天未使用完的民爆物品及时办理退库手续； 6.定期收集民爆物品进场验收单、出库单、盘点表，更新收支存台账； 7.民爆物品使用完毕及时清理库房并撤库，整理库房原始台账资料移交当地公安机关及上级单位；对剩余民爆物品按公安机关规定程序进行销毁处理，并详细登记存档； 8.严禁转让、出借、转借、抵押、赠送、私藏或者非法持有民用爆炸物品；加强现场管理，杜绝危爆物品丢失被盗等安全事件发生	1.国家法律法规； 2.民爆物品管理办法； 3.物资策划方案； 4.技术交底书； 5.民爆物品采购合同	—	1.是否按照属地公安机关要求进行验收； 2.民爆物品验收、存储、发放是否合规； 3.民爆物品仓储是否做好安全防护措施； 4.管理人员是否持证上岗； 5.剩余民爆物品销毁程序是否合规	1.严格按照属地管理要求，依法购置民爆物品； 2.加强民爆物品验收入库及仓储管理，重点推动“三交接、三签认”制度（指民爆物品由厂家送至炸药库、炸药库发料时、现场使用完退料时的交接签认手续）； 3.执行持证上岗，加强人员培训，重点解决涉爆持证人员不足的情况，杜绝违规锁卡现象发生

续表

管理要点	管理目的	管理活动	活动内容	管理依据	管理表单	管理标准	重难点
XMGL-13-9 废旧物资处置	1.防止资产流失；2.规范处置程序	1.废旧物资鉴定；2.废旧物资处置	1.组织相关部门等对剩余材料进行鉴定及价值评估；2.对已认定为废旧物资需进行变卖处理的，经采购领导小组讨论，形成处置方案，报上级审批同意后方可实施；3.依法合规选择收购方并与其签订废旧物资处置合同；4.物资部门牵头组织相关部门参与现场废旧物资处置过程；做好处置资料收集整理，登记处置台账；5.按规定做好账务处理	1.技术规格书；2.废旧物资处置合同	—	1.是否对废旧物资处置进行鉴定；2.是否按照上级批复意见处置；3.处置程序是否合规	1.废旧物资鉴定；2.处置过程的合规性
XMGL-13-10 物资内业管理	规范内业管理	1.报表的统计编制 2.内业资料的归档	1.物资部门根据上级单位的要求，及时、准确完成各种报表编制、统计及报送工作；2.物资部门将项目实施过程中计划、采购、验收、仓储、发放、消耗、盘点、合同、供应商等资料合理归档及保存	1.股份公司物资采购管理办法；2.集团公司及工程公司物资内业资料管理相关制度	—	1.是否按要求及时统计、编制并报送报表；2.内业资料是否按照相关要求进行归档	1.现场管控过程中各项资料的完整性；2.资料保存的完整性；3.报表报送的及时性

第十四章　机械设备

1.设备管理总体要求

设备投入遵循“先调剂、后租赁或购置”原则，严格执行内部产品优先租赁和采购规定。依据项目策划和施工组织设计，将自有、租赁、分包商设备统筹一体化配置，将设备安全渗透到设备管理各环节，确保设备安全高效生产。

2.设备管理流程

设备管理流程见下图。

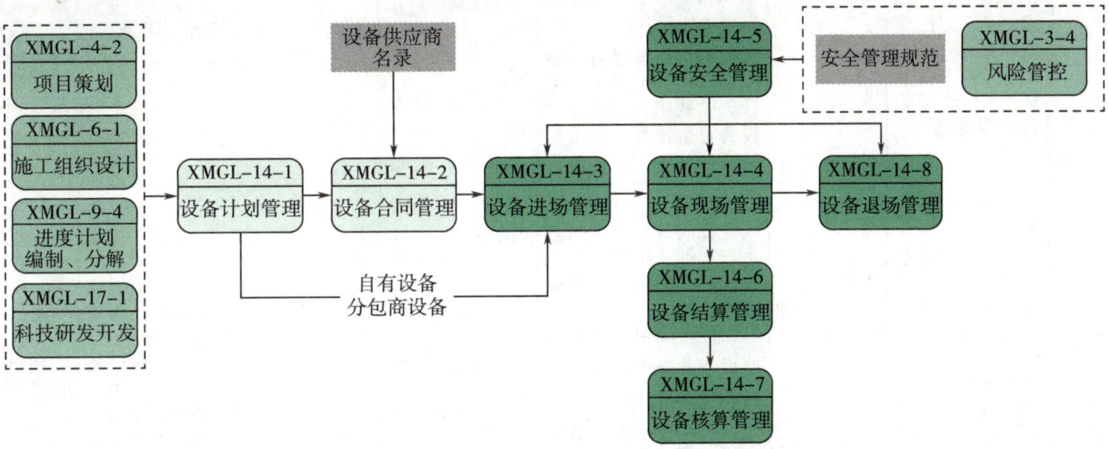

设备管理流程图

3.设备管理内容及要求

设备管理围绕安全、进度、成本等方面，融入项目管理全过程，包括设备计划管理、设备合同管理、设备进场管理、设备现场管理、设备安全管理、设备结算管理、设备核算管理、设备退场管理等内容，对设备安全、成本有效管控，为实现项目总体目标提供保障。

（1）设备计划管理。项目实施阶段的设备需求计划管理，以满足项目设备需求为目标，对自有设备、租赁设备、分包商设备进行统筹配置、资源整合，以求综合成本最优。

（2）设备合同管理。项目设备合同包括采购、租赁、维修、运输等，对合同文本、合同条款、合规文件、资质审核等事项进行明确，规范合同管理，规避合同风险，并实现合同数据综合管理。

（3）设备进场管理。对设备、备品备件、人员等进行验收验证，为设备现场管理、设备安全管理奠定基础，确保设备性能合格，备品备件质量、数量相符，人员资格有效。

（4）设备现场管理。对设备运转、保养、维修、备品备件消耗等过程进行管理、记录，为设备结算、设备核算提供数据支撑，确保记录完整有效、数据真实准确。

（5）设备安全管理。设备安全管理是对人员、设备的综合管理，通过安全教育、设备检查等手段，实现设备安全管理目标，各项管理活动开展扎实、记录完整、取得实效。

（6）设备结算管理。设备结算管理是对项目所有设备成本的结算办理，固化项目设备成本，包括自有设备、备品备件、租赁设备、安拆运输费用、水电费用等，结算办理及时、数据准确、程序合规。

（7）设备核算管理。设备核算管理是对项目设备成本进行统计分析，包括对下设备扣款、设备单机核算等内容，对下设备扣款应及时、足额，设备单机核算数据真实有效。

（8）**设备退场管理**。设备、备品备件在项目任务结束后，开展自有设备鉴定、租赁设备退场、备品备件退场等工作。自有设备鉴定准确，便于设备调遣，租赁设备退场手续完善，避免经济纠纷，备品备件退场有序，有效盘活资源。

4.设备管理要点

设备管理要点见下表。

设备管理要点

管理要点	管理目的	管理活动	活动内容	管理依据	管理表单	管理标准	重难点
XMGL-14-1 设备计划管理	合理确定设备来源，科学配置施工所需设备，保障项目施工设备需求，有效控制项目设备成本；超前筹划设备资金，确保设备有序进场	1.设备需求计划； 2.设备资金预算编制	1.编制设备需求计划，涵盖自有设备、租赁设备、备品备件等，报相关部门审批，按批示意见执行； 2.预估当期设备新增预算费用，汇总上期累计欠款费用，形成年度设备资金预算、季度设备资金预算	1.实施性策划书； 2.设备价格库； 3.设备消耗定额； 4.生产计划书； 5.设备需求计划	XMGL-14-1-1 设备需求计划申请单	1.设备需求计划满足现场施工要求； 2.设备资金预算与实际资金需求匹配	1.项目实施的设备配置计划与实施性策划中的设备计划存在差异； 2.设备需求计划编制不准确，临时性需求计划过多
XMGL-14-2 设备合同管理	预控设备来源，选择优质资源，控制设备总费用；明确合同双方责任，理清经济关系，防止纠纷；用法律手段维护企业利益，维护企业良好信誉；为项目施工生产提供设备保障	1.设备供应商初评； 2.设备业务申请； 3.设备业务合同	1.收集供应商资质、信誉证明等材料，对其进行初评，报相关部门审核后，纳入设备供应商名录； 2.根据项目需求，编制设备业务申请单，履行相关审批程序； 3.发起设备业务合同审批，根据审批意见签订合同	1.设备供应商名录； 2.设备价格库； 3.设备需求计划申请单； 4.设备业务申请单； 5.设备退场计划	XMGL-14-2-1 设备合同审批单	1.引用设备价格库，控制价格； 2.选用供应商来源于供应商名录； 3.符合设备管理办法和合同管理办法； 4.符合国家法律法规及行业标准，确保合同合法有效	1.先签后批的违规现象； 2.合同不严谨，引起合同纠纷； 3.合同不能顺利履行，引起纠纷
XMGL-14-3 设备进场管理	确保项目进场设备技术状态、人员资格、设备资质等符合使用和安全要求；确保特种设备安装质量、设备资质符合相关技术要求和安全管理规定	1.设备进场验收、报验； 2.设备安装验收； 3.备品备件进场验收； 4.操作人员证件核查	1.项目对进场设备进行验收，编制设备进场验收记录表； 2.项目对进场设备安装进行验收，编制设备安装验收记录表； 3.项目对进场备品备件进行验收，验收合格点验入库； 4.项目对进场设备操作人员持证情况进行检查，编制设备操作人员台账	1.设备管理办法； 2.设备说明书； 3.行业标准	XMGL-14-3-1 设备台账	1.机械设备合格； 2.安装符合相关行业规范； 3.人员、设备证件齐全有效	1.进场设备不合格； 2.设备和操作人员资质不符合要求； 3.特种设备未取得使用许可
XMGL-14-4 设备现场管理	对设备运转、保养、维修、备品备件发放等活动进行真实、详细记录，为合同结算，提供准确信息，确保设备成本真实准确，为单机核算提供基础资料，确保数据真实；维持设备良好的技术状态，保生产，控成本	1.设备运转； 2.设备保养； 3.设备维修； 4.备品备件消耗	1.填写设备运转记录相应信息； 2.按时完成设备保养工作，填写设备保养记录； 3.按设备修理规程和维修手册规定的技术标准，对设备进行维修，填写维修记录； 4.对当期设备消耗数据进行收集、整理	1.设备管理办法； 2.设备运转记录表； 3.设备使用说明书； 4.备品备件点验单	XMGL-14-4-1 设备运转记录表	1.设备运转记录填写合格； 2.记录准确； 3.完成设备保养工作	1.运转记录不准确； 2.设备带病作业； 3.设备单机核算数据失真

续表

管理要点	管理目的	管理活动	活动内容	管理依据	管理表单	管理标准	重难点
XMGL-14-5 设备安全管理	确保设备操作人员持证上岗，素质合格，操作合规，消除人的不安全因素，确保设备状态良好，消除设备安全隐患，实现设备安全生产	1.人员资格、设备资质管理； 2.设备安全教育； 3.设备检查及问题整改	1.建立人员、设备台账，并进行动态管理； 2.按期开展安全教育活动； 3.完成设备检查工作，做好问题整改	1.国家法律法规； 2.项目管理办法； 3.行业规范； 4.危险源公示、公告； 5.设备使用说明书	—	1.人员资质合格； 2.特种设备使用许可； 3.安全培训教育和技术交底全覆盖； 4.开展设备安全检查	1.人员无资质上岗； 2.培训教育未取得实效； 3.设备检查工作落实不到位
XMGL-14-6 设备结算管理	固化项目设备成本，将设备管理支出及时转化为项目成本；按时结算，及时理清经济关系，确保项目设备成本全面归集	1.设备折旧、摊销、列销； 2.设备业务结算办理； 3.月度设备资金计划	1.项目确认当期自有设备折旧、周转材料摊销、备品备件列销信息，推送财务记账； 2.项目完成当期设备费用结算、入账工作； 3.项目编制设备资金计划	1.设备管理办法； 2.设备运转记录表； 3.设备保养（维修）记录表； 4.备品备件点验单； 5.设备进场验收记录表； 6.备品备件发料单	XMGL-14-6-1 设备结算单	1.设备折旧计提金额准确； 2.摊销资料数据准确无误； 3.备品备件列销数据准确； 4.结算支撑性资料、数据准确； 5.资金计划准确	1.设备折旧计提不准确； 2.备品备件账务不准确； 3.结算办理不及时
XMGL-14-7 设备核算管理	开展设备单机核算活动，查找设备管理不足，控制设备成本，积累企业设备定额数据，优化设备成本决策	单机核算	编制设备单机核算表	1.设备运转记录表； 2.设备加油记录表； 3.备品备件发料单	XMGL-14-7-1 设备单机核算表	原始数据真实详细	设备完成工作量难以量化
XMGL-14-8 设备退场管理	提高项目效益，保证设备良好技术状态，盘活企业资产，提高设备资产利用率	1.设备退场计划； 2.备品备件处置； 3.自有设备鉴定	1.编制设备退场计划表，明确退场时间，报相关部门备案； 2.编制项目退场备品备件清单，明确备品备件名称、规格型号、转让价格等信息； 3.对自有设备状况进行鉴定，明确设备整修内容，完成履历资料的收集归档工作	1.月度施工计划表； 2.备品备件的技术规范； 3.设备管理办法	XMGL-14-8-1 设备退场计划表	1.设备退场签认单签认； 2.设备技术性能鉴定准确； 3.备品备件清单准确	1.下场设备状态评估不准确，费用界定不明确； 2.备品备件鉴定标准难以统一

第十五章　项目财税

1.财税管理总体要求

根据国家财经法规、股份公司财税管理制度及标准化管理的总体要求，秉持“预算先行、资金管控、核算监督、风险防范”的管理思路，规范项目财税管理，夯实财税基础工作，确保内控制度落地，防范财税风险，提升财税价值创造能力。

2.财税管理流程

财税管理流程见下图。

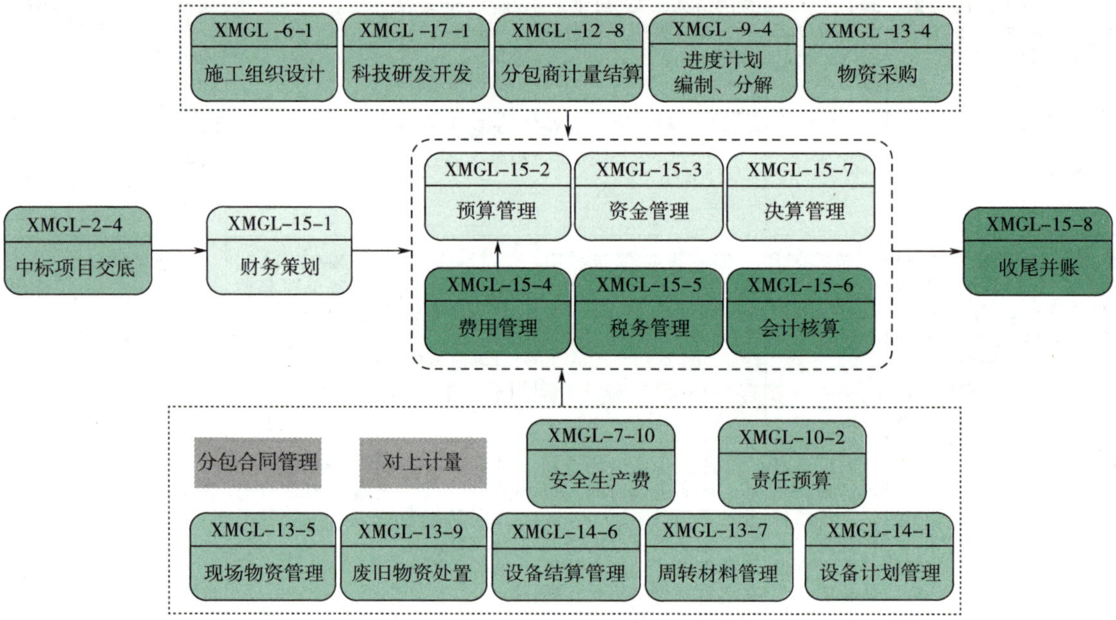

财税管理流程图

3.财税管理内容及要求

财税管理是在工程项目整个运行周期内进行的财税策划、预算管理、资金管理、费用管理、税务管理、会计核算、决算管理、收尾并账等一系列管理工作。

（1）财税策划。项目财税策划分为前期准备、策划制订、策划实施及动态调整四个阶段，主要包括项目部财务机构的设置和人员配备、资金管理、费用管理、税务管理、核算管理等内容。项目上场后，本着“突出重点、细化操作，超前谋划、严格遵循，规范管理、控制风险”的原则，公司财务部门组织项目开展财税策划，形成“项目财税策划书”。项目部按照“项目财税策划书”要求开展财税管理活动，并根据执行情况及时进行动态调整。

（2）预算管理。项目预算管理主要包括预算编制、预算执行、预算分析、预算调整等内容。项目预算要坚持“可行性、目标性、重要性、全面性”四项基本原则，按照公司下达目标和有关要求，结合实际情况编制，严格执行，并定期分析，因特殊原因需对指标调整的，按相关程序报批调整。

（3）资金管理。项目资金管理主要包含安全管理、集中管理、收支管理等内容。项目要落实不相容岗位制度，严禁一人全过程办理货币资金收支，资金收支统一由财务部门办理，严控银行开户数量，落实资金集中结算制度，加强银行预留印鉴管理，规范现金提取和使用，严格执行分包商、供应商等结算及上交款制度。

（4）费用管理。项目费用管理主要包括费用预算、费用审核和费用执行分析等内容。项目要本着“必须、合理、节约、高效”的原则，坚持预算管控，严格费用审核，严控费用支出，对预算外项目，按规定程序审批，定期开展预算执行情况分析，并提出有效控制性措施。

（5）税务管理。项目严格遵守税收法律法规和公司制度相关规定，及时掌握税务环境，配合完成纳税筹划。按照税务交底，开展跨区域涉税事项报验管理、合同涉税管理、发票管理、申报管理、涉税核算等工作，规范各类涉税行为，确保企业利益最大化。涉及重大涉税事项应及时上报上级单位。

（6）会计核算。项目会计核算主要包含资金收支核算、债权债务核算、资产存货核算、收入成本费用核算、其他业务核算等内容。项目要严格按照会计准则、股份公司会计核算办法等相关规定，规范会计业务处理，真实、准确、完整地反映项目经济业务实质，保证会计信息质量，并及时整理装订会计资料，按规定保管会计档案。

（7）决算管理。项目决算管理主要包括资产盘点清查、往来交易对账、决算报表编制、财务状况分析等内容。项目要严格按照会计准则及相关财务制度规定，认真组织编制财务报告，全面、完整、真实、准确反映财务状况和经营成果，充分利用会计信息，结合经济业务实际情况，深入开展财务分析工作，全面揭示经济活动存在的问题与风险，为项目管理提供决策依据。

（8）收尾并账。收尾并账管理主要包括债权债务清理及资产盘点、银行账户注销、涉税事项梳理、财务并账、会计档案移交等内容。项目要坚持“四个集中统一”“并账不并责”“应收尽收、应并尽并”三个原则，持续加强完工收尾项目财务管理，提升管控效率，降低管控成本，堵塞管理漏洞，防止企业效益流失。

4.财税管理要点

财税管理要点见下表。

财税管理要点

管理要点	管理目的	管理活动	活动内容	管理依据	管理表单	管理标准	重难点
XMGL-15-1 财税策划	1.规范项目财税管理，确保内控制度落地； 2.促进项目提质增效，防范项目财税风险	1.财税策划前期准备； 2.组织架构管理模式确定； 3.资金管理策划； 4.费用管理策划； 5.税务管理策划； 6.核算管理策划； 7.策划的实施及调整	1.成立项目财税策划小组，了解当地的税务政策、业主相关要求，研究项目招投标文件和施工合同，梳理企业内部规章制度和经济政策，为策划提供支撑； 2.明确项目组织架构、管理模式、会计机构设置以及人员配备、岗位责任划分等； 3.制订项目资金管理、费用管理、税务管理、核算管理等相关制度； 4.编制项目资金总预算、费用总预算，测算项目税负，制订取票策略等，并进行税务交底； 5.严格按照“项目财税策划书”有关要求，开展财务管理活动，并及时动态调整	1.中标项目交底书； 2.合同交底； 3.各项规章制度	1.XMGL-15-1-1项目财税策划书； 2.XMGL-15-1-2项目税务管理工作交底方案	1.策划科学合理； 2.内容全面	1.全周期的资金预算与实际执行结果偏差较大； 2.税务策划要综合考虑利润、税负、现金流等因素； 3.费用总预算要考虑项目所在地的地理、人文等外部环境影响

续表

管理要点	管理目的	管理活动	活动内容	管理依据	管理表单	管理标准	重难点
XMGL-15-2 预算管理	强化项目管控，提升项目管理水平，防范风险，确保企业发展战略目标的实现，促进企业持续、健康、稳定发展	1.预算编制； 2.预算执行、分析； 3.预算调整	1.依据在手合同与产值预算、目标责任预算、费用预算、科研投入预算、安全生产费预算等编制现金流量预算、资产负债表预算、利润表预算，形成全面预算； 2.依据年度预算，结合决算报表，开展执行情况分析； 3.因特殊情形导致生产经营环境变化，经全面预算管理领导小组认定，按规定报批申请	1.在手合同与产值预算； 2.工期进度安排； 3.科技投入预算； 4.安全支出预算； 5.物资采购预算； 6.库存材料预算 7.决算报表	—	1.目标明确； 2.切实可行； 3.内容全面； 4.重点突出	1.预算编制内容不完整，目标定位不准确； 2.项目对关键指标执行不到位； 3.业务部门预算参与度不高，纠偏不及时，预算执行偏差较大
XMGL-15-3 资金管理	严格账户管理，提高资金集中度，以收定支，提高资金使用效率，确保资金安全	1.资金安全管控； 2.资金集中管理； 3.资金收支管理	1.财务岗位设置、支付工具管理、资金审批程序等符合公司各项制度要求，保障资金安全； 2.按照“一个单位一个账户”原则开设银行账户，办理归集，积极上存，提高资金集中度； 3.根据施工生产需要，制订资金使用计划，实行比例控制，确保资金支付公平合理	资金管理相关制度	XMGL-15-3-1 项目资金计划表	1.资金安全可控； 2.完成资金集中任务； 3.资金收支平衡，支付公平合理	1.受资金监管约束，项目账户归集、资金上存困难； 2.资金计划编制准确度不高，执行差异大； 3.对下支付比例与对上收款比例不匹配，造成资金紧张； 4.对分包商、供应商支付比例不均衡
XMGL-15-4 费用管理	规范各类费用开支标准，加强费用审核，严控非生产性费用开支，保证费用开支依法合规	1.费用预算； 2.费用审核； 3.费用执行分析	1.依据费用总预算，结合下年产值及工期安排，结合其他预算，编制项目年度费用预算； 2.财务部收到各业务部门提交的申请单后，对单据的合规性、完整性等进行审核； 3.对费用预算执行情况进行分析，形成分析报告	1.费用管理相关制度； 2.费用预算表； 3.费用申请报告； 4.发票及清单； 5.合同	—	1.内容合规； 2.报销及时； 3.分析全面	1.费用开支超预算； 2.费用开支不合规
XMGL-15-5 税务管理	依法合规，统筹规划，严格项目税务精细化管理，提升税务创效及风险防范能力	1.跨区域涉税事项报验管理； 2.合同涉税管理； 3.发票管理； 4.申报管理； 5.涉税核算管理	1.及时办理跨区域涉税事项报验登记、注销； 2.财务部对签订的各类经济合同涉税内容进行指导、审核、监督； 3.按照税法相关规定和公司制度，开展发票开具、取得、传递、审核、入账、存档等工作； 4.在开展经济业务时，应按照相关规定及时、足额缴纳税款； 5.及时与总部核对相关数据，核对一致后完成往来转账； 6.税务交底执行分析，结合实际，动态调整交底内容	1.合同； 2.发票； 3.相关结算资料； 4.税收缴款通知等	—	1.涉税业务处理规范、合理； 2.涉税业务办理及时、准确	1.税务筹划与执行存在偏差； 2.业务人员素质能力不能有效应对和防范税务风险

续表

管理要点	管理目的	管理活动	活动内容	管理依据	管理表单	管理标准	重难点
XMGL-15-6 会计核算	按照会计准则及相关规定，规范会计业务确认、会计科目使用、会计初始计量、会计后续计量及会计处置等业务处理，真实准确地反映项目经济业务实质，保证会计信息质量	1.资金收支核算； 2.债权债务核算； 3.资产存货核算； 4.收入成本费用核算； 5.其他业务核算	1.依据资金支付审批单、资金结算等单据，及时准确反映资金收支情况； 2.依据债权债务往来结算相关凭据，及时准确反映应收账款、其他应收款、预付账款、应收票据、内部往来、应付账款、其他应付款、预收账款等各类往来款项； 3.依据固定资产、在建工程、无形资产、临时设施、存货、周转材料等资产的经济业务凭据，及时准确反映各类资产的账面价值； 4.依据成本费用类单据，及时准确归集项目成本，并在期末按照完工百分比法确认收入； 5.月末，项目财务完成所有账务处理后，根据账面情况编制完善各类台账； 6.及时整理装订会计资料，按规定管理会计档案	1.资金收支相关单据； 2.债权债务相关单据； 3.成本费用相关单据； 4.其他相关单据	—	1.推送及时； 2.入账科目准确； 3.附件齐全； 4.成本足额归集	1.业务处理推送不及时； 2.专项费用的核算不规范； 3.成本归集不及时、利润测算不准确
XMGL-15-7 决算管理	按照会计准则，客观反映项目的财务状况和经营成果。结合项目实际情况，深入分析项目经营活动存在问题与风险，为项目管理提供决策依据	1.资产盘点对账； 2.往来交易对账； 3.决算报表编制； 4.财务状况分析	1.月末开展资产盘点、清查、对账，严格执行会计准则，确认收入、成本、费用等会计要素，确保会计信息质量； 2.每月末，编制财务快报并上报； 3.季度末编制财务决算报表，审核通过后上报总部； 4.决算报表编制完成后，结合项目实际情况开展财务状况分析	科目余额表、总账、明细账	—	1.上报及时； 2.数据准确； 3.内部交易抵消充分	1.业务处理滞后，制约报表编制进度； 2.内部交易抵消不充分，资产盘点清查不及时、不全面
XMGL-15-8 收尾并账	规范收尾项目财务管理，防范效益流失	1.债权债务清理及资产盘点； 2.银行账户注销； 3.涉税事项梳理； 4.财务并账； 5.会计档案移交	1.项目纳入收尾管理后，对项目资产负债进行盘点清查，清理项目债权债务； 2.项目在满足条件的情况下，及时办理银行账户注销手续； 3.项目全面梳理涉税业务，确保不存在遗漏税金事项，若后续不发生涉税业务，办理跨区域涉税事项注销手续； 4.项目满足并账条件后，办理并账手续，提供并账报告，纳入收尾账套集中核算； 5.项目并账后，在规定时限内完成会计档案移交工作	收尾管理办法	—	1.及时清理债权债务，完成资产盘点工作； 2.及时办理银行账户、跨区域涉税事项注销手续； 3.按时并账，及时移交会计档案	1.收尾项目人员变动大，对账困难； 2.收尾银行账户注销不及时； 3.收尾项目并账不及时； 4.会计档案移交工作滞后

第十六章　节能环保

1.节能环保总体要求

坚持“绿色发展”理念，恪守“坚守底线、不碰红线、创造亮点”原则。坚持节约保护优先，坚决执行节约能源法、环境保护法及政策，正确处理能源节约、生态环境保护与企业发展的关系，加快构建企业绿色低碳可持续发展体系；坚持依法合规管理，严格遵守国家能源节约与生态环境保护法律法规和有关条例，依法接受国家和地方政府相关部门的监督执法；坚持绿色低碳发展，全面推行“四节一环保”绿色施工管理，努力打造绿色品质铁建。

2.节能环保管理流程

节能环保管理流程见下图。

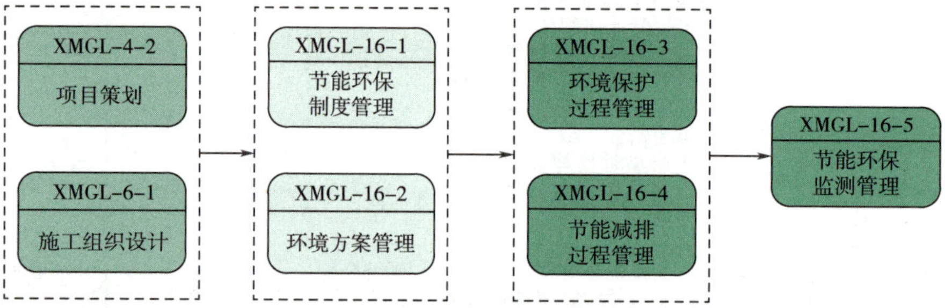

节能环保管理流程图

3.节能环保管理内容及要求

节能环保管理内容主要有建立制度体系，加强环境保护和节能减排过程管理，强化风险防控，实现节能环保管理目标。

（1）制度体系。各单位必须成立由党政主要负责人任组长的能源节约与生态环境保护工作领导小组，全面管理本单位能源节约与生态环境保护工作，明确能源节约与生态环境保护机构并配置相应管理人员，制订能源节约和生态环境保护管理办法及管理方案。

（2）环保控制。有计划地组织开展生态环境保护方面的培训，提高队伍人员素质和工作能力。建立环境影响因素识别制度，全面辨识、评价环境因素，动态开展在建项目不同施工阶段的环境因素识别工作。推行“6个100%标准化工地建设”，建立生态环境污染源和风险点排查治理制度，严格执行施工现场六大污染风险防控和82项标准作业清单，有效化解、防范各类重大环境风险，杜绝环保事件发生。

（3）节能减排。全面推行以绿色施工为主题的“四节一环保”活动，普及节能环保法规知识和行为准则，提高全员能源节约意识。开展“全国节能宣传周和全国低碳日”活动，积极创建“绿色施工文明标准化工地”。合理调整能源消费结构，增加绿色能源的使用，依靠科技进步，开展四新成果应用，确保单位能耗强度和能源消耗总量达标。

（4）管控效果。通过措施落地和过程控制，全面完成节能环保各项指标、目标；杜绝发生环境污染、违规违法和群体投诉事件，减少行政处罚；践行绿色施工，节约能源，防治污染，建设资源节约型，环境友好型企业。

4.节能环保管理要点

节能环保管理要点见下表。

节能环保管理要点

管理要点	管理目的	管理活动	活动内容	管理依据	管理表单	管理标准	重难点
XMGL-16-1 节能环保制度管理	加强项目节能环保管理工作，规范节能环保管理行为	节能环保管理办法编审	项目专人负责组织相关部门制订节能环保管理办法，用以规范项目节能环保管理行为	1.项目环境影响报告书； 2.所在地环境保护状况； 3.施工调查及业主的要求； 4.实施性施工组织设计	—	1.是否及时编制； 2.是否明确管理体系、职责、分工等	内部制度、体系满足各级要求
XMGL-16-2 环境方案管理	为加强环境管理工作，规范各项目重要环境影响因素管理行为	1.环境因素辨识、评价； 2.环境管理方案编审	项目分管环保部门组织相关部门对环境因素进行辨识和评价，对重要环境因素编制环境管理方案	1.国家、地方有关环保的法律法规； 2.公司每年公布的环境因素清单； 3.实施性施工组织设计	1.XMGL-16-2-1 环境因素清单； 2.XMGL-16-2-2 环境因素评价表； 3.XMGL-16-2-3 重要环境因素清单	1.是否及时编制； 2.内容是否符合现场，是否存在错漏	1.是否准确识别重要环境因素； 2.各项管理措施具有针对性、可实施性
XMGL-16-3 环境保护过程管理	规范各级环境管理行为，防止污染、破坏生态等事件发生，实现企业经济效益、社会效益和环境效益的统一	1.环保培训； 2.现场检查整改； 3.环保总结	根据项目情况，分期分批组织员工进行环保教育，建立生态环境污染源和风险点排查治理制度，适时组织对现场环保进行检查，业务部门负责监督检查，跟踪执行，闭环管理	1.项目节能环保管理办法； 2.项目环境管理方案； 3.现场环保措施； 4.各级检查的问题	1.XMGL-16-3-1 环境保护排查治理问题库台账； 2.XMGL-16-3-2 环境风险源风险点排查台账	1.是否符合现场施工专业特点； 2.是否符合法律法规、地方政府及相关方的要求	1.风险排查治理制度执行情况； 2.是否按照管理办法、管理方案落实
XMGL-16-4 节能减排过程管理	推行“四节一环保”施工管理，控制单位能耗强度和能源消耗总量，提高能源使用效率	1.节能减排培训及宣传； 2.现场措施落实； 3.节能减排总结	1.积极开展“全国节能宣传周和全国低碳日”活动，加强节能减排培训； 2.合理调整能源消费结构，淘汰落后产能及工艺，购置节能型、先进型设备； 3.优化施组设计，优化专项施工方案，加快施工进度，降低能耗	1.项目节能环保管理办法； 2.现场节能减排措施	—	1.是否符合管理办法要求； 2.是否符合法律法规、地方政府以及相关方的要求	1.能源消耗指标控制； 2.四新技术成果应用； 3.是否按照管理办法落实
XMGL-16-5 节能环保监测管理	规范统计监测口径、范围、标准和方法，并结合内、外部审计，确保能源节约与生态环境保护统计监测数据的真实性、准确性和完整性	1.原始记录和台账建立； 2.报表上报	1.建立健全能源消耗、温室气体排放、污染物排放原始记录和统计台账； 2.按照统计报表上报工作制度及时上报季度、年度报表及总结分析报告	1.国家及地方政府要求； 2.各级管理制度要求	—	1.是否建立污染物排放和能源消耗监测系统； 2.是否建立原始记录和统计台账	统计监测数据的真实性、准确性和完整性

第十七章　科技创新

1.科技创新总体要求

强化创新主体地位，提升科技创新能力；突破关键核心技术，打造原创技术“策源地”；建设科技创新平台，夯实战略科技力量；完善科技创新机制，营造鼓励创新的氛围；加强科技人才队伍建设，打造高水平科技创新团队；强化科技战略引领，为创新发展提供保障。成立技术科研组，以企业及项目需求为导向，确定科研课题，坚持自主创新、引进与消化吸收并重的原则，开发工法，挖掘和布局专利，促进企业科技成果转化和技术创新。

2.科技创新流程

科技创新流程见下图。

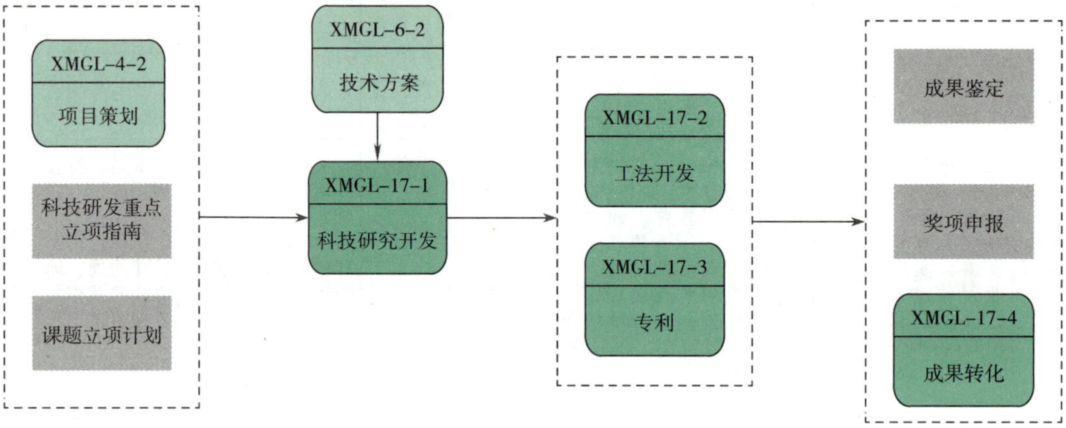

科技创新流程图

3.科技创新内容及要求

科技创新的内容主要有科技研究开发、工法开发、专利、成果转化等工作。

（1）科技研究开发。在项目总工组织下设置科研组，开展新技术、新装备、新材料、新工艺的研究、开发、试验，引进技术的消化吸收再创新，新产业的构建，结合技术重难点项目的关键技术攻关，新标准的制定和管理科学研究等。

（2）工法开发。在技术研发过程中，针对项目的分部分项工程，总结经过工程实践并证明是技术先进、效益显著、经济适用、节能环保的施工方法。

（3）专利。在技术研发过程中，有计划地开展专利申请工作。结合本单位技术特点，逐步开展专利申请的挖掘和专利布局工作。在研究开发新产品、新技术、新工艺和进行技术改造前应检索专利文献，尤其要加强中国专利文献检索，避免重复研究和侵犯他人专利权。

（4）成果转化。在技术研发过程中以及结束后，针对类似特点的工程，进行研发成果的推广试点，逐步完成自有成果的升级转化。成果转化不是直接套用已有的工法、专利，而是结合项目实际情况，进行成果适应性优化调整，举一反三，提升既有成果的通用性和利用价值。

4.科技创新管理要点

科技创新管理要点见下表。

科技创新管理要点

管理要点	管理目的	管理活动	活动内容	管理依据	管理表单	管理标准	重难点
XMGL-17-1 科技研究开发	1.促进科技创新工作，落实科技创新引领企业发展战略； 2.是企业整体发展计划的组成部分，是科技政策和中长期科技发展规划的具体实施计划	1.课题立项； 2.课题实施； 3.经费管理； 4.结题验收	1.根据项目详细策划及新领域策划，结合“科技研发重点”，分析国内外、行业的技术研究现状，确定科技研究开发内容，编制课题申请表； 2.依法合规签订课题立项合同。按照目标相关性、政策相符性和经济合理性的原则准确编制课题经费预算； 3.制订研究试验大纲和工作计划，落实经费和科研组织机构及人员。组织研究任务的实施、协调与检查。及时发现可能影响课题顺利完成的重大事项，及时调整； 4.按照批准的经费预算合理开支课题专项经费； 5.根据课题合同要求，完成研究报告、合同约定的技术文件、课题完成情况简要说明及其他相关资料，并提交结题验收申请	1.科技研发重点； 2.立项通知； 3.科技研究开发计划管理办法； 4.科技重大专项经费管理细则	1.XMGL-17-1-1年度科研计划课题申请表； 2.XMGL-17-1-2年度科研计划课题合同； 3.XMGL-17-1-3科研计划课题年度执行情况及资金使用情况表； 4.XMGL-17-1-4科研计划课题变更（解除）合同建议表； 5.XMGL-17-1-5科研计划课题合同结题验收申请表； 6.XMGL-17-1-6科研计划课题合同结题验收报告	1.是否按照课题合同的计划开展课题研究； 2.是否满足课题合同中要求的结题条件； 3.是否依法合规落实科研经费	1.项目现场技术调研，掌握国内外研究现状，编制研究内容； 2.制订研究大纲和计划
XMGL-17-2 工法开发	加强企业技术管理，促进科技成果迅速转化为施工生产力；对内可作为组织施工和同类工程的指导性文件，对外可作为工程项目投标竞争的支撑材料	1.创新工艺策划、实施； 2.工法文本编制及评审； 3.关键技术评价； 4.工法申报	1.结合项目技术难点和新领域策划资料，梳理工法创新工艺，编制专项工法实施方案，完成评审后实施； 2.进行工法文本编制，并进行内部评审、修改完善； 3.科技查新，开展关键技术评价； 4.按照工法申报要求，准备全套申报资料	工法管理办法	XMGL-17-2-1优秀工法申报表	1.工程实施过程是否可追溯； 2.工程实施经济与社会效益是否符合要求； 3.影像资料是否清晰、是否符合现场实施事实	1.工法挖掘，明确创新点； 2.结合现场，梳理工艺流程； 3.提炼编写素材，编写工法文本； 4.工法申报支撑资料完善
XMGL-17-3 专利	促进企业科技创新能力，增强企业的核心竞争力，提升企业市场竞争力，有效防止竞争对手对自主知识产权的模仿、抄袭	1.技术梳理； 2.专利检索、布局； 3.专利开发； 4.专利申报	1.结合项目技术难点和新领域策划资料，梳理创新工艺； 2.结合创新点，进行相关专利检索及布局； 3.进行专利文本编制； 4.提交至专利事务所，完成专利申报	专利管理办法	XMGL-17-3-1专利技术交底书	专利的实用性、新颖性、创造性，授权文本质量	1.技术梳理及检索布局； 2.保证专利创新性
XMGL-17-4 成果转化	提升科技成果社会和经济效益，逐步优化施工产业结构，提升企业产业创新升级能力	1.成果梳理； 2.成果推广； 3.成果组合、升级； 4.创新成果再申报	1.对重大创新成果进行梳理、分类； 2.梳理类似特点工程，进行成果推广试点； 3.结合试点情况，对已有成果进行组合、优化、升级； 4.全面推动成果转化，针对优化创新成果进行再申报	科技研究开发计划管理办法	—	1.成果的实用性、可推广性以及优化再创新空间； 2.成果的社会、经济、环保效益	1.成果适应性推广试点； 2.成果转化、升级

第十八章　信息化

1.信息化管理总体要求

以服务项目管理为核心，通过规范项目信息化基础设施建设及维护，加强IT资产、软件正版化管理，做好信息系统应用管理，强化网络安全管控，切实发挥信息化对项目管理的支持作用。

2.信息化管理流程

信息化管理流程见下图。

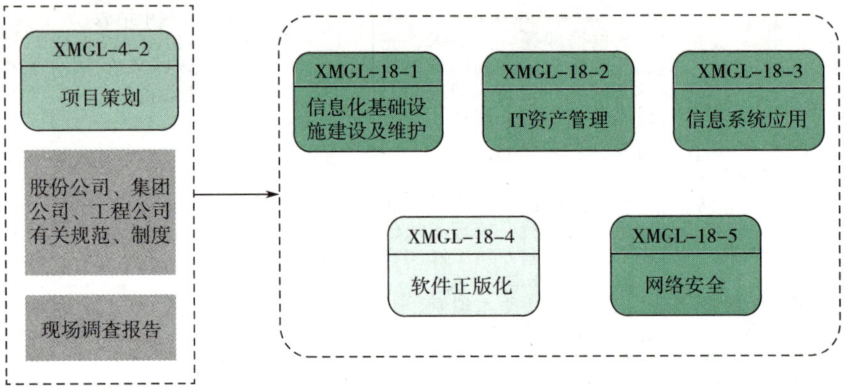

信息化管理流程图

3.信息化管理内容及要求

信息化管理内容主要有信息化基础设施建设及维护、IT资产管理、信息系统应用管理、软件正版化和网络安全。

（1）信息化基础设施建设及维护。按照有关要求落实信息化基础设施建设方案审批，进行基础设施采购、建设、验收及运行维护，促进项目网络设施、视频会议室、视频监控等信息化基础设施建管合规。

（2）IT资产管理。信息化管理员（兼）发起IT资产采购申请，经审批同意后开展集中采购或者自行采购；对采购的IT资产进行验收、登记；落实IT资产盘点，并对闲置资产进行调拨，规范IT资产全生命周期管理，提高资产利用率。

（3）信息系统应用管理。业务人员积极参加系统应用培训、按要求反馈系统应用问题、积极反馈系统迭代需求，保证能够正常访问各层级信息系统，确保系统应用效果。

（4）软件正版化管理。项目部及员工通过签订使用正版软件承诺书，对办公计算机进行软件使用合规性检查，发现问题并落实整改，增强软件正版化意识，防范软件侵权风险。

（5）网络安全管理。通过强化网络机房设备配置，落实网络安全日常巡检，加强网络安全培训及案例宣讲，督促员工妥善保管存储设备，逐渐提高员工对网络安全风险的甄别能力和防范意识，降低项目网络安全风险。所有职工应严格遵守国家网络安全相关法律法规，严禁泄露国家秘密、公司商业秘密和个人隐私。

4.信息化管理要点

信息化管理要点见下表。

信息化管理要点

管理要点	管理目的	管理活动	活动内容	管理依据	管理表单	管理标准	重难点
XMGL-18-1 信息化基础设施建设及维护	规范项目网络设施、视频会议室、视频监控设施建设及维护，促进建、管合规	1.信息化基础设施建设方案编制和评审； 2.信息化基础设施采购； 3.信息化基础设施建设实施； 4.信息化基础设施维护	1.项目信息化管理员（兼）牵头编制项目信息化建设方案，并报项目领导、公司有关部门审批； 2.项目信息化管理员（兼）组织信息化基础设施采购，选定供应商并签订采购合同； 3.供应商进行基础设施建设和调试；项目信息化管理员（兼）和相关业务部门人员共同验收； 4.发现问题及时反馈给项目信息化管理员（兼）；管理员收到问题反馈后及时处理或协调供应商处理，并做好登记	1.项目策划书-信息化管理篇； 2.相关制度、要求； 3.市场调查情况； 4.国家、行业、地方标准	XMGL-18-1-1 项目信息化年度预算表	1.满足项目需求； 2.方案报审及时； 3.采购依法合规； 4.验收合格； 5.故障处理及时	1.达到"实用、好用、管用"的建设目标； 2.保证维护的及时性
XMGL-18-2 IT资产管理	规范IT资产采购、使用、处置等管理行为，提高资产利用率	1.IT资产采购； 2.IT资产验收； 3.IT资产登记； 4.IT资产使用管理； 5.IT资产处置	1.项目信息化管理员（兼）发起IT资产采购申请流程，公司审批； 2.项目信息化管理员（兼）对采购的IT资产型号、参数、数量、质量等进行验收； 3.项目信息化管理员（兼）登记和上报项目IT资产采购及管理情况； 4.项目信息化管理员（兼）盘点IT资产，对闲置资产进行调拨； 5.项目信息化管理员（兼）对符合条件的IT资产提出报废、售出或捐赠申请，按审批意见进行资产处置	1.股份公司软件集中采购目录； 2.相关制度、要求； 3.项目信息化年度预算	XMGL-18-2-1 软件资产购置年度计划	1.符合资产集采要求，符合配置标准； 2.闲置IT资产不超过总资产的10%； 3.IT资产账实、账卡、账账相符； 4.IT资产处置合规	1.资产采购满足配置标准及相关要求； 2.处置合规
XMGL-18-3 信息系统应用	1.保证项目正常访问各层级信息系统； 2.确保信息系统应用效果	1.系统应用培训； 2.系统问题反馈与处理； 3.迭代需求反馈	1.项目积极组织参加公司业务部门或其他相关方组织的系统应用培训； 2.用户反馈系统应用发现的问题，运维人员及时协同解决； 3.用户反馈系统功能性、易用性等方面迭代需求，系统建设部门分析研判，确定是否按有关制度进行迭代升级	相关制度、要求	XMGL-18-3-1 信息系统台账	1.项目应培人员全覆盖；掌握系统操作方法、能够独立应用系统； 2.反馈问题具体准确，处理问题及时高效	及时整改系统应用问题
XMGL-18-4 软件正版化	增强软件正版化意识，防范软件使用侵权风险	1.签订使用正版软件承诺书； 2.软件正版化检查	1.项目负责人对项目都使用正版软件做出书面承诺，签订承诺书并上报； 2.员工对个人使用正版软件做出书面承诺，签订承诺书并上报； 3.个人、项目对办公计算机进行软件使用合规性检查，发现问题，落实整改	相关制度、要求	1.XMGL-18-4-1 使用正版软件承诺书； 2.XMGL-18-4-2 员工合法使用软件承诺书	1.签订承诺书的及时性； 2.签订承诺书全覆盖； 3.检查覆盖项目全部办公用计算机，形成检查报告并落实整改	不安装、不使用非授权软件

续表

管理要点	管理目的	管理活动	活动内容	管理依据	管理表单	管理标准	重难点
XMGL-18-5 网络安全	强化项目网络安全管理，提高全员网络安全意识，降低项目网络安全风险	1.物理环境安全管理； 2.通信网络安全设置； 3.系统使用安全管理； 4.人员安全管理	1.项目信息化管理员（兼）进行网络安全日常巡检；设置独立机房的项目，机房建设、设备设施配置应符合有关制度，并落实进出机房登记等要求； 2.项目信息化管理员（兼）在网络机房加设独立或带有网络安全功能的网络设备，防范互联网攻击； 3.项目信息化管理员（兼）通过网络安全培训、检查整改等方式，确保员工的系统（操作系统、应用系统）登录密码大于16位，且包含大小写字母、数字、特殊符号中的两种及以上；员工应妥善保管系统登录密码，原则上每3个月更新一次；登录密码和系统数据未经同意不得告知他人； 4.项目信息化管理员（兼）通过网络安全培训、案例宣讲等方式，提高项目员工对诈骗信息、钓鱼邮件、社会工程学、间谍手段等行为的甄别能力和防范意识；员工应妥善保管存储企业生产经营相关信息的存储设备	1.相关法律法规； 2.相关制度、要求	1.XMGL-18-5-1项目网络安全责任书； 2.XMGL-18-5-2项目网络安全巡检记录表	1.符合公司和行业要求； 2.网络通信设备配置合理； 3.无线网络设备设置强密码； 4.系统无弱口令问题； 5.无系统数据泄露问题； 6.网络安全教育培训全覆盖，员工能够识别社会工程学手段，并采取不理会、及时上报等应对措施	1.杜绝系统弱口令问题； 2.提升员工网络安全意识，主动防范网络安全风险

第十九章　智慧工地

1.智慧工地建设总体要求

按照加快数字化转型、发展智慧建造的“1236”总体思路，聚焦“数字铁建、智慧铁建”战略部署，以智慧工地建设为切入点，发展模式遵循“股份公司总部统筹+统建，产业集团统管+共建，三级公司主推+自建，生产一线执行+优化”的原则，确保数据互联共享、资源合理优化配置、技术普适中创新，促使传统施工建造与信息化、工业化深度融合，推动施工建造技术和管理方式集成改造和创新，加快数字化转型，打造中国铁建智慧建造第一品牌。

2.智慧工地建设管理流程

智慧工地建设管理流程见下图。

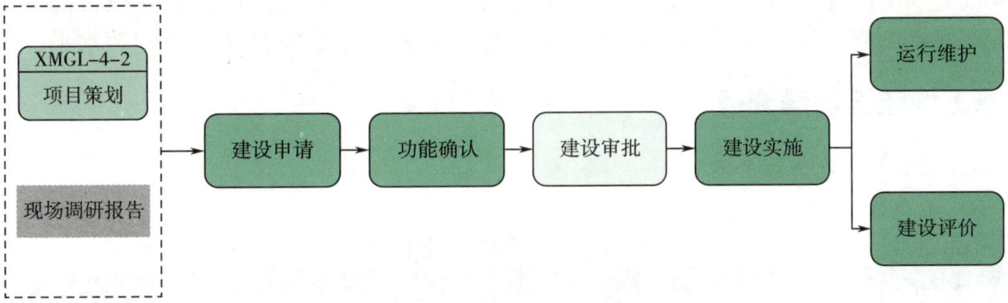

智慧工地建设管理流程图

3.智慧工地建设内容及要求

聚焦工程现场，围绕“人、机、料、法、环”等关键要素，综合运用BIM、GIS、物联网、云计算、大数据、移动技术等信息化手段，实现人和物全面感知、施工技术全面智能、工作互通互联、信息协同共享、决策科学分析、风险智慧预控，推进施工生产、技术工艺、成本控制等项目各环节智慧化管理，从而提高生产效率、管理效率和决策能力等，实现项目管理的数字化、网络化、智慧化。

（1）智慧可视化管理。将智慧工地综合管理、安全管理、质量管理、进度管理、环保管理、智慧创誉、智慧创效、智慧建造等监管系统采集到的数据以图形、BIM模型等进行展示，直观反映施工现场即时状态，对异常、危险信息进行预警，实现动态监管“一张图”。

（2）智慧综合管理。通过使用智慧管理信息手段，满足项目管理的可视化、移动化、智能化、集成化等建设的核心需求。推进资料无纸化、电子化办公。协同指导现场材料采购、劳务需求量、机械设备、作业环境等的动态管控。物资材料管理实现集需求、供应、收发管理于一体的智慧预控；机械设备管理实现机械设备多维度统计、用量分析、违规操作记录、维护预警等；劳务管理落实劳务人员实名制要求，实现对劳务队和班组的分级管理，优化劳务资源配置；生活区实行物业化智慧管理。加强项目应用数据管理，确保信息安全。

（3）智慧安全管理。通过智能设备动态收集现场人员、机械、物料等信息，并集中存储分析，主动识别人的不安全行为、物的不安全状态、环境的不安全因素并发出预警信息，便于监管部门和项目管理人员对现场施工异常情况及时跟进、处理和救援，减少安全事故的发生。

（4）智慧质量管理。通过物联网、人工智能、大数据等新兴技术的应用与集成，对工程质量的影响因素实行全过程、全方位动态监管，逐步实现材料进场、成品（半成品）、试验检测、隐蔽工程、重要环节等智能化验收，提高施工质量。

（5）智慧进度管理。将进度计划数字化，通过进度管理系统联动有关数据，采集进度信息、计划对比分析，可视化实时反映项目进度计划落实情况，综合分析进度偏差原因，动态调整施工进度。

（6）智慧环保管理。实时监测工地扬尘、污水、废气、固废、危废、噪声、温湿度、能耗等，自动匹配国家或当地有关标准，对异常情况进行预警并及时处置，减少资源浪费和对环境的影响。

（7）智慧建造管理。借助先进技术和装备，革新建造过程。加快建立基于5G、北斗、物联网等技术实现的远程控制、远程诊断、调度指挥、应急处置能力体系。逐步推广建筑机器人、穿戴式装备、施工辅助工具等智能装备的应用力度，逐步代替人力完成工程量大、重复作业多、环境危险高等情况下的作业。推动PC预制数字工厂体系建设，建立装配式建筑设计、生产与施工一体化的协同模式。推进梁场、拌和站、加工场等自动化和数字化生产，实现项目提质增效。

（8）智慧创誉管理。为项目创誉服务，打造项目形象工程、创优创新工程。基于信息发布和共享技术，实现项目活动目标的实时传达，展示安全生产、技术创新、劳动表彰、党建等成果，引导项目员工对标先进，创先争优。

（9）智慧创效管理。为项目创效服务，实现成本控制智能化，过程管理精细化。基于生产要素大数据分析，建立成本分析模型、物料节约模型、设备调度模型、人力管控模型、技术优化模型。推进基于BIM的工程量计算、构件物料溯源等技术应用，辅助三算对比分析，指导项目部采用最优投入产出比的生产要素配置，即更少人员、更低成本、更安全施工，不断提高项目创效水平。

4.智慧工地建设管理要点

智慧工地建设管理要点见下表。

智慧工地建设管理要点

管理要点	管理目的	管理活动	活动内容	管理依据	管理表单	管理标准	重难点
XMGL-19-1 智慧 可视化	1.数据集中展示、分析、报警，结果以可视化方式呈现，便于项目管理者对现场情况及时了解、有效监管； 2.优化项目部各岗位交互方式，提高交互的明确性、效率性、灵活性和响应速度； 3.针对现场人员、设备、材料、环境的安全、质量、进度、协同方面提供大集成、大数据、全移动的过程可量化、风险可预估、反馈更及时、管理更便捷的智能可视化平台，提升项目信息化管理水平，真正做到事前预警，事中常态检查，事后规范管理	1.指挥调度管理； 2.综合决策分析	1.实现集团总部、工程公司、项目部信息互联互通，集团内所有项目集中可视化管控与调度指挥； 2.实时检查建筑工地的安全防范措施是否到位，如建筑物的安全网设置、施工人员作业面的临边防护、施工人员安全帽的佩戴、缆风绳固定及使用、吊篮安装及使用、吊盘进料口和楼层卸料平台防护、塔吊和卷扬机安装及操作等； 3.实现远程对各项目现场进行统一管理，节约管理成本； 4.对现场异常状况和突发事件及时报警，提高处理效率； 5.综合展示工地围挡、建筑材料堆放、工地临时用房、防火、防盗、施工标牌设置等情况，助力建筑工地的文明施工管理； 6.综合展示风险、质量、进度、成本及其他业务数据的统计分析成果，便于各级领导全景式了解项目状态	1.企业有关文件； 2.当地政府及业主的有关要求； 3.项目部管理要求	—	1.是否可对工地风险、质量、进度及其他业务数据进行统计分析； 2.是否对施工区域进行全覆盖监管； 3.是否满足项目所在地政府监管要求	1.前端采集设备和检测设备等受网络、施工环境影响大； 2.可视化平台，作为辅助工具，操作人员的技术水平对实际使用情况影响较大

续表

管理要点	管理目的	管理活动	活动内容	管理依据	管理表单	管理标准	重难点
XMGL-19-2 综合管理	1.有利于提升项目过程管理数据的智能收集、数智分析、远程管理; 2.有效推动项目管理规范化、精细化,提高业务衔接的有效性,提升运行效率和运行质量; 3.有利于项目提质降本增效和企业数字化转型	1.内业管理; 2.资源协同管理; 3.物资材料管理; 4.机械设备管理; 5.劳务人员管理; 6.生活区管理; 7.信息安全管理	1.内业资料无纸化、电子化管理,建立云资料库,实现项目文件存储共享,包括施工技法、工程图纸、培训材料、会议记录等; 2.构建一体化数智建造可视化平台,统筹参建各方"人机料法环"的协同管理; 3.实时查看项目进出场物料的汇总信息,集需、供、收发系统等平台于一体; 4.机械设备(塔吊、升降机等)多维度统计、用量分析、维护预警、违规操作记录等; 5.劳务人员实名制管理、人脸识别通道管理、劳务人员定位管理、劳务考勤信息汇总、人员退场登记、劳务人员黑名单管理、人员信息综合展示、政府数据上报等; 6.应用工地一卡通,形成生活区参建各方人员衣、食、住、行物业化智慧管理,办公区应用智能会议系统,实现远程协同工作; 7.明确项目信息化管理网络安全标准及等级;遵守网络安全实施过程中的管理标准;运用私有云存储、备份存储等手段,结合OA系统,形成基于信创环境下的项目网络安全专项行动方案	1.信息安全技术网络安全等级保护基本要求; 2.建筑业信息化发展纲要	—	1.是否满足业主等有关单位要求; 2.是否满足施工组织设计要求; 3.是否满足国家有关网络信息安全的法律法规	1.智慧管理平台开发难度较大,尤其涉及底层基础数据平台的搭建和国产开发软件代替; 2.不易实现大数据的挖掘和共通共享
XMGL-19-3 安全管理	1.明确安全管理目标,识别项目安全风险并制订安全措施; 2.制订项目安全管理计划,细化安全管理方案,提升项目安全管理水平,实现项目安全管理目标	1.人员安全管理; 2.机械安全管理; 3.物料安全管理; 4.安全隐患管理; 5.人员安全教育	1.项目部利用智慧工地平台人员定位功能掌握工人所在位置,实时了解人员施工分布情况; 2.项目部利用智慧工地平台智能图像分析功能,实时识别工人违规行为,并进行预警; 3.项目部利用智慧工地平台实时监控设备,捕获危险信息并及时告警。如塔吊、施工升降机安全监控运行设备; 4.项目部利用智慧工地平台实时进行重大危险源传感监测预警; 5.对风险评估结果进行存储分析,自动同步至施工进度形成安全风险关键节点,辅助施工人员及时制订安全风险解决方案; 6.危大工程:专家会审,风险评估报告,出具施工计划、巡查计划,实时调整风险预测值; 7.定期对施工人员进行安全培训、考核;每天进行班前教育,并上传教育视频	1.企业有关文件; 2.地方政府或业主有关要求; 3.项目部安全生产管理制度	安全隐患排查记录表	1.是否契合实际; 2.是否满足管理要求; 3.建设内容是否符合项目规模; 4.是否达到安全监管全覆盖	1.传感器和检测设备等受网络、施工环境等影响大; 2.智慧工地平台使用受施工环境尤其网络环境影响大,所以预警信息可能存在延时; 3.平台作为辅助工具,实际使用受人为因素影响较大

续表

管理要点	管理目的	管理活动	活动内容	管理依据	管理表单	管理标准	重难点
XMGL-19-4 质量管理	通过加强材料的质量控制，规范实验检测流程，强化施工过程质量管理等方式，实现施工质量全过程、全方位的动态监控	1.进场材料检查验收； 2.材料试验检测； 3.施工过程的质量巡检	1.物资管理人员，利用智能图像识别、二维码等技术手段，结合国家相关标准、工程施工设计等，严格核实材料名称、规格型号、材质、等级等，确保材料实体与规格要求一致； 2.试验室管理人员，利用地理定位、物联感知、数据加工处理等技术手段，实现见证取样、实验数据处理、报告编制的规范化流程； 3.安质管理人员，利用三维可视化信息模型技术手段，对实测任务进行现场巡视，发现质量问题形成可视化图钉，并指派对应人员进行整改，整改完成后上传照片并报验复检	1.企业有关文件； 2.当地政府或业主的有关要求； 3.项目部物资管理、试验检测、质量管理等制度	—	1.是否满足国家建筑施工质量评价标准； 2.是否符合建筑工程材料检测取样规范	1.各地方质监部门自建相关系统，技术对接难度较大； 2.软件系统需要业主、总包、监理、分包单位统一配合应用，如何让各参与方积极参与，具有一定的推广难度
XMGL-19-5 进度管理	1.科学安排施工工期，从实际出发充分考虑各方面的影响，提升应对突发事件的能力； 2.合理控制施工成本，有效地降低项目的施工成本，实现资源的优化配置，提高资金利用效率； 3.实现缩短工期和减少资金投入的双重目的，提升项目利润	1.进度可视化展示； 2.施工进度计划； 3.进度计划协同； 4.工程量计量； 5.施工台账	1.项目部利用智慧工地平台进度管理工程量计量功能，按照分类，将工程量清单的设计工程量录入系统，录入的数据包括工程量名称、总工程量、计量单位、设计产值、工程量分类、计划完成时间等信息。系统会根据录入的施工完成情况，自动统计开累完成、完成比例、剩余工程量等信息； 2.现场生产人员在工作完成时，录入设计工程量的完成情况，系统按照产值等数据规则计算公式进行关键业务需求计算，并形成各种形式的施工进度计划台账表单； 3.项目部利用智慧工地平台施工进度功能，创建施工计划，包括总计划、年计划、季度计划、月计划、周计划、日计划等，系统会采用计算逻辑实时计算出计划产值； 4.项目部利用智慧工地平台进度计划协同功能，对施工计划进行人为干预，如出现计划延后等情况，系统自动修改与该计划关联的其他系统计划包括采购计划等； 5.项目部利用智慧工地平台进度可视化展示功能，对项目进度计划进行全面掌握，实时查看项目进度，同时对项目进度异常情况进行告警	1.企业有关文件； 2.当地政府或业主有关要求； 3.招标文件施工进度要求； 4.现场施工条件； 5.现有机械与施工人员情况	1.工程项目施工计划单； 2.工程项目进度情况汇报单	1.是否契合当前施工现场条件； 2.是否满足招标文件要求； 3.是否对分拆子施工进度衔接合理、前后兼顾； 4.是否对人工干预施工计划调整有据可查	1.计划人员在安排施工计划时需要全盘考量，需要一定的专业知识和充分的项目经验； 2.工程量计量逻辑复杂，计算公式繁琐，需有一定的专业知识才能掌握； 3.进度计划系统需要有各种监管制度跟进，才能顺利实施

续表

管理要点	管理目的	管理活动	活动内容	管理依据	管理表单	管理标准	重难点
XMGL-19-6 环保管理	施工活动以工程质量、安全等要求作为前提，通过科学管理和先进技术，最大程度地减少资源浪费和对环境的影响，达到节约能源、水资源、土地资源、建筑材料和保护环境的目的	1.噪声扬尘监测管理； 2.污水排放监控管理； 3.能耗监测管理； 4.车辆冲洗监测； 5.垃圾监测管理	1.项目部根据工地面积大小，在场界周边隔栏高处安装噪声、扬尘自动监测仪，自动监测噪声、PM2.5、PM10、温湿度、风速风向等参数，实现超标预警； 2.项目部安装智能控制的喷淋除尘系统，实现与扬尘检测系统的实时联动； 3.项目部安装并利用水质检测传感器监测由建筑工程排放到市政污水管网或河流的工程污水和生活污水，智慧工地平台实时监测监管工地现场的排污量和水质数据； 4.项目部安装智能电表、智能水表，智慧工地平台对施工现场的工程机械和电器以及工地人员工作、生活区域基础设施的电、水等能源消耗进行监管分析，优化工队能耗管理	1.项目部绿色施工专项施工方案； 2.建筑工程绿色施工评价标准； 3.建筑场界环境噪声排放标准； 4.建筑工程可持续评价标准； 5.建筑工程施工现场监管信息系统技术标准； 6.污染物在线监控（监测）系统数据传输标准	—	1.是否契合实际； 2.是否满足项目部绿色施工专项施工方案管理要求； 3.是否满足项目所在地政府监管要求	项目施工人员环保意识普遍不强，智慧工地平台作为辅助工具起到的作用有限
XMGL-19-7 智慧建造	1.从“数量取胜”转向“质量取胜”；从“粗放式经营”转向“精细化管理”；从“经济效益优先”转向“绿色发展优先”；从“要素驱动”转向“创新驱动”； 2.把握数字化、网络化、智能化融合发展的契机，以信息化、智能化为杠杆培育新动能，带动建筑业转型升级	1.虚拟建造推广； 2.建筑机器人应用； 3.PC预制数字工厂加工	1.通过BIM+GIS融合技术，对场地及拟建的建筑物空间数据进行建模，实现场地分析、建筑策划、方案论证、协同设计、工程量统计、管线综合排布、图纸复核、物料跟踪、竣工模型交付与运维等功能； 2.多场景数智建造系列机器人应用，不限于砌筑机器人、喷漆机器人、外墙施工机器人、测量机器人、巡检机器人、旁站机器人等，代替人工完成工程量大、重复作业多、危险环境、繁重体力消耗等情况下的作业； 3.PC构件数字工厂加工，实现库存管理、查询统计、设计管理、计划管理、生产管理全方位布控工厂生产运营情况，智慧化跟踪产品（构件）生产信息	1.建筑信息模型应用统一标准； 2.建筑信息模型分类和编码标准； 3.城市信息模型（CIM）基础平台技术导则； 4.装配式建筑评价标准； 5.装配式混凝土建筑技术标准； 6.项目部施工管理制度	—	1.是否契合实际； 2.是否满足管理要求； 3.建设内容是否符合项目规模	1.数字孪生运维阶段的效益转化程度较低，提升难度较大； 2.建筑施工运维机器人降本增效的提升技术手段受限于作业环境

第二十章　综合业务

1.行政管理

（1）项目行政管理总体要求。围绕施工生产，立足参谋助手、沟通协调、服务保障等职能，强化办文、办会、办事“三办”能力，提升服务单位领导、服务同级部门、服务下级单位“三服务”水平，不断规范公文处理、会务管理、印章管理、督查督办、办公用品管理、信访内保、日常管理、档案管理等工作，促进项目顺畅、规范、高效地运转。

（2）项目行政管理总流程。项目行政管理总流程见下图。

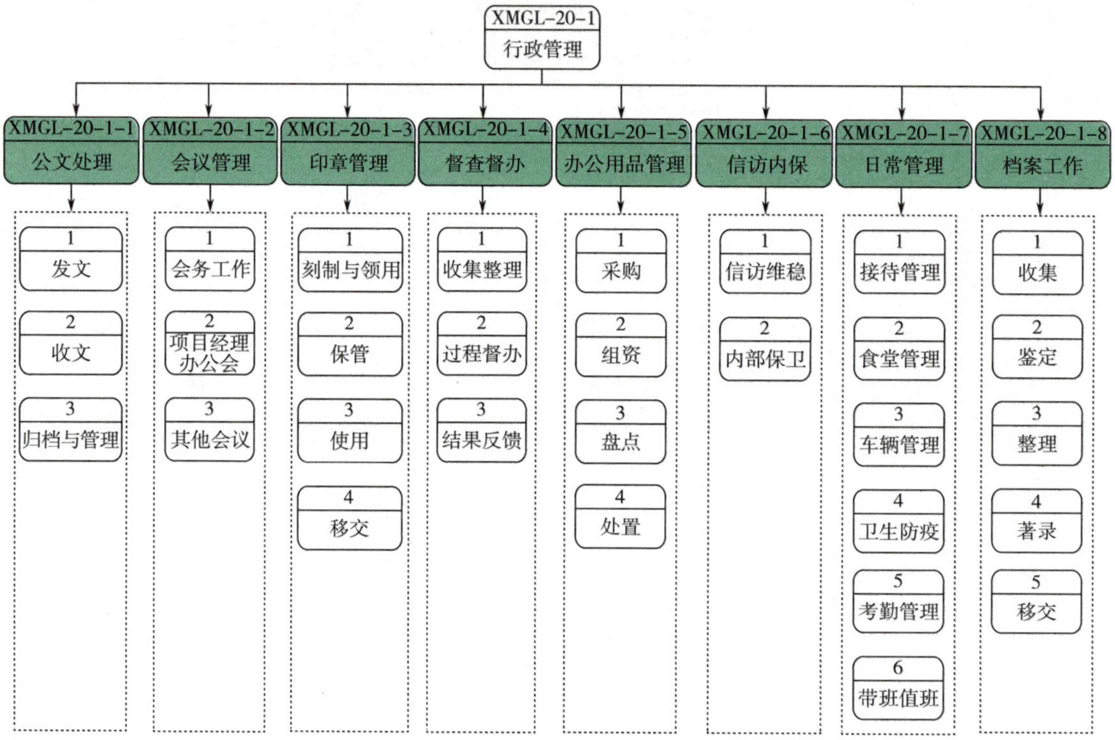

项目行政管理总流程图

（3）行政管理内容及要求。

1）公文处理。根据公司公文管理制度，规范项目收发文工作。发文方面，根据工作需要草拟公文，拟稿部门负责人对公文内容审核把关，再经过会审、核稿、会签、签发等环节，最后由办公室统一编排打印和分发登记。收文方面，外来公文统一由办公室负责签收、登记，并根据文件内容转呈对口业务部门拟定处理意见、呈报相关领导批阅、执行落实及信息反馈，领导批阅结束后，收文处理单和文档原件由办公室归档保管。

2）会议管理。按照会前、会中、会后三个阶段办好各类会议特别是决策性会议（项目经理办公会）。一般会议会前筹备阶段包括制发通知、准备资料、布置场地等（大型会议还应做好收集信息、编制预算、拟订方案、分解任务等工作）；会议进行阶段包括参会签到、会议记录、摄像录音、会场服务、安全保密等（大型会议还需做好会议餐饮、会议交通等工作）；会议结束阶段包括整理资料、宣传报道、发布纪要、会后督办、盘点总结等。项目经理根据工作需要，不定期主持召开项目经理办公会，办公室负责组织落实相关会务工作，项目领导班子全体成员为参会人员，部门负责人及议题相关的人员（分部或工区、管理组）可以列席会议。

3）印章管理。印章管理政策性、法律性强，项目按照法律法规和企业规章制度规定，做好印章领用、保管、使用、回收等全流程工作，严防各类印章风险。

4）督查督办。通过全面收集整理督查督办事项，适时进行过程督办和超时提醒，全面掌握工作推进情况，及时反馈督办结果，提升项目管理效能。

5）办公用品管理。做好办公用品采购、组资、盘点、处置全流程管理。在预算范围内，根据配置标准，经领导审批后，办公室统一采购和分发登记（一次性采购金额达10万元的需通过招标采购）；采购办公类低值易耗品、固定资产后，建立资产台账，完成组资工作；根据上级要求，不定期对办公类固定资产进行清查盘点；已达到报废年限、性能不佳、维修价值不大的办公用品，按规定程序进行报废处置，使用年限未满的非正常报废或准备进行出租、出借、捐赠、出售的，按规定报请上级单位审批后执行；项目完工后，报请上级单位调拨办公用品，没有单位接收也无库房存放，或者运输距离太远、运输成本过高的，可以申请就地集中处置，同步完善相关账务。

6）信访内保。通过强化隐患排查和信访接待，防范和化解风险，维护项目部的和谐稳定，为项目施工生产保驾护航。

7）日常管理。项目日常管理以员工需求为出发点，是各项业务工作顺利开展的前提和保障。主要包括接待工作、食堂管理、车辆管理、卫生防疫、考勤管理、带班值班等。

8）档案工作。根据“谁形成、谁负责”的原则，做好档案收集、鉴定、整理、著录、移交等工作。对收集的各类文件材料，逐一鉴定，去伪存真，去粗取精，按照便于保管、保密、查考、利用的原则进行系统整理；对照移交清册，按时间节点分批次移交。

（4）行政管理要点。行政管理要点见下表。

行政管理要点

管理要点	管理目的	管理活动	活动内容	管理依据	管理表单	管理标准	重难点
XMGL-20-1-1 公文处理	公文处理是项目部实施管理、履行职能、处理公务的主要手段，具有规范约束、领导指导、知照联系、宣传教育、凭证依据等作用	1.发文； 2.收文； 3.归档与管理	1.根据工作需要草拟公文，拟稿部门负责人对公文内容审核把关，再经过会审、核稿、会签、签发等环节，最后由办公室统一编排打印和分发登记； 2.所有外来公文，统一由办公室负责签收、登记，并根据文件内容转呈对口业务部门拟定处理意见、呈报相关领导批阅、执行落实及信息反馈，领导批阅结束后，收文处理单和文档原件由办公室归档保管； 3.办公室负责外来文件和项目自制文件、重要资料的归档与管理，按照规定要求管理涉密文件、销毁或保留过时作废文件；各业务部门负责职责范围内重要文件及重要资料的归档与管理	1.上级单位公文处理规章制度； 2.建设单位公文处理要求； 3.项目本级公文处理规定	1.XMGL-20-1-1-1发文稿纸； 2.XMGL-20-1-1-2收文处理单	1.发文审批流程规范，公文格式符合要求，文件发放范围准确，分发记录齐全； 2.收文登记记录齐全，文件流转及时，按文件要求及项目领导批示要求落实； 3.文件资料归档及时、齐全，分类准确； 4.涉密文件按保密要求单独保存； 5.按规定销毁或保留过时作废的文件	掌握公文格式要求，规范公文处理流程，提升公文质量

续表

管理要点	管理目的	管理活动	活动内容	管理依据	管理表单	管理标准	重难点
XMGL-20-1-2 会议管理	会议在项目管理活动中具有统一思想、解决问题、沟通交流等作用，通过经常性召开项目经理办公会和其他管理会议，可以不断规范项目“三重一大”集体决策程序，提升项目管理水平	1.会务工作； 2.项目经理办公会； 3.其他会议	1.常规会务可分为三个阶段：会前筹备阶段包括收集信息、编制预算、拟订方案、分解任务、制发通知、准备资料、布置场地等内容；会议进行阶段包括参会签到、会议记录、摄像录影、会场服务、会议餐饮、会议交通、安全保密等内容；会议结束阶段包括整理资料、宣传报道、发布纪要、会后督办、盘点总结等内容； 2.项目经理根据工作需要，不定期主持召开项目经理办公会；办公室负责组织落实相关会务工作，项目领导班子全体成员为参会人员，部门（分部、工区、架子队）负责人和与议题相关的人员可以列席会议； 3.项目施工生产会、周例会、早会等会议，按照惯例执行，可以合理调整会议议程、灵活选择开会形式	1.上级单位“三重一大”集体决策规章制度； 2.上级单位项目经理办公会规章制度； 3.建设单位等相关方的要求； 4.项目本级会议管理规定	XMGL-20-1-2-1 项目经理办公会记录	1.会议费用控制在预算范围内，会议接待规范合规，会议记录客观、完整； 2.项目经理办公会议题申报规范，严格控制参会人员，会议决策程序合规，会议纪要下发及时，会议决议督办有力； 3.常规会议进展顺利，会议资料齐全	规范项目经理办公会程序，严格落实“三重一大”集体决策要求
XMGL-20-1-3 印章管理	印章具有法定性、权威性、效用性等特性，通过规范印章的刻制、领用、保管、使用和移交等工作，可以有效降低项目管理风险	1.刻制； 2.保管； 3.使用； 4.移交	1.新上项目按要求报送项目基本信息，上级单位根据机构成立文件或审批流程刻制印章，换刻补刻印章按规定程序申请，项目部按照程序办理领用手续； 2.选派正式职工保管印章，财务章、项目经理名章由财务部负责保管，行政章、党群章和其他印章由办公室负责保管； 3.使用项目本级印章，经相关领导审批后，印章保管人予以施印和填写用印登记； 4.携带印章外出办公，经项目主要领导审批，由印章保管人员携带印章随同办理； 5.项目收尾完工后，项目经理名章归还本人，其他印章及相关资料随档案资料同步移交印章刻发部门，后期确因工作需要使用的，按“一事一审批”原则履行借用手续	1.印章刻发单位的规章制度； 2.项目本级印章管理规定	XMGL-20-1-3-1 印章使用审批表	1.准确提供新上项目信息，换刻补刻审批、印章领用手续齐全； 2.印章人员是正式职工，印章存放在保险柜内，定期报备印章管理使用情况，管理人员异动及时报告； 3.印章使用、审批、登记与归档资料一一对应，携带外出审批手续齐全，没有在空白页加盖印章，用印登记整洁、齐全、无涂改痕迹； 4.及时移交收尾完工项目或已停用作废的印章及相关资料	坚持印章管理要求，严格印章使用审批，收尾完工项目印章及相关资料按规定移交

续表

管理要点	管理目的	管理活动	活动内容	管理依据	管理表单	管理标准	重难点
XMGL-20-1-4 督查督办	督查督办是确保政令畅通、促进决策落实的重要手段，通过全面收集整理督查督办事项，适时进行过程督办和超时提醒，全面掌握工作推进情况，及时反馈督办结果，提升项目管理效能	1.收集整理； 2.过程督办； 3.结果反馈	1.全面收集整理上级单位和相关方的会议决策、指示精神和文件要求，项目本级各类会议、文件中明确的重大决策、工作部署和议决事项，项目各部门工作计划中明确的重要事项，项目领导交办、指示的重要事项，对所有事项进行分类整理和编号登记； 2.根据督查督办内容，指定责任单位或责任人员，明确办理方式和办理期限，形成项目部督查督办工作台账； 3.根据督查督办工作台账，及时进行跟踪督查，督促责任单位或责任人员按期办理； 4.督查督办事项办结后，同步调整工作台账，及时向项目领导反馈或汇报重要工作的落实情况	1.上级单位督查督办规章制度； 2.项目本级督查督办工作要求	XMGL-20-1-4-1 管理活动检查记录表	1.督查督办事项收集齐全，任务分解合理； 2.过程督查督办及时有效，督办工作按时办结； 3.督查督办结果反馈及时、准确，过程、成绩、问题等描述清晰	督查督办事项收集齐全，任务分解合理，过程督办有力
XMGL-20-1-5 办公用品管理	办公用品是企业的重要资产，通过做好办公用品的预算、申请、集采、组资、盘点、维保、处置等工作，能够有效降低项目管理成本	1.采购； 2.组资； 3.盘点； 4.处置	1.在预算范围内，根据配置标准，经有权限领导审批后，办公室统一采购和分发登记（一次性采购金额达10万元的需通过招标采购）； 2.采购办公类低值易耗品、固定资产后，在资产管理平台录入相关信息，完成组资工作； 3.根据上级要求，对办公类固定资产进行清查盘点； 4.已达到报废年限、性能不佳、维修价值不大的办公用品，按规定程序进行报废处置，使用年限未满的非正常报废或准备进行出租、出借、捐赠、出售的，按规定报请上级单位审批后执行； 5.项目完工后，报请上级单位调拨办公用品，没有单位接收也无库房存放，或者运输距离太远、运输成本过高的，可以申请就地集中处置，同步完善相关账务	1.上级单位办公用品管理规章制度； 2.上级单位固定资产管理相关要求； 3.项目本级办公用品管理相关规定	XMGL-20-1-5-1 办公类固定资产清查盘点表	1.办公用品质量达标，采购程序合规，采购价格合理，领用登记详实规范； 2.资产信息录入及时，组资工作准确高效； 3.办公用品管理规范，定期组织维修保养，盘点结果真实准确； 4.办公用品处置程序规范，最大限度获取剩余价值	精准编制办公用品预算，高效开展采购、组资和盘点工作，规范处置收尾完工项目的办公用品

续表

管理要点	管理目的	管理活动	活动内容	管理依据	管理表单	管理标准	重难点
XMGL-20-1-6 信访内保	通过强化隐患排查和信访接待，防范和化解风险，维护项目部的和谐稳定，为项目施工生产保驾护航	1.信访维稳； 2.内部安保	1.成立信访维稳工作领导小组，强化信访接待，限期办理信访事项； 2.开展不稳定因素排查，制订稳控措施，及时化解矛盾纠纷； 3.落实领导带班值班，第一时间处置突发性事件； 4.研究分析信访情况，向上级单位提出合理化意见和建议； 5.制订内部安保制度，落实防火、防盗、防恐、防爆等防范措施，经常性开展宣传教育和应急演练； 6.加强内部安保人员入职政审、教育培训和日常管理，定期检查物防、技防设施； 7.开展企地共建，加强与驻地公安机关、消防等部门沟通联系，配合公安机关侦查和处置涉及本项目的治安违法行为	1.国家信访条例； 2.企事业单位内部治安保卫条例； 3.关于公安机关处置信访活动中违法犯罪行为适用法律的指导意见； 4.上级单位信访维稳、内部安保规章制度； 5.项目驻地公安机关治安管理工作条例； 6.项目本级相关规定	XMGL-20-1-6-1 信访接待登记表	1.领导机构健全，隐患排查全面，稳控措施合理； 2.有效化解矛盾纠纷，不发生群体性上访事件，不发生给企业造成严重不良影响的上访事件，不发生越级上访事件； 3.内部安保制度齐全，人防物防技防措施齐全； 4.不发生治安刑事案件	有效开展隐患排查和隐患治理，妥善处置和化解信访矛盾
XMGL-20-1-7 日常管理	项目日常管理以员工需求为出发点，是各项业务工作顺利开展的前提和保障	1.接待工作； 2.食堂管理； 3.车辆管理； 4.卫生防疫； 5.考勤管理； 6.带班值班	1.充分收集接待信息，合理制订接待方案，统筹任务分工、预算编制、接送车辆、住宿餐饮、接待会务等工作，高效组织接待； 2.办理卫生许可证和健康证，落实采购点验要求，定期公示食堂账目，组织满意度测评，制订火灾、食物中毒等应急预案； 3.合理调派指挥车辆，强化驾驶人员管理； 4.落实上级单位及项目驻地的卫生防疫要求，储备防疫物资，保持办公区、生活区干净整洁； 5.合理制订作息时间，统筹项目员工休假安排，严格员工请假审批，定期公示考勤记录； 6.完善项目值班机制，明确每日值班人员，节假日及重要时间节点组织项目领导带班值班，应对各类突发事件	1.国家食品安全法； 2.生活饮用水卫生标准； 3.地方政府卫生防疫要求； 4.上级单位履职待遇、业务支出、食堂管理、职工日常管理等规章制度； 5.项目本级相关规定	XMGL-20-1-7-1 请假审批单	1.接待标准合规，接待任务顺利完成； 2.食堂物资出入库登记准确、账目齐全，不发生食物中毒事件，职工满意度较高； 3.车辆调派高效合理，长途用车审批手续齐全，不发生违法违规行为和主责交通事故； 4.生活用水水质达标，防疫物资储备充足，不发生聚集性传染疾病； 5.请（销）假审批手续齐全，考勤公平公正； 6.带班值班执行较好，突发事务处理得当	接待工作高效，食堂管理规范，车辆调派合理，卫生防疫达标，考勤纪律严格，带班值班长期坚持

续表

管理要点	管理目的	管理活动	活动内容	管理依据	管理表单	管理标准	重难点
XMGL-20-1-8 档案工作	档案是记录企业历史、维护企业合法权益、推动企业发展的重要依据和参考。建设项目档案工作则是企业档案管理的第一步，而且是最重要、最关键、最核心的一步	1.收集； 2.鉴定； 3.整理； 4.著录； 5.移交	1.按照“谁形成、谁负责”原则，全面、及时收集项目建设过程中形成的各类文件材料； 2.对收集的文件材料逐一鉴定，去伪存真、去粗取精，留下具有保存价值的档案资料； 3.遵循自然形成规律和相互间的有机联系，按照便于保管、保密、查考、利用的原则进行系统整理； 4.在企业档案管理系统中逐项、逐份、逐条、逐目地录入档案资料信息，满足企业档案信息化建设和档案信息开发利用的相关要求； 5.著录结果经移交档案馆（室）检查合格后，对照移交清册，按时间节点分批次移交，或者以“项目”为单位一次性移交，不满足移交条件的，重新整理、著录后再申请移交	1.档案法、档案行业标准及相关规范； 2.上级单位档案工作规定； 3.建设单位、其他相关档案馆的标准和要求； 4.项目本级相关规章制度	XMGL-20-1-8-1 项目文件材料归档范围	1.满足档案工作“三同步”“四参加”要求； 2.项目文件材料收集及时，做到应收尽收、应归尽归； 3.档案资料鉴定准确，价值分析透彻； 4.档案资料装订规范，分类准确； 5.档案资料信息录入准确，账物相符、账表相符，满足档案信息化建设和档案资源开发利用要求； 6.档案资料为原件，页面清晰整洁、签字盖章手续齐全，满足档案保管要求	1.档案工作同步； 2.熟悉项目文件材料收集范围，重要文件材料不散落、不遗失、不损坏，按时完成项目档案移交工作

2.法律合规

（1）法律合规管理总体要求。围绕项目施工生产中心工作，充分发挥项目法律顾问、法律联络员和合规官的职能作用，建立健全项目法律合规管理体系，有效识别、防范和化解项目法律合规风险，不断提升项目部在“1+9”合规制度落实、法律风险防范、纠纷案件预防和处置等方面的能力和水平，保障项目施工生产平稳有序进行。

（2）法律合规管理流程。法律合规管理流程见下图。

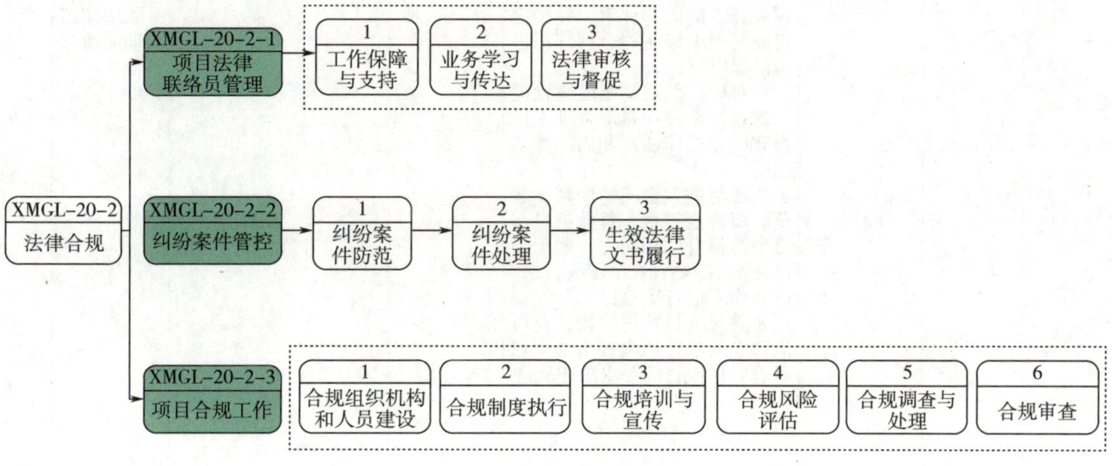

法律合规管理流程图

（3）法律合规管理内容及要求。法律合规管理包括项目法律联络员管理、纠纷案件管控和项目合规工作三方面。

1）项目法律联络员管理。各级项目均应设置法律联络员。项目部要为法律联络员履行职责、参加培训提供必要的条件、保障和支持，法律联络员要遵循“事前防范、事中控制为主”的工作原则，认真履职尽责，做好各项法治工作的学习、传达，督促项目落实“四项法律审核”工作，参与项目纠纷的协调处理，防范项目法律风险。

2）纠纷案件管控。规范项目法律纠纷案件管控，充分利用法律手段维护企业合法权益。重点做好结算、外欠款、施工过程侵权、分包商牵连诉讼等项目高发、易发法律风险的防范工作；在收到民事起诉状、仲裁申请书等法律文书后，及时核查、跟进，并配合上级部门妥善处置；积极履行或督促相对方及时履行法院的生效裁判、调解书、执行通知书等法律文书，避免法院对我方的强制执行或失信风险。

3）项目合规工作。按照股份公司加强合规管理机构建设的要求设置法律联络员，做好项目员工合规申明、合规审核（合同、投标、采购、第三方、业务招待、捐赠赞助、现金支付等）以及法律联络员管理等工作。结合项目部实际情况，定期组织全体项目员工合规培训和法律联络员、高风险岗位员工专题合规培训，开展合规宣传，落实合规风险评估、合规审查以及合规调查与处理等各项工作，防范项目合规风险。

（4）法律合规管理要点。法律合规管理要点见下表。

法律合规管理要点

管理要点	管理目的	管理活动	活动内容	管理依据	管理表单	管理标准	重难点
XMGL-20-2-1 项目法律联络员管理	充分发挥项目法律联络员工作职能，实现项目法律风险的事前防范	1.工作保障与支持； 2.业务学习与传达； 3.法律审核与督促	1.项目部为法律联络员履行职责、参加培训提供必要的条件、保障和支持； 2.收集、学习上级单位法治工作有关文件、通知及领导讲话，及时向项目部主要领导汇报，提出贯彻落实的具体措施建议； 3.配合上级法律合规部门做好法律数据、资料的统计与上报； 4.参与各类纠纷的调处工作，配合法律纠纷案件处理； 5.督促项目部进行规章制度、经济合同、重要决策和授权委托书的内部评审，并按规定及时报上级法律合规部门进行法律审核； 6.对项目部规章制度建设提出建议，督促项目部管理人员遵守国家法律法规和内部规章制度； 7.参与重大合同的谈判、起草、履行全过程，督促项目部合理选择合同相对方，避免与已被列入“合作方警示名录”的合作方进行交易； 8.参与项目管理决策，对可能存在的法律风险提出法律建议或督促项目部寻求法律支持	1.项目法律顾问、法律联络员任命文件； 2.项目法律联络员管理办法； 3.法律审核相关管理办法	—	1.人员配齐配全； 2.法治工作传达、落实到位，信息反馈和数据上报及时、准确； 3.法律联络员全面参与项目“四项法律审核”工作，按规定及时上报； 4.法律监督职能履行到位	1.项目法律联络员多为兼职，缺少工作抓手； 2.项目法律联络员的法治意识与知识储备有待提升

续表

管理要点	管理目的	管理活动	活动内容	管理依据	管理表单	管理标准	重难点
XMGL-20-2-2 纠纷案件管控	规范法律纠纷案件管控，实现纠纷案件源头防范、妥善处置	1.纠纷案件防范； 2.纠纷案件处理； 3.生效法律文书履行	1.规范项目各类合同的管理，备案劳务公司与工人签订的劳动合同、社保缴纳的资料凭证，督促劳务公司对下属班组结算、民工工资发放； 2.积极参与项目纠纷调处工作，通过书面形式确认合同履行过程中的变更、解除事项； 3.收到起诉状、仲裁申请书等法律文书后，初步调查核实情况，就合同约定、履约情况、争议发生等事实及时报上级法律合规部门，并配合收集、提供相关证据； 4.对于争议不大的案件，争取免除我方逾期利息、违约责任及诉讼费用，签订和解协议或法院组织调解，跟进对方撤诉； 5.我方作为原告（申请人）的，及时督促被告（被申请人）履行生效法律文书；我方作为被告（被申请人）的，及时履行生效裁判、调解书、执行通知书义务，避免法院强制执行； 6.收到法院协助执行通知书后，核查与被执行人经济关系、债权债务情况，及时报上级法律合规部门，并配合处理	1.法律纠纷案件管理办法； 2.生效法律文书	—	1.项目合同管理规范； 2.有效防控风险，避免发生纠纷案件； 3.纠纷案件有效处理，避免或减少企业损失； 4.有效化解协助执行风险，避免被强制执行	1.项目法律风险意识不足； 2.对纠纷案件处理配合不力，证据的收集整理不及时或有遗失
XMGL-20-2-3 项目合规工作	增强项目管理人员合规工作意识，实现项目依法合规管理，防范重大违规事件风险	1.合规组织机构和人员建设； 2.合规制度执行； 3.合规培训与宣传； 4.合规风险评估； 5.合规调查与处理； 6.合规审查	1.设置项目合规官，可由项目法律联络员兼任；海外项目及世行等多边开发银行项目应设置1名专职合规官，规模较小的可设置兼职合规官； 2.落实股份公司“1+9”合规制度，做好项目员工合规申明、合规审核（合同、投标、采购、第三方、业务招待、捐赠赞助、现金支付等）以及合规官管理等工作； 3.全体项目员工定期进行合规培训，合规官、高风险岗位员工定期进行专题合规培训，形成书面记录，每年初制订合规培训、宣传计划，及时有效地向员工和业务伙伴进行传达； 4.按照合规评估工作要求，组织项目相关人员接受合规访谈，填写“合规风险评估问卷”，制订整改方案并有效实施；出现重大合规风险事件的，在24小时内向上级合规主管部门报告； 5.发现不合规行为线索的，收集信息进行初步调查，逐级上报至上级合规主管部门，结合反馈意见和建议，完善“合规调查发现问题改进记录表”； 6.对本项目合规管理的执行情况、适当性和有效性进行合规审查	1.合规官任命文件； 2.合规管理工作总则、合规官管理实施细则、合同合规管理实施细则等“1+9”合规制度	1.XMGL-20-2-3-1 合规官候选人背景调查表； 2.XMGL-20-2-3-2 员工合规申明； 3.XMGL-20-2-3-3 合规培训记录表； 4.XMGL-20-2-3-4 合规风险评估问卷； 5.XMGL-20-2-3-5 初步调查报告； 6.XMGL-20-2-3-6 合规调查发现问题改进记录表； 7.XMGL-20-2-3-7 合规审查处理意见表； 8.XMGL-20-2-3-8 合规访谈内容记录表； 9.XMGL-20-2-3-9 合规审查评价表	1.合规组织机构建全，人员配备到位，合规官熟悉合规制度，具备合规专业知识和技能； 2.严格遵照合规制度开展各项工作，有效防范与应对合规风险	项目对合规工作重视程度有待提高，合规工作缺少主动性

3.信用管理

（1）信用管理总体要求。坚持“重诺、坚毅、品质、共生”理念，全面加强项目基础管理，不触碰行业管理“红线”，有计划、有目的创造亮点，抓实信用评价工作，实现“现场保市场”良性互动，努力提升企业品牌。

（2）信用管理流程。信用管理流程见下图。

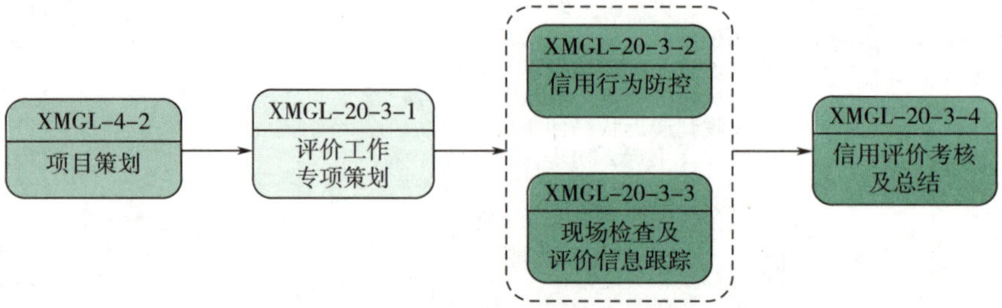

信用管理流程图

（3）信用管理内容及要求。项目信用管理包含评价工作专项策划、信用行为防控、现场检查及评价信息跟踪、信用评价考核及总结等内容。

1）评价工作专项策划。建立信用评价管理体系，制订信用评价管理制度，成立信用评价工作领导小组，收集掌握评价检查的内容及重点等信息，制订迎检工作计划，明确分工及责任。

2）信用行为防控。根据信用行为扣分标准，制订防控手册并进行交底，做好施工管理，掌握地方政府、行业关于失信失察的管理规定、要求，提前采取防范措施，施工中加强管控，在收到失信失察的信息后，及时进行整改反馈，在规定期限内完成整改，消除负面影响。

3）现场检查及评价信息跟踪。现场检查中，组织人员配合检查，及时跟踪掌握日常检查评价结果，对检查中存在的问题积极整改闭合，收集项目信用评价的排名、扣分情况，采取有效措施，加强沟通协调，消除扣分影响，保证评价目标实现。

4）信用评价考核及总结。根据信用评价得分排名结果，对相关责任人进行考核。总结每一周期信用评价工作好的做法及不足，做好经验的交流学习，提高管理者的思想意识，提升信用评价工作水平。

（4）信用管理要点。信用管理要点见下表。

信用管理要点

管理要点	管理目的	管理活动	活动内容	管理依据	管理表单	管理标准	重难点
XMGL-20-3-1 评价工作专项策划	建立信用评价管理制度，明确评价工作要点	1.成立项目信用评价管理领导小组； 2.明确信用评价工作职责分工表	1.制订评价工作制度，成立领导小组； 2.制订评价准备工作清单及分工表	1.公司信用评价管理办法； 2.项目策划方案	—	1.是否制订项目信用评价管理办法； 2.是否建立信用评价领导管理小组及分工表	评价制度不完善，分工、职责不明确
XMGL-20-3-2 信用行为防控	制订信用行为防控手册，并进行交底，加强教育培训，预防信用行为扣分和失信失察行为影响企业信誉	1.信用行为防控； 2.失信失察行为防范及处置	1.制订信用评价不良行为防控手册，并进行交底； 2.制订失信失察防范措施，进行教育培训，增强依法合规意识； 3.安排专人定期到相关网站查询失信失察行为社会公布情况	1.行业信用评价管理办法及要求； 2.公司内部施工企业信用评价管理办法； 3.政府、行业等关于失信失察行为处置管理规定； 4.建设单位标准化建设管理手册及文件	—	1.信用行为手册是否制订和交底； 2.是否建立失信失察行为台账	手册不完善、交底不到位，教育培训不及时

续表

管理要点	管理目的	管理活动	活动内容	管理依据	管理表单	管理标准	重难点
XMGL-20-3-3 现场检查及评价信息跟踪	及时消除、减少信用扣分、负面影响	1.现场检查及考评情况跟踪； 2.评价信息报告、跟踪、协调	1.收集信用评价检查人员信息、重点内容、行程安排等； 2.组织人员全程陪同评价检查，及时跟踪掌握日常检查评价结果，安排积极整改检查出的问题； 3.收集项目扣分排名情况，公司帮扶指导，做好跟踪协调	1.信用评价管理办法； 2.信用评价检查迎检策划； 3.建设单位信用评价日常检查评分表； 4.相关检查人员、重点内容、行程安排等信息	XMGL-20-3-3-1 信用评价信息表	1.是否按信用评价标准，准备现场施工； 2.及时跟踪掌握打分情况直至评分公布； 3.是否针对信用评价检查提出的问题及时整改消分	检查信息收集不准确；问题整改、跟踪不到位
XMGL-20-3-4 信用评价考核及总结	提高信用评价管理思想意识，提升信用评价工作管理水平	1.信用评价考核； 2.信用管理周期分析总结	1.信用评价考核、奖罚兑现； 2.对信用评价、失信失察结果进行分析总结	1.企业信用评价考核奖罚文件； 2.失信失察行为管理台账	—	是否按照制度兑现考核	未及时进行评价考核、奖罚兑现和经验总结

4.薪酬与绩效

（1）薪酬与绩效管理总体要求。坚持公平性、竞争性、激励性的原则，以企业发展战略为导向，以岗位管理和绩效管理为重点，挂钩企业效益、强化考核激励，坚持总额控制、突出按劳分配，注重实绩、结果导向，构建科学合理的薪酬绩效管理制度体系，充分发挥薪酬的激励作用，努力实现做优项目、激励团队、发展企业、富裕员工。

（2）薪酬与绩效管理流程。薪酬与绩效管理流程见下图。

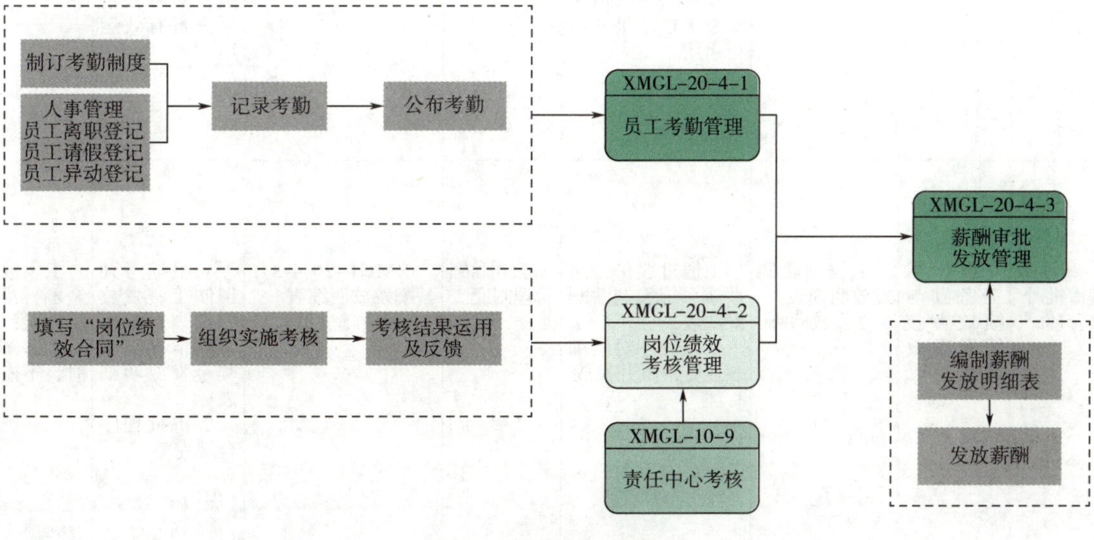

薪酬与绩效管理流程图

（3）薪酬与绩效管理内容及要求。

1）考勤管理。根据本单位的考勤制度和人事请销假制度，对项目员工出勤、请销假情况进行登记。根据月考勤及请销假情况，按时间节点公布员工考勤情况，对考勤结果进行复核。

2）绩效管理。绩效管理包括填写“岗位绩效合同”、组织实施考核、考核结果运用及反馈三个方面。根据项目员工岗位职责和工作目标，填写员工岗位绩效合同。根据项目员工绩效考核方案实施考核，坚持注重实绩、结果导向，促使员工提高工作效率，帮助其分析、查找和解决问题，提高工作质量和工作效率。

3）薪酬发放管理。在薪酬系统中，根据考勤编制工资发放明细表，根据考核情况编制绩效奖金发放明细表，对编制好的工资、奖金明细表进行审批，依据审批结果及时发放。

（4）薪酬与绩效管理要点。薪酬与绩效管理要点见下表。

薪酬与绩效管理要点

管理要点	管理目的	管理活动	活动内容	管理依据	管理表单	管理标准	重难点
XMGL-20-4-1 员工考勤管理	如实记录考勤，作为薪酬发放依据	1.记录考勤； 2.公布考勤	1.项目考勤员每日如实记录人员出勤情况； 2.考勤经审核无误后予以公布执行	1.职工日常管理规定； 2.公司请销假管理办法	XMGL-20-4-1-1 员工考勤表	按月编制员工考核表	1.确保考勤的准确性和严肃性； 2.员工请休假管理是否执行到位
XMGL-20-4-2 岗位绩效考核管理	全面公正科学评价员工岗位履职情况	1.填写“岗位绩效合同”； 2.组织实施考核； 3.考核结果运用及反馈	1.根据岗位职责、工作任务目标拟定岗位绩效合同，经审批后生效； 2.按照考核程序由考核小组组织实施考核； 3.根据考核情况汇总考核结果并进行运用	项目员工岗位绩效考核办法	XMGL-20-4-2-1 岗位绩效合同	1.确定岗位绩效合同； 2.根据考核办法组织实施绩效考核工作； 3.核定考核结果是否准确，对考核结果进行有效运用	1.指标设置科学合理； 2.考核过程客观公正，考核结果真实有效
XMGL-20-4-3 薪酬审批发放管理	根据员工考勤与绩效考核情况发放薪酬	1.编制薪酬发放明细表； 2.发放薪酬	1.通过股份公司薪酬系统编制薪酬发放表； 2.按程序对明细表进行审批并发放	公司薪酬管理制度	XMGL-20-4-3-1 薪酬发放明细表	1.根据考勤编制工资发放明细表，根据考核情况编制奖金发放明细表； 2.审批程序合规完整	1.发放明细表金额标准是否准确无误； 2.薪酬发放及时，不拖欠工资

5.职业健康安全

（1）职业健康安全总体要求。坚持以人为本、安全第一，加强职业健康管理工作，预防、控制和消除职业病危害，防治职业病，保护员工身体健康及相关权益。

（2）职业健康安全管理流程。职业健康安全管理流程见下图。

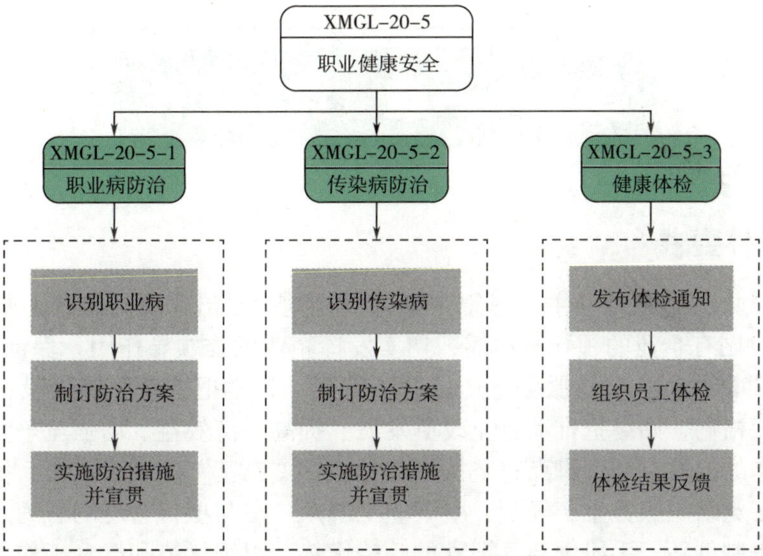

职业健康安全管理流程图

（3）职业健康安全内容及要求。

1）职业病防治。职业病防治工作坚持预防为主、防治结合的方针，充分识别本项目存在的职业病危害因素和种类，对员工因工作性质带来的职业健康危害进行识别，如电焊工尘肺、水泥尘肺、噪声聋、爆震聋等。根据已发现的职业病类型，结合《中华人民共和国职业病防治法》和当地医疗资源等情况，制订相应的防治方案，如实向所在地监管部门申报危害项目，接受其监督管理。同时，要结合安全培训加强对施工作业人员的职业病危害教育，提高对职业病危害的认识、了解，普及职业病防治的方法，提高员工的职业健康意识、自我保护意识。

2）传染病防治。传染病防治工作坚持预防为主、防治结合的方针，对施工场所是否为呼吸道、虫媒、介水、消化道等传染病疫区进行识别，结合国家及当地防治政策，制订防治方案，实行动态管理，并对员工进行传染病知识普及，提高员工安全健康意识。尤其是在新型冠状病毒肺炎防疫工作中，要充分加强与地方政府防疫部门等机构的沟通、交流，严格按照所在地防疫政策执行。

3）健康体检。按照职业病防治法的规定，根据实际情况，定期组织接触职业危害因素的职工进行身体健康检查。将体检结果反馈给员工，充分保障员工知情权。根据员工体检情况，及时建立职业健康监护档案。

（4）职业健康安全管理要点。职业健康安全管理要点见下表。

职业健康安全管理要点

管理要点	管理目的	管理活动	活动内容	管理依据	管理表单	管理标准	重难点
XMGL-20-5-1 职业病防治	根据职业病存在情况，制订防治方案	1.制订方案； 2.实施措施	1.根据实际情况及当地医疗资源等情况，制订相应的防治方案； 2.根据防治方案实施	职业健康工作管理办法	—	防治方案有效且宣贯实施	防治方案的制订以及实施
XMGL-20-5-2 传染病防治	根据所在地传染病情况，制订防治方案	1.制订方案； 2.实施措施	1.根据实际情况及当地医疗资源、防疫政策等情况，制订相应的防治方案； 2.根据防治方案实施	1.职业健康工作管理办法； 2.所在地防疫政策	—	防治方案有效且宣贯实施	防治方案的制订以及实施
XMGL-20-5-3 健康体检	根据实际情况发布体检通知，约定体检项目	1.发布通知； 2.组织体检	各级职业健康安全管理负责单位或部门组织员工进行体检	1.职业健康工作管理办法； 2.定期体检通知	—	定期组织员工进行健康安全体检	确保员工参与了健康安全体检

第二十一章　党群工作

1.党群工作总体要求

以习近平新时代中国特色社会主义思想为指导，以党的政治建设为统领，坚持党要管党、全面从严治党，坚持党对国有企业的领导不动摇，切实发挥企业党委领导作用，保证党和国家方针政策、重大部署不折不扣贯彻执行；坚持服务生产经营不偏离，科学把握新发展阶段，全面贯彻新发展理念，积极融入新发展格局，始终把推动企业改革发展、提高经济效益、增强竞争实力、提升项目管理水平作为党组织工作的出发点和落脚点；坚持强化党组织“三基”建设不放松，推动融合创新，夯实基层基础，找准基层党组织服务生产经营、凝聚职工群众、参与项目管理的着力点，大力推进基层党建工作理念创新、机制创新、手段创新，把党的政治优势、组织优势和群众工作优势转化为项目的竞争优势、创新优势和发展优势，以高质量党建引领企业高质量发展。

2.党群工作流程

党群工作流程见下图。

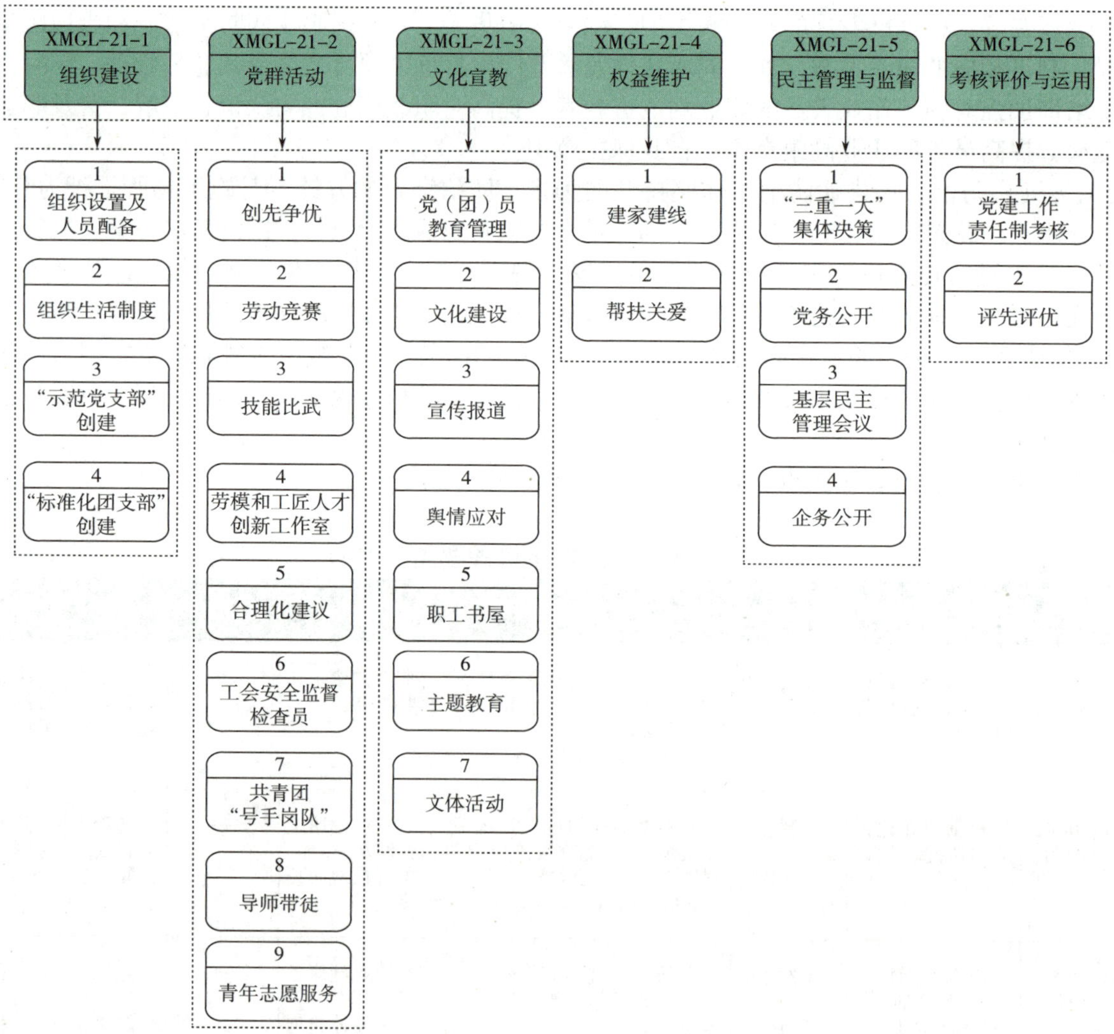

党群工作流程图

3.党群工作管理内容及要求

党群工作管理内容主要有组织建设、党群活动、文化宣教、权益维护、民主管理与监督、考核评价等工作，要求始终以生产经营为中心，以服务施工现场、促进生产经营，服务职工群众、凝聚团队力量为宗旨充分发挥党组织的战斗堡垒作用、党员先锋模范作用、工会组织的桥梁纽带及团结稳定作用和团员青年的突击队作用，持续增强企业品牌影响力和文化感染力，打造坚强有力的项目团队，营造和谐稳定的项目建设环境。

（1）组织建设。建立健全组织设置及人员配备机制，完善机构和人员编制，坚持和加强党的全面领导；严格执行组织生活制度，严肃开展组织生活，提高党（团）员思想觉悟；创建与选树“示范党支部”，打造中国铁建基层党支部建设的样板，提高基层党支部的凝聚力、影响力、战斗力；创建与选树“标准化团支部”，团员队伍充分发挥模范带头作用，具有较好影响。

（2）党群活动。开展创先争优活动，始终融入施工生产和经营管理开展工作，促进和保证中心工作全面完成；开展劳动竞赛，充分激发和调动广大职工的劳动热情和施工潜能，形成大干快上局面；开展技能比武，鼓励广大职工钻研技术、争创一流、岗位成才，不断提高职工技术能力水平；创建与管理劳模和工匠人才创新工作室，发挥示范引领和骨干带头作用；征集、借鉴和推广职工合理化建议，挖掘广大员工的智慧和潜能；选拔聘用项目工会安全监督检查员，完善安全监督体系，促进安全形势稳定；开展共青团“号手岗队”创建，围绕安全生产重点任务，充分发挥生力军和突击队作用；开展导师带徒活动，通过“传、帮、带”的方式，培养青年员工尽快成长成才；开展青年志愿服务，带头弘扬文明风尚。

（3）文化宣教。抓好党（团）员教育管理，引导党（团）员坚定理想信念；抓好文化建设，践行新时代中国铁建文化与品牌体系，规范使用企业视觉识别系统；加强宣传报道，为项目高质量发展提供强大精神动力和舆论支持；做好舆情管控，为维护项目稳定营造良好内外部环境；开展“职工书屋”建设及职工读书活动，树立职工“岗位学习，终身读书”理念；开展主题教育，动员广大职工积极投身项目生产经营主阵地和高质量发展的主战场；广泛开展文体活动，打造健康文明、积极向上的职工文化。

（4）权益维护。扎实开展建家建线工作，根据建家建线标准配置或更新项目设施设备，提升建家建线质量和水平；做好帮困救助工作，建立健全困难职工救助长效机制，有效解决职工实际困难。

（5）民主管理与监督。坚持“三重一大”集体决策，落实民主集中制，推动项目科学发展；落实党务公开，使党员更多了解和参与党内事务，发扬党内民主；规范召开职工民主管理大会，保障职工知情权、参与权、评议权、监督权；落实企务公开，提高民主管理、民主监督的质量和水平。

（6）考核评价与运用。贯彻落实党建工作责任制，充分运用考核评价结果，压实管党治党主体责任；积极参与评先评优，选树先进典型，发挥示范作用。

4.党群工作管理要点

党群工作管理要点见下表。

党群工作管理要点

管理要点	管理目的	管理活动	活动内容	管理依据	管理表单	管理标准	重难点
XMGL-21-1 组织建设	规范组织建设，落实组织生活，把握正确的政治方向，确保企业制度和决策的执行落实	1.组织设置及人员配备； 2.组织生活制度； 3.“示范党支部”创建； 4.“标准化团支部”创建	1.党组织成立、工会组织成立、团组织成立；及时选配相应人员，重点是确保“四同步、四对接”工作，达到党的组织和党的工作全覆盖； 2.三会（两制）一课、组织生活会、民主评议党（团）员、主题党（团）日、谈心谈话、请示报告、推优入党；	1.中国共产党支部工作条例； 2.中国铁建党委关于进一步加强和改进新形势下党的建设工作的指导意见； 3.中国共产党国有企业基层组织工作条例（试行）；	XMGL-21-1-1-1 关于成立项目党群组织的请示	1.按时成立组织、委员分工明确，会议按程序和规范召开； 2.会议议题结合施工生产和项目管理重难点，侧重解决思想问题；	1.及时成立及撤销的流程、机制； 2.严格落实相关要求，实现党（团）的组织生活常态化、制度化、规范化；

续表

管理要点	管理目的	管理活动	活动内容	管理依据	管理表单	管理标准	重难点
XMGL-21-1 组织建设			3.按照中国铁建“五好四强一特色”要求，创建“示范党支部”，积极参加“示范党支部”的选树活动； 4.打造先进团支部，积极参加上级单位“标准化团支部”评选	4.中国共产党基层组织选举工作条例； 5.中国铁建党支部建设指导手册； 6.中国工会章程； 7.中国铁建基层共青团工作指导手册	XMGL-21-1-1-1 关于成立项目党群组织的请示	3.推动党（团）支部全面进步、全面过硬，有效发挥典型示范引领作用	3.发挥党支部战斗堡垒作用、党员先锋模范作用和群团组织的桥梁纽带作用
XMGL-21-2 党群活动	融入生产经营，服务施工现场，开展形式多样的党群活动，促进项目经济效益和管理水平的提升	1.创先争优； 2.劳动竞赛； 3.技能比武； 4.劳模和工匠人才创新工作室； 5.合理化建议； 6.工会安全监督检查； 7.共青团“号手岗队”； 8.导师带徒； 9.青年志愿服务	1.创建“五好”党支部、争做“六好”共产党员；开展“红旗责任区”“党员突击队”等活动； 2.围绕施工生产目标，确定比赛具体内容，通过劳动竞赛促进施工生产任务的完成； 3.根据项目实际情况，选拔通用职业人员报名参赛； 4.工程技术部提名劳模和工匠人才创新工作室带头人，组建创新工作室团队，拟定创新研究课题，解决施工难题； 5.为企业发展建言献策； 6.选拔聘用项目工会安全监督检查员； 7.争创“青年文明号”，争当青年岗位能手、青年安全生产示范岗，开展青年突击队竞赛以及青年“五小”竞赛、建设青年创新工作室等； 8.为新员工分配导师，做好师徒合同签订、培养目标确定、定期跟踪考核、优秀师徒评选等工作； 9.积极组织团员青年参与志愿服务活动	1.中国铁建党支部建设指导手册； 2.中国铁建党委关于进一步加强和改进新形势下党的建设工作的指导意见； 3.中华全国铁路总工会关于创建劳模创新工作室的指导意见； 4.中国铁建基层共青团工作指导手册	—	1.党员先锋模范带头作用和党组织战斗堡垒作用得到充分发挥； 2.促进施工生产任务完成，竞赛目标与施工生产计划目标相匹配； 3.落实“人才强企”战略举措，扩大技能人才参与度； 4.工作室团队人员、制度等符合要求，有研究课题、创新成果并实现成果转化； 5.提出内容须在合理范围内，合理化建议须已取得成效的； 6.评比检查员日常履职情况，起草管理制度； 7.团员青年服务生产经营的生力军和突击队作用得到充分发挥； 8.新员工经过导师带徒合同期培养，业务能力得到提升； 9.积极参与公益行动，主动担当社会责任	1.充分发挥创先争优的考核激励作用； 2.紧密结合中心工作，发挥考核激励作用； 3.促进员工岗位成才、奉献企业； 4.有效提升企业技术、经济等创新创效水平； 5.围绕企业中心工作及稳定思想队伍工作进行合理化建议； 6.发挥工会和职工群众的监督检查作用，提升安全工作质量； 7.提高生产经营的贡献度和团员青年的参与度； 8.促进青年员工尽快融入企业，加快成长步伐

续表

管理要点	管理目的	管理活动	活动内容	管理依据	管理表单	管理标准	重难点
XMGL-21-3 文化宣教	加强党（团）员管理，强化企业文化建设，做好新闻报道，有效化解舆情危机，关爱职工，营造和谐稳定的项目建设环境	1.党(团)员教育管理； 2.文化建设； 3.宣传报道； 4.舆情应对； 5.职工书屋； 6.主题教育； 7.文体活动	1.党（团）员教育培训，党（团）籍和党（团）员组织关系管理，党（团）费收缴、使用和管理，党（团）内表彰、党（团）内关怀帮扶； 2.抓好《中国铁建文化纲领》《中国铁建品牌宣言》的宣传推广，严格执行企业使命、企业愿景、企业价值观、企业精神、员工行为总则、企业歌曲、企业标识“七统一”，组织开展丰富多彩的文化活动，促进广大员工学习、认知、践行企业文化理念；以“七统一”为前提，开展项目文化建设和项目精神提炼与推广，丰富中国铁建文化生态； 3.围绕企业中心工作，展示企业形象，为企业改革发展营造良好的舆论环境； 4.提前梳理舆情风险点，做好应急预案，及时有效防范各类风险，配合上级部门妥善处置舆情； 5.建设职工书屋，并积极开展系列读书活动； 6.通过召开职工大会，开展主题教育、职工夜校、职工业务培训等活动； 7.丰富职工业余生活，活跃项目氛围	1.中国铁建党支部建设指导手册； 2.中国铁建党委关于进一步加强和改进新形势下党的建设工作的指导意见； 3.企业文化管理体系、品牌管理体系、文化纲领、品牌宣言及视觉识别系统； 4.对外新闻报道、新媒体运维有关办法； 5.舆情处置办法及突发事件新闻处置应急预案； 6.中华全国总工会“职工书屋”建设的实施意见； 7.中国铁建基层共青团工作指导手册	—	1.按上级要求完成党（团）员教育培训工作，按时按标准收缴党（团）费，按规定使用党（团）费，按照公开、公平、公正、择优的原则进行评选，及时接转党（团）员，掌握党（团）员流向动态； 2.员工普遍认知、认同新时代中国铁建文化与品牌理念，积极主动践行；视觉识别系统运用规范；通过文化活动提升队伍凝聚力与向心力； 3.内容真实，无违反中央和上级主管部门及相关单位关于新闻报道的相关要求； 4.处置及时有效，企业信誉、形象得到维护； 5.职工书屋建设符合标准，管理规范； 6.按计划开展职工教育和培训工作； 7.定期开展文化体育活动	1.确保党（团）员教育全覆盖，提升教育管理效果； 2.企业文化建设融入项目管理日常工作，文化理念转化为员工行为； 3.将企业中心工作与宣传工作相结合相促进； 4.避免负面舆情扩大，及时消除负面舆情影响； 5.为企业职工设置规范的职工书屋； 6.主题教育内容形式丰富； 7.提高职工群众参与活动的积极性
XMGL-21-4 权益维护	维护职工合法权益，切实保障职工利益，促进项目稳定和谐，推动企业更好发展	1.建家建线； 2.帮扶关爱	1.项目策划组根据项目实际，选择自建或租用房屋作为项目驻地，建设、装修完成后达到入住条件； 2.及时了解掌握职工家庭状况，履行集体合同，解决职工的实际困难，落实“三不让”承诺，开展生日祝福、住院慰问、帮困救助、青年交友联谊、“团组织就在我身边”关爱等活动	1.中国铁建建家建线标准； 2.中国铁建关于“三不让”帮扶的指导意见； 3.中国铁建党支部建设指导手册； 4.中国铁建党委关于进一步加强和改进新形势下党的建设工作的指导意见； 5.中国铁建基层共青团工作指导手册	—	1.满足项目工作和职工生活； 2.困难职工及时得到关爱和帮扶； 3.畅通团员青年诉求渠道，帮助解决实际问题	切实帮助困难职工，增进职工的认同感、归属感

续表

管理要点	管理目的	管理活动	活动内容	管理依据	管理表单	管理标准	重难点
XMGL-21-5 民主管理与监督	落实“民主集中制”原则和发挥职工民主管理与监督职能作用，促进企业健康发展	1.“三重一大”集体决策； 2.党务公开； 3.基层民主管理会议； 4.企务公开	1.按要求召开党组织会议，讨论决定党群工作事项，参与项目生产经营重大事项的研究； 2.党支部加强党的建设、开展党的活动和工作的有关事务，按规定在党内外公开； 3.召开职工民主管理会议，收集职工意见建议、审议项目部重大决定、民主测评项目领导班子成员，落实职工在项目管理中的审议建议权、监督评议权、民主选举权等职权； 4.围绕项目管理重难点，在一定范围内对项目事务进行公开，侧重项目重大决策事项、民主评议、领导干部廉洁自律、干部推荐任用、分包招标、设备租赁、工资奖金分配、评先评优等内容	1.上级党组织“三重一大”集体决策实施方案； 2.中国铁建党支部建设指导手册； 3.中国铁建党委关于进一步加强和改进新形势下党的建设工作的指导意见； 4.铁路总工会关于进一步做好铁路企业民主管理工作的指导意见； 5.中国铁建职工代表大会实施办法	—	1.决策过程坚持民主集中制，未出现重大决策失误； 2.公开程序符合要求，公开范围、公开形式合适； 3.会议议题、程序符合规范要求； 4.公开内容全面，公开程序符合要求，公开范围、公开形式合适	1.促进党的建设与施工生产深度融合； 2.广泛征求职工意见建议，抓好整改落实； 3.抓住重点工作，明确公开内容，促进企务公开工作全面规范
XMGL-21-6 考核评价与运用	抓牢抓实党建责任制考核，充分运用考核结果；做好党内评优评先工作	1.党建工作责任制考核； 2.评先评优	1.将项目党建工作纳入上级党组织党建工作责任制考核，每年对项目党组织考核一次，党组织书记每年应围绕年度抓党建工作情况，向上级党组织进行述职，接受评议，考核结果与项目领导班子绩效奖金挂钩，作为评优评先、选拔使用的重要依据； 2.积极向上级党组织推荐先进典型，如“六好”共产党员、优秀党务工作者、争创“五好”党支部；积极参与上级团支部评优活动	1.中国铁建党支部建设指导手册； 2.中国铁建党委关于进一步加强和改进新形势下党的建设工作的指导意见； 3.中国铁建党建工作责任制考核评价暂行办法； 4.中国铁建创建“四好”领导班子活动实施办法等制度办法	—	1.坚持突出重点、注重实绩，坚持切实可行、有效管用，使考核结果得到充分运用，推动项目管党治党责任全面落实； 2.推荐表彰的各类先进典型、先进集体或个人典型突出、职工信服，能够起到先锋模范作用	1.落实全面从严治党责任，不断提升党建工作水平； 2.有效发挥先锋模范作用，促进项目发展

第二十二章　项目收尾

1.项目收尾总体要求

以人、财、物等资源要素全面受控为突破口，以集中管控为抓手，严格落实四个“限定”（实施限定工程量、限定管理费用、限定物资设备、限定人员管理）和四个“限时”管理（现场限时完工、资料限时移交、人员限时释放、结算限时完成），推动项目依法合规、快速优质收尾销号，确保收益最大化。

2.项目收尾流程

项目收尾流程见下图。

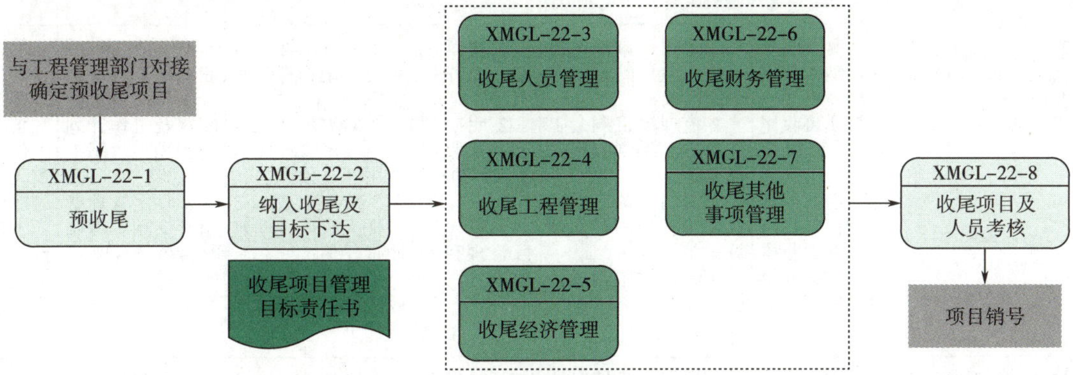

项目收尾流程图

3.项目收尾内容及要求

项目进入收尾阶段前，公司对项目进行督导，梳理、核实主要责任事项进展情况，形成预收尾调研评估报告，督促项目及时整改并做好验收。收尾阶段做好收尾人员管理、收尾工程管理、收尾经济管理、收尾财务管理等工作。

（1）收尾人员管理。根据项目实际情况，确定项目收尾责任人员，坚持集中管控原则，集中考勤、集中发薪、集中办公。

（2）收尾工程管理。全面梳理剩余工程、环水保整治、缺陷整治、竣工资料编制与移交、顾客满意度调查等主要责任事项，制订节点计划，落实责任人，明确考核指标。

（3）收尾经济管理。梳理清收确权工作事项，做好清收确权方案策划，明确期间计量（合同内、外）、变更设计申报及批复、项目概算（费用）清理申报及批复、业主竣工结算（外部审价、审计）、对下计价（含内部结算分劈）、经济档案移交等主要工作事项的节点目标，落实责任人，制订考核指标。

（4）收尾财务管理。针对财务并账、银行销户、会计主体撤并、集中核算、收尾费用开支预算管控、税务管理、财务收支审批、人员薪酬发放、会计档案移交、建造合同对冲销号等项目财务管理重点事项，明确节点目标，落实责任人，制订考核指标。

（5）收尾其他事项管理。对收尾项目剩余物资材料及器材、未撤场设备、办公用品、租房、车辆等实物资产进行监管，督促处理；对来文来函进行登记、处理及跟踪；规范用印管理及印章移交。

4.项目收尾要点

项目收尾要点见下表。

项目收尾要点

管理要点	管理目的	管理活动	活动内容	管理依据	管理表单	管理标准	重难点
XMGL-22-1 预收尾	预防项目带病进入收尾阶段，提前梳理项目剩余工作事项	梳理项目工作事项推进及完成情况	1.定期与工程管理部门沟通，确定拟纳入收尾管理的项目清单； 2.项目纳入收尾管理前组织梳理项目主要责任事项，查看是否满足纳入收尾管理条件，形成预收尾检查问题清单； 3.协调相关部门对项目进行督导帮扶，跟踪问题清单整改进展情况	1.规章制度、操作指南； 2.明确项目纳入预收尾管理的文件	—	1.类似项目； 2.剩余事项清单是否全面； 3.内容是否切合实际，符合关键资源配置合理、指导性强的要求	1.与相关部门沟通不畅； 2.剩余事项梳理不全面
XMGL-22-2 纳入收尾及目标下达	定员定责，确定考核指标	1.发文明确项目纳入收尾管理； 2.项目收尾管理工作梳理； 3.定员定责管理； 4.编制收尾工作方案并签订目标责任书	1.公司评审认定项目纳入收尾管理，并下文明确； 2.梳理项目剩余工作事项，编制收尾工作方案； 3.编制、核定项目收尾管理费用开支预算； 4.签订收尾管理目标责任书	1.规章制度、操作指南； 2.明确项目纳入收尾管理的文件； 3.收尾项目管理目标责任书	1.XMGL-22-2-1 项目收尾管理工作方案； 2.XMGL-22-2-2 项目收尾管理成本费用开支预算表； 3.XMGL-22-2-3 责任人收尾管理兼职责任书； 4.XMGL-22-2-4 收尾项目管理目标责任书	1.人员分工、职责是否明确； 2.人员、资源配置及工作计划是否满足收尾工作需要； 3.收尾管理费用开支预算编制是否科学合理	1.人力资源紧张，收尾人员调动频繁； 2.因新项目工作紧张，调离人员未能按时回原项目； 3.费用开支预算编制不科学
XMGL-22-3 收尾人员管理	对收尾人员实行集中考勤、集中发薪、集中办公管理	1.核定人员构成； 2.专职人员集中管理； 3.收尾人员管理台账； 4.收尾人员分流管理	1.根据实际情况核定项目专、兼职收尾人员； 2.对专职收尾人员实行集中考勤、集中发薪、集中办公管理； 3.建立收尾人员管理台账，按月更新、存档； 4.根据项目收尾工作进展情况，核定收尾人员分流安排； 5.收尾人员考核评价及工作、生活保障	1.规章制度、操作指南； 2.收尾项目管理目标责任书	XMGL-22-2-3 责任人收尾管理兼职责任书	1.专职收尾人员集中管理情况； 2.收尾人员配置是否满足工作推进需要； 3.收尾人员管理台账是否完善齐全； 4.收尾人员工作、生活保障、考评、薪酬、晋升、思想动态等	1.未进行收尾人员集中考勤、集中考核管理； 2.收尾人员调动频繁或长期未调动，影响收尾工作推进及个人职业发展
XMGL-22-4 收尾工程管理	监管剩余工程施工及验交、工程缺陷整治、环水保整治、竣工资料编制移交等工作进展	1.剩余工程施工及验交管理； 2.工程缺陷整治管理； 3.环水保整治管理； 4.竣工资料管理	1.督促项目按要求及时组织剩余工程、缺陷整治、环水保整治施工，针对预警项目，协调工程、技术、安全、质量等相关序列部门进行现场督导； 2.协调相关部门合理留置专业技术人员，督导项目在规定时间内完成竣工资料的编制、整理、归档工作	1.规章制度、操作指南； 2.经审批通过的施工技术方案； 3.业主、档案馆、公司等接管单位的档案标准； 4.收尾项目管理目标责任书	1.XMGL-22-4-1 专项验收问题汇总表； 2.XMGL-22-4-2 项目后续事宜联系单	1.剩余工程、缺陷整治等方案是否经过审批，现场是否按方案组织施工； 2.剩余工程、缺陷整治施工质量是否符合要求，进度是否满足节点目标要求； 3.竣工资料编制质量是否符合各方标准要求，编制进度是否满足节点目标要求	1.剩余工程、缺陷整治等方案未经审批或现场未按方案组织施工； 2.未进行竣工资料编制、整理、归档等制度办法的学习； 3.收尾人员、资源配置不足，现场施工、缺陷整治、竣工资料编制、整理等工作滞后

续表

管理要点	管理目的	管理活动	活动内容	管理依据	管理表单	管理标准	重难点
XMGL-22-5 收尾经济管理	监管期间计量、变更索赔、概算（费用）清理、末次验工计价、外部审计审价、对下结算（内部结算分劈）、经济档案移交等工作进展	1.清收确权方案策划； 2.对下结算（内部结算分劈）； 3.清收确权销号； 4.经济档案归档移交	1.组织收尾项目清收确权工作事项梳理，制订责任目标； 2.指导收尾项目做好清收确权工作方案策划； 3.审核认定项目清收确权销号，核实项目清收确权责任目标完成情况	1.规章制度、操作指南； 2.合同文件； 3.相关的工程技术资料； 4.收尾项目管理目标责任书	—	1.清收确权方案策划是否完善，责任目标是否合理； 2.对下结算工作是否及时办理并确认成本； 3.变更、索赔、概算清理等工作成效； 4.对上结算办理进展情况； 5.经济档案移交工作进展	1.合同内工程量未足额计量确权； 2.结算与计量台账不完善或更新不及时； 3.结算、计量、变更、索赔、概算清理等资料审批进度滞后； 4.对下结算工作进度滞后
XMGL-22-6 收尾财务管理	监管收尾项目财务并账、银行销户、成本费用预算管控、财务收支审批、清收清欠、会计档案移交等工作进展	1.收尾费用预算管控； 2.财务并账管理； 3.银行销户管理； 4.会计档案管理	1.制订公司收尾项目年度并账、销户、会计档案移交等工作计划，并督导落实； 2.收尾项目会计核算、报表编报、台账更新、会计档案归档； 3.收尾项目人员工资、奖金发放，社保缴纳； 4.审核收尾项目间接费用开支预算，并监控预算执行	1.规章制度、操作指南； 2.项目收尾管理成本费用开支预算； 3.公司收尾项目年度并账、销户、会计档案移交等工作计划； 4.收尾项目管理目标责任书	XMGL-22-2-2 项目收尾管理成本费用开支预算表	1.收尾费用预算编制是否科学合理，是否报批并按照执行； 2.年度并账、销户、会计档案移交等工作计划是否下达，工作进度是否可控； 3.清收清欠、“两金”压降工作开展成效	1.收尾费用开支预算编制不科学，财务收支审批较随意或未经审批； 2.项目并账、销户工作滞后，财务集中核算管理执行不力
XMGL-22-7 收尾其他事项管理	1.收尾项目施工生产、工作、生活等资源要素管理； 2.来文来函及文印管理	1.资源要素管理； 2.来文来函管理	1.对收尾项目剩余物资材料及器材、未撤场设备、办公用品、租房、车辆等实物资产进行监管； 2.对来文来函进行登记、处理及跟踪管理； 3.规范印章管理	1.规章制度、操作指南； 2.收尾项目管理目标责任书	—	1.资源配置是否满足收尾工作需要，多余物资、设备调拨处理程序是否合规； 2.来文来函登记处理情况	1.废旧物资处理程序不合规或处理不及时； 2.来文来函未进行登记，未及时妥善处理
XMGL-22-8 收尾项目及人员考核	激发收尾人员主观能动性，推动收尾事项快速销号	1.收尾项目考核； 2.收尾人员考核； 3.考核兑现	收尾项目考核分为综合管理绩效考核和单项工作绩效考核，按季度或年度进行考核兑现	1.规章制度、操作指南； 2.收尾项目管理目标责任书	—	考核标准是否公平、合理，兑现是否及时	未实行一事项一考核或考核后兑现不及时

第二十三章　督察与审计

1.项目督察

（1）项目督察总体要求。以问题为导向，实事求是反映工程项目管理存在的问题，追溯项目管理中存在的问题和不足。建立健全工程项目全过程管控机制，进一步完善管理监督体系，夯实项目管理基础，全面提升项目管理水平。

（2）项目督察流程。项目督察流程见下图。

项目督察流程图

（3）项目督察内容及要求。

1）督察准备。项目收到督察通知后，根据督察内容，制订督察准备工作方案，成立领导小组，并明确职责分工及具体工作内容。

2）督察配合。根据要求准备相关资料，向督察组汇报项目的相关情况，并接受督察组现场问询；配合督察组查看施工现场，介绍项目施工现场管理情况。

3）督察问题梳理。根据督察意见梳理项目管理中存在的问题，并及时向公司归口部门汇报相关情况，必要时向分管领导、主要领导汇报。

4）督察整改反馈。根据督察报告清单，及时制订整改方案，明确时间和整改责任人，严格按照节点整改，落实有关责任人的责任，采取相应的处理措施，将整改和追责结果反馈给督察办；根据督察建议，建立健全制度体系，规范项目管理。

（4）项目督察管理要点。项目督察管理要点见下表。

项目督察管理要点

管理要点	管理目的	管理活动	活动内容	管理依据	管理表单	管理标准	重难点
XMGL-23-1-1 督察准备	根据督察计划，做好督察准备	制订督察工作方案，做好督察准备相关工作	项目收到督察通知后，根据督察内容，制订工作方案，成立领导小组，并明确职责分工及具体工作内容	1.股份公司在建项目督察工作实施办法； 2.股份公司年度督察计划	—	1.是否按照要求制订工作方案； 2.是否成立工作领导小组并明确职责分工； 3.工作方案是否合理	—
XMGL-23-1-2 督察配合	按要求提供相关资料，积极配合督察工作	1.汇报项目情况； 2.提供内业资料； 3.配合督察组查看施工现场	1.根据督察组要求汇报项目相关情况； 2.根据督察组要求提供相关资料，接受督察组问询； 3.配合督察组查看施工现场，介绍项目施工现场管理情况	1.股份公司在建项目督察工作实施办法； 2.项目督察通知单； 3.项目策划书； 4.施工组织设计； 5.专项施工方案； 6.项目经济责任预算； 7.合格分包商名录	—	1.是否按要求提供相关资料； 2.是否积极配合督察检查工作	1.积极配合，及时向督察组提供真实、准确的督察资料； 2.准确汇报项目相关情况

续表

管理要点	管理目的	管理活动	活动内容	管理依据	管理表单	管理标准	重难点
XMGL-23-1-3 督察问题梳理	梳理问题清单，做好沟通汇报，确保问题及时得到解决	梳理督察问题清单，做好沟通汇报	根据督察组检查发现的问题，梳理问题清单，并及时向上级公司归口部门汇报相关情况，必要时向分管领导、主要领导汇报	1.股份公司在建项目督察工作实施办法； 2.相关管理办法及制度	—	1.督察问题清单是否梳理清楚； 2.是否汇报给上级公司归口部门	—
XMGL-23-1-4 督察整改反馈	制订问题整改方案，按时完成整改和追责，完善管理制度，建立长效机制，规范项目管理	1.根据督察报告清单，及时制订整改方案，完成整改销号； 2.采取措施追究相关责任单位及人员的责任； 3.完善制度，规范管理	1.根据督察工作要求，及时制订整改方案，明确时间和整改责任人，严格按照节点认真整改，直到问题销号； 2.根据督察结果反映的问题，落实有关责任人的责任，采取相应的处理措施，将整改和追责结果反馈给督察组； 3.根据督察建议，建立健全制度体系，规范项目管理	1.股份公司在建项目督察工作实施办法； 2.相关管理办法及制度	—	1.是否在规定时间内完成整改情况上报； 2.是否追究有关责任人员责任； 3.是否完善制度措施，规范项目管理	在规定期限内完成督察整改反馈，建立长效机制，规范项目管理

2.项目审计

（1）项目审计总体要求。根据《审计署关于内部审计工作的规定》和国务院国资委《关于深化中央企业内部审计监督工作的实施意见》等有关要求，围绕企业生产经营中心，贯彻落实股份公司“14455+”审计工作理念，强化审计监督，协同推进经济“大监督”体系建设，坚持违规必究、追责必严。各级审计机构加强对项目的审计监督，促进项目规范管理。项目要熟悉内部审计、外部审计的工作流程，对照工程项目审计自纠自查清单在项目建设过程中及时纠偏，对自查发现的问题及时进行整改，确保项目有效贯彻落实国家有关政策、法规和企业管理制度，确保工程项目建设资金合法合规使用，预防项目重大损失浪费、重大违法违纪等问题，实现促进项目完善内控体系、提高经济效益、降低审计风险等目标。

（2）项目审计管理流程。项目审计管理流程见下图。

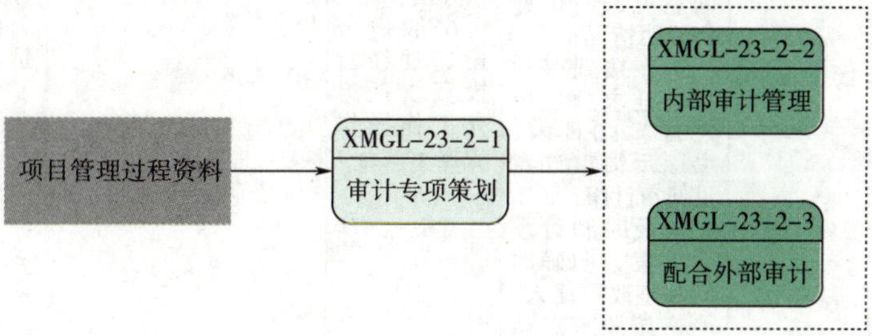

项目审计管理流程图

（3）项目审计管理内容及要求。审计管理内容主要有审计专项策划、内部审计管理、配合外部审计等工作。

1）审计专项策划。在项目上场之初开展审计风险防控专项策划管理，根据项目实际情况进行风险评估，编制审计专项策划书，在项目推进过程中，及时进行风险排查治理，防范项目风险。

2）内部审计管理。在项目运行过程中，积极配合内部审计机构实施内部审计，做好内部审计各阶段的相关工作，准备审计所需资料，出具审计承诺书，做好现场审计配合和审计访谈工作，签认审计工作底稿，书面反馈审计报告意见，落实审计整改直至问题销号。

3）配合外部审计。项目部获取预期审计信息或接到外部审计通知时，应及时向公司审计部门汇报，做好迎审准备工作。外部审计进点后，做好外审配合，及时向公司审计部门反馈项目外部审计进展情况，执行重大事项报告制度，必要时请公司、集团公司审计机构进行督导，签认审计取证单需要履行相关审批手续。

（4）项目审计管理要点。项目审计管理要点见下表。

项目审计管理要点

管理要点	管理目的	管理活动	活动内容	管理依据	管理表单	管理标准	重难点
XMGL-23-2-1 审计专项策划	项目对审计风险进行评估，针对审计关注的重点，编制项目审计专项策划书，进行日常风险排查、治理	1.风险评估； 2.编制审计专项策划书； 3.日常风险排查、治理	1.工程项目在上场策划时，进行风险评估； 2.对照自查自纠情况，编制项目审计专项策划书； 3.项目在推进过程中进行风险排查，及时整改纠偏	—	1.XMGL-23-2-1-1项目审计专项策划书； 2.XMGL-23-2-1-2工程项目审计自查自纠清单	1.审计风险评估是否涵盖项目施工全过程； 2.项目审计专项策划是否符合项目实际情况； 3.日常风险排查是否严格对照项目审计专项策划书的内容，切实整改，落到实处	1.注意审计专项策划的全面性，覆盖项目全过程和各节点； 2.审计专项策划书根据项目推进的实际情况，动态更新，及时完善
XMGL-23-2-2 内部审计管理	遵循工程项目事前、事中、事后审计，将经济安全、内部控制、风险管理、成本效益贯穿于项目建设全过程，确保依法合规运行	1.准备审计所需资料； 2.出具审计承诺书； 3.配合审计； 4.签认审计工作底稿； 5.书面反馈审计报告意见； 6.审计整改	1.收到审计通知书后，按照审计组要求准备相关资料，按时间节点上报审计组； 2.审计组进点后，被审计单位向审计组出具审计承诺书； 3.向审计组报送资料清单，按要求回答审计询问，并配合做好审计访谈工作； 4.认真核对审计工作底稿，慎重签认，如有不同意见，向审计组说明情况； 5.在接到审计报告征求意见稿之日起10日内，书面反馈审计意见给审计组； 6.及时制订整改方案，明确时间和整改责任人，严格按照节点认真整改，并将整改情况在收到正式审计报告之日起3个月内上报上级单位审计机构，直至问题销号	1.股份公司关于进一步加强内部审计工作的指导意见； 2.股份公司内部审计管理规定； 3.股份公司工程项目审计指导意见； 4.股份公司审计整改工作管理办法； 5.股份公司审计线索移送管理暂行办法； 6.股份公司违规经营投资责任追究工作操作规程（试行）	1.XMGL-23-2-2-1审计查询书； 2.XMGL-23-2-2-2工程项目内部审计套表； 3.XMGL-23-2-2-3审计承诺书； 4.XMGL-23-2-2-4审计工作底稿； 5.XMGL-23-2-2-5审计报告征求意见书； 6.XMGL-23-2-2-6审计整改“三表一单”	1.是否及时提供审计所需资料； 2.提供的资料是否真实、有效； 3.是否按照审计组要求的格式，对审计承诺书进行签字盖章； 4.是否积极配合审计，不拒绝、不拖延、不谎报； 5.是否签认审计工作底稿； 6.是否在规定期限内，书面反馈审计意见给审计组； 7.是否对审计发现的问题制订整改方案； 8.审计整改效果是否达到预期	1.积极配合，及时向审计组提供真实、准确的审计资料，不得干扰、阻碍审计工作； 2.认真核对审计工作底稿，如有不同意见，向审计组说明情况； 3.在规定期限内完成审计整改，建立长效机制，规范项目管理

续表

管理要点	管理目的	管理活动	活动内容	管理依据	管理表单	管理标准	重难点
XMGL-23-2-3 配合外部审计	加强项目风险控制，提高配合外部审计的质量，维护企业合法权益，保障企业经营活动健康发展	1.迎审准备工作； 2.配合外部审计； 3.签认审计取证单； 4.跟踪外审信息	1.成立外部审计迎审工作领导小组，明确职责分工，配备审计联络员； 2.针对外部审计关注的重点，制订外部审计迎审工作方案； 3.根据迎审工作方案进行自查自纠； 4.按要求提供外部审计所需资料； 5.认真核对审计取证单，及时反馈意见，签认审计取证单需履行相关审批手续； 6.及时向上级单位审计部门反馈外部审计信息，加强外部审计信息跟踪	1.国务院国资委《关于深化中央企业内部审计监督工作的实施意见》； 2.《审计署关于内部审计工作的规定》（中华人民共和国审计署令第11号）	1.XMGL-23-2-3-1 外部审计情况表； 2.XMGL-23-2-3-2 外审关注的重点内容	1.是否成立项目迎审工作领导小组，职责划分是否明确； 2.是否配备外部审计联络员； 3.是否及时进行外部审计自查自纠工作； 4.是否按审计整改方案进行整改； 5.是否积极配合外部审计，不拒绝、不拖延； 6.询问答复以及取证单、问题底稿签认前，是否履行审批手续； 7.是否及时掌握审计进度； 8.是否及时上报外部审计进展情况	做好外部审计配合工作，保障项目合法利益不受损，维护企业信誉

第二十四章　附则

1.手册的定位

《中国铁建项目管理手册》是规范项目管理活动的指导性文件，供各层级项目管理人员履职参考。综合篇是各类法规、规范、制度等标准化、表单化输出成果，不能代替现有法规、规范、制度的相关内容，与现行文件、制度相冲突时，以具体文件、制度为准。

2.手册的使用

《中国铁建项目管理手册》是企业内部文件，未经允许不得复制、赠送。人员离职时，将手册交回发放单位。

3.解释及修订

《中国铁建项目管理手册（综合篇）》由股份公司对口业务部门负责解释，使用过程中根据需要进行修订或改版，修订或改版工作由股份公司运营管理部负责组织实施。

附录1　业务管理流程图图例及业务全景图

业务管理流程图图例

序号	图例	说明
1	●	开始，表明流程的开始
2	○	结束，表明流程的终止
3	业务组件编号 组件名称	业务组件，蓝色为规划引导性组性（本手册为深绿色）
4	业务组件编号 组件名称	业务组件，绿色为管理控制性组件（本手册为浅绿色）
5	业务组件编号 组件名称	业务组件，粉色为操作执行性组件（本手册为中绿色）
6	业务组件编号 组件名称	业务组件，粉色为操作执行性组件，虚线框为清晰表达业务流向出现的重复业务组件
7	业务活动编号 活动名称	外部业务活动，根据业务划分原则，未划入本业务过程的活动，虽未划入，但是构成了当前业务流图的环节，参与当前业务流图工作
8	输出成果	业务组件或业务活动的输出的文件、表单，可只标识关键输出物
9	—— 注释 —→	箭线，一个箭头标明两个活动间的指向关系，两个箭头标明两个活动互相有输入输出，没有箭头标明两个活动间没有直接关系，只是为了业务流程的合理性而连接，箭线上的文字为注释
10	判断	判断框，多路分支，根据线上条件决定流程方向，至少有1个输入，至少有2个或以上输出
11	外部活动	不属于本项目管理流程范畴的活动，为了表示业务流程所必需的环节
12		体现管理理念的组件，统一用此红色虚线框标识，只在二级流程图（领域内，组件间流程）中体现

中国铁建项目

业务领域 21		项目投标	项目风险	项目策划	施工技术	安全生产	工程质量	工程进度	责任成本	项目合同	项目分包
管理层次	规划引导 4		明确风险管理职责与目标	优秀策划成果					成本数据维护		分包商准入
	管理控制 36		风险管控	项目策划	施工组织设计	安全生产管理机构设置及人员配备	工程质量管理体系建设	进度计划编制、分解	成本预控	承包合同订立	分包专项策划
			风险处置	新领域专项策划	技术方案		质量保证	进度过程检查、纠偏		分包合同评审	
					作业指导书		质量监督			分包合同签订	
							工程创优			变更索赔策划	
										变更索赔立项	
	操作执行 128	投标前工作	风险信息收集	风险实施过程管理	技术交底	安全责任生产制	质量验收管理	项目驻地建设	责任预算	承包合同履行	分包商选用
		投标业务工作	风险辨识、评估	风险策划后评价	施工过程技术管理	安全生产规章制度和操作规程	质量改进、责任追究	征迁协调	责任中心预算	承包合同终止	分包过程管控
		投标后工作			变更设计	安全教育培训	质量总结	临建工程	过程控制	承包合同交底	分包商评价
		中标项目交底			工程量管理	安全风险分级管控与隐患排查治理			成本核算与分析	收入确认	劳务用工实名制管理
					测量管理	危大工程安全管理			责任中心核算与分析	补充协议签订	分包商成本监控
					试验检测管理	危险作业安全管理			成本考核	分包合同履行	计价和结算
						分包商安全管理			责任中心考核	分包合同变更、转让和解除	分包支付
						施工现场安全标准化				合同纠纷处理	
						安全生产费				变更索赔专家督导	
						应急管理				变更索赔重点项目包保	
						事故管理				变更索赔报表及业务管理	
										变更索赔考核	
组件合计	168	4	5	5	9	12	7	5	9	17	9

注：业务全景图含168个组件。

管理业务全景图

项目物资	机械设备	项目财税	节能环保	科技创新	信息化	智慧工地	综合业务					党群工作	项目收尾	督察与审计	
物资策划	设备计划管理	财务策划	节能环保制度管理		软件正版化	建设审批				岗位绩效考核管理			预收尾		审计专项策划
	设备合同管理	预算管理	环境方案管理										纳入收尾及目标下达		
		资金管理											收尾项目及人员考核		
		决算管理													
物资计划	设备进场管理	费用管理	环境保护过程管理	科技研究开发	信息化基础设施建设及维护	建设申请	公文处理	项目法律联络员管理	评价工作专项策划	员工考勤管理	职业健康安全管理	组织建设	收尾人员管理	督察准备	内部审计管理
物资供应商管理	设备现场管理	税务管理	节能减排过程管理	工法	IT资产管理	功能确认	会议管理	纠纷案件管控	信用行为防控	薪酬审批发放管理		党群活动	收尾工程管理	督察配合	配合外部审计
物资采购	设备安全管理	会计核算	节能环保监测管理	专利	信息系统应用	建设实施	印章管理	项目合规工作	现场检查及评价信息跟踪			文化宣教	收尾经济管理	督察问题梳理	
现场物资管理	设备结算管理	收尾并账		成果转化	网路安全	运行维护	督查督办		信用评价考核及总结			权益维护	收尾财务管理	督察整改反馈	
周转材料管理	设备核算管理					建设评价	办公室用品管理					民主管理与监督	收尾其他事项管理		
民爆物品管理	设备退场管理						信访内保					考核评价与适用			
废旧物资处置							日常管理								
物资核算							档案工作								
物资内业管理															
10	8	8	5	4	5	6	19					6	8	7	

附录2　名词解释

“1234+”工程项目管理思路

公司项目管理要围绕“法人管项目”1种管控模式，紧盯“创誉、创效”2个目标，落实“制度化、标准化、流程化”3化要求，强化“专业化、工厂化、机械化、信息化”4项支撑，紧紧抓住重点人、重点事项、重点项目等若干重点工作，提高项目管理水平。

“1236”数字化转型思路

公司数字化转型要锚定打造“数字铁建、智慧铁建”1个目标，实施“畅通工程、升级工程”2大工程，做好“理念更新、动能变革、发展跨越”3篇文章，坚持“务实简约、价值导向、创新引领、统筹共建、协同合作、安全可控”6项原则。

“五必须、六不揽、七严禁”

“五必须”：项目跟踪承揽必须履行论证程序；对外承诺和降低承揽标准必须履行授权程序；项目投标必须履行决策程序；任务分配和参建单位选择必须履行审批程序；合同签署必须履行评审程序。

“六不揽”：明显亏损的项目不揽；业主资质、信誉不可靠、资金不到位的项目不揽；垫资金额或现金保证金金额较大、超过企业承受能力的项目不揽；工期、质量、安全、环保等存在重大不可控风险的项目不揽；投融资项目回购担保没保障、预期效益评估不达标的项目不揽；承揽过程或者方式存在经营失信风险的项目不揽。

“七严禁”：严禁以贿赂、私下交易、暗箱操作等违法方式承揽项目；严禁以支付大额中介费的方式通过中介机构承揽项目；严禁向其他单位或个人出借企业资质；严禁挂靠经营；严禁在经营工作中互相告状、恶意诋毁；严禁违规开支经营费用，必须严格执行相关财务制度和规定；严禁未经授权擅自使用企业印章或对外签订经济合同。

关键时点

受各种水文、气象、外部环境、营业线等因素影响，可能对工程安全、质量、进度、成本、履约等方面造成重大影响，这样的时间定义为关键时，处于这个时间的工程定义为关键点。如受汛期影响施工的部分桥梁工程，汛期时间段为关键时，该部分桥梁工程为关键点。习惯上把这类工程节点称为关键时点。

质量通病

指施工过程中经常发生的、普遍存在的一些工程质量问题。由于经常发生，犹如“多发病”“常见病”一样，因而称为质量通病。

质量事故

在生产经营活动中、质量保修期或建设工程主体结构设计年限内，因工程质量问题造成经济损失的，视为质量事故。

质量事故泛指在建设工程中，由于工程质量不合格或质量缺陷，而引发或造成确定的经济损失、工期延误或危及人的生命财产安全及社会正常秩序的大事。根据住房和城乡建设部相关规定，造成直接经济损失在规定金额以上的称为质量事故，不足规定金额的称为质量问题。

施工图工程量

依据建设单位提供的施工图及项目各类临时工程施工图计算的工程数量。施工图工程量包括主体工程量、变更设计工程量和临时工程量，是项目进行清单复核、编制责任预算工程量和技术交底工程量的依据，是项目与建设单位结算的主要依据。在施工图出图前，项目应认真研究与建设单位的合同条款、计量规则、中标清单工程量、招标图、设计方案、施工方案，向建设单位和设计单位提出合理化建议，使施工图设计更科学合理，施工图工程量更完善。铁路工程项目在施工过程中应根据与建设单位的合同条款、计量规则及时消化正负量差。

主体工程量即按照建设单位提供的施工图计算的工程数量。

变更设计工程量即按已批复的变更设计施工图及签证资料计算的工程量。

临时工程量即按照审批通过的临时工程方案、辅助措施方案及其施工图计算的工程量。包括大型临时设施和过渡工程、小型临时设施、辅助措施。

大型临时设施主要包括：引入便道、主线便道、引入供电设施、引入供水设施、制梁场、制板场、构件预制场、钢构加工场、拼装场、拌和站（含混凝土、沥青、混合料等）、临时电力、便桥、岔线、渡口、码头、临时站台、铺架基地、轨排生产基地、焊轨基地等，以及相关临时占地、复垦、构筑物、排水、防护、养护等工程。

小型临时设施主要包括：场内便道、驻地建设、试验室、材料库（场）、油库、炸药库、钢筋棚（场）、构件堆放场、场内给水与供电设施、隧道洞口临建工程（安全管理设施、高压风站、高山水池、变电站、沉淀池、值班房、机修车间）、临时通信及网络设施等，以及相关临时占地、复垦、构筑物、排水、防护、养护等工程。

辅助措施即直接为主体工程施工服务、保障主体工程实施，通过审批必须投入的辅助措施。主要包括：水上钢平台、钢板桩、钢围堰、筑岛围堰、跨线防护棚架、连续梁支架（含基础）、大型隔离设施、大体积混凝土冷却系统、人工挖孔桩护壁、水下承台混凝土封底、承台垫层等辅助措施。

责任预算工程量

由工程公司依据中标清单、施工图、项目策划书核定的用于编制项目责任成本的工程量。责任预算工程量是在主体工程施工图工程量的基础上充分考虑施工组织、施工总平面布置、临时工程方案、设计方案优化、施工方案优化、工程变更等因素进行编制的，是工程公司对项目进行内部管控的目标工程量，是工程公司与项目签订管理目标责任书的主要依据。

关键工序及特殊过程

关键工序指工艺复杂，质量容易波动，对工人技艺要求高或易发生质量通病，对工程的质量、性能、功能、寿命、可靠性及成本等有直接影响，对工程质量起决定性作用的工序。特殊过程指某一施工过程的输出（半成品或成品）不能由后续的测量或监控加以验证，或者只有在投入使用时问题才可能变得明显的施工过程。

科研项目管理

科研项目管理是指课题从项目申请、立项论证、组织实施、检查评估、验收鉴定、成果申报、科技推广、档案入卷的全程管理。

科研经费

科研经费是指项目在研究与开发过程中所发生的所有直接费用和间接费用。一般包括：人员费、设备费、能源材料费、试验外协费、技术引进费、差旅费、会议费、知识产权保护费、管理费和其他相关费用。

研究报告

研究报告是指将研究的内容以书面报告的形式反映客观事实的一种写作方式。它借助图片、表格、文字等形式来展现研究的过程、方法及研究得到的结果，主要包括理论知识和实践调查两部分内容。

关键技术

关键技术是指在一个系统、一个环节或一项技术领域中起到不可或缺的重要作用的技术，可以是技术点，也可以是对某个领域起到至关重要作用的知识。

关键技术鉴定

技术鉴定是由科技管理部门或主管生产的行政部门组织有关专家对关键技术成果的技术性能所做的评议和审定。鉴定等级包括国内先进、国内领先、国际先进及国际领先。

专利挖掘

专利挖掘是指在技术研发或产品开发中，对所取得的技术成果从技术和法律层面进行剖析、整理、拆分和筛选，从而确定用以申请专利的技术创新点和技术方案。简言之，专利挖掘就是从创新成果中提炼出具有专利申请和保护价值的技术创新点和方案。

分包商

指从事分包业务的分包单位，是被承包人接受的具有分包该工程资格的当事人，以及取得该当事人资格的合法继承人。

分包商资源库

指由集团公司建立的对分包商实行分类分级管理的资源库。资源库体现所有分包商队伍的资质资格、管理层资格能力、装备能力、办公场所、年施工能力、已完及在建工程专业类别与特点、产值、结算金额、各项目评价结果（季度、半年、年度、终评结果及等级）、已完工结算情况，实现新引入和在用分包商信息共享功能，为各单位和管理者提供可靠、详细、准确的分包资源。

对下计价

指对分包单位计价，包括集团公司工程项目部对分部（含工区）和工程公司项目部对分包商计价。

劳务用工实名制

是指通过单位和施工现场对签订劳动合同的劳务用工人员按真实身份信息对其从业记录、培训情况、职业技能、工作水平和权益保障等进行综合管理的制度。劳务用工实名制台账应包含劳务用工人员基本信息、从业记录、职业技能培训与鉴定管理、劳务用工变动状态监控、投诉处理、不良行为记录、诚信评价、统计分析等。

变更索赔

依据合同条款、相关法律和文件政策，对合同外工程、施工图量差、价差和非施工单位责任所造成的各种损失，凭相关证据，有目的、有针对性地开展设计变更、合同变更、材料调差、政策性费用调整、索赔（费用、工期）等活动，实现项目创收。

对上计价

指对建设单位计价，包括集团公司工程项目部（含直/托管项目）对建设单位计价、工程公司项目部对建设单位计价。

分部对上计价

工程公司分部对集团公司工程项目部计价。

成本数据库

收集和积累项目管理实施过程中的成本数据，形成各项成本指标及技术经济指标，逐步完善企业费用定额和价格体系，指导项目成本管理工作。

项目责任成本预算

项目完成预算内所有工作量所对应的各项成本费用支出总和，包括工、料、机、其他直接费等直接成本预算、现场管理费预算以及各项税费预算等。

“两金”

“两金”是指应收账款（含质保金）+存货（不含土地储备、已销售未结转商品房存货）+合同资产+其他应收款（不含应收利息、股利）+一年内到期的非流动资产+长期应收款。

收尾并账“四个集中统一”原则

收尾并账“四个集中统一”原则是指财务收支与核算集中统一纳入上级（法人）单位，资金审批权限集中统一上收至上级（法人）单位，各类公章、印鉴集中统一交由上级（法人）单位管理，项目债权债务集中统一纳入上级（法人）单位清收清欠管理范围。

审计的概念与分类

审计是由国家授权或接受委托的专职机构和人员，依照国家法规、审计准则和会计理论，运用专门的方法，对被审计单位的财政、财务收支、经营管理活动及其相关资料的真实性、正确性、合规性、合法性、效益性进行审查和监督，评价经济责任，鉴证经济业务，用以维护财经法纪、改善经营管理、提高经济效益的一项具有独立性的经济监督活动。

按审计主体分类，审计可分为政府审计、独立审计和内部审计三种。政府审计在我国一般称为国家审计，国家审计的主体是政府审计机关（包含国家审计署、地方政府审计机关等）；独立审计（称为民间审计）的主体是中介机构（包含会计师事务所、工程造价咨询公司等）；内部审计的主体是企业的审计部门。

工程项目审计

工程项目审计包含工程项目内部审计和工程项目外部审计等。

工程项目内部审计是指内部审计机构对承包项目的内部控制、财务收支、风险管理、经营效益等方面的监督和评价。按照项目施工节点，划分前期审计、中期审计和后期审计。

工程项目外部审计的主要类型有财务收支审计、过程规范性管理审计、投资审计、工程结算审计等。在建项目主要应对的是施工过程中的财务收支审计、过程规范性管理审计和投资审计；收尾项目主要应对工程结算审计。

四项法律审核

是指规章制度法律审核，经济合同法律审核，重大决策法律审核，授权委托书法律审核。

合作方警示名录

是指股份公司法律合规部将严重失信的合作方列入股份公司警示名录，向全系统内部公布，实施合作约束、联合防控。

“1+9”合规管理制度

指股份公司2019年发布的《合规管理工作总则》以及《合规行为准则》《投标合规管理实施细则》《第三方尽职调查实施细则》《采购合规管理实施细则》《合同合规管理实施细则》《现金支付合规管理实施细则》《业务招待合规管理实施细则》《捐赠赞助合规管理实施细则》《合规官管理实施细则》等10项管理制度。

清收清欠

清收是指与已发生成本（含支出）相对应收入的确权工作，包含工程项目已投入未确权资产对应的营业收入，BT项目长期应收资产对应的营业收入和投资收益，基于销售合同存货对应的营业收入。

清欠是指各项已确认债权的回收变现工作，包含业主尚未支付的工程预付款、材料预付款、工程进度款等款项，业主应返还的投标保证金、履约保证金、诚信保证金、质量保证金等款项，BT项目业主尚未支付的回购资金及利息，基于销售合同购买方尚未支付的预付款、结算款及其他各类已确权的应收款项。

清收确权

清收确权即工程项目验工计价，是对施工建设过程中已完合格工程数量或工作进行验收、计量核对验收、计量的工程数量或工作进行计价活动的总称。

预收尾

指为预防项目带病进入收尾阶段，结合项目施工进展（工程完工不低于合同的85%），适时提前介入梳理项目收尾工作事项并督导落实，直至项目正式纳入收尾管理的阶段。

风险

对建设工程项目管理而言，风险是指可能出现的影响项目目标实现的不确定因素。

项目风险管理

项目风险管理是指项目经理部围绕战略及经营目标，明确风险管理目标，确定风险偏好，搭建风险管理框架，建立风险评估及管理机制，在经营管理各个环节落实风险管理要求，实现全流程风险有效管控，逐步提升全员风险意识，培育风险管理文化，从而为实现风险管理总体目标提供合理保证的过程和方法。

项目风险管理三道防线

在项目风险管理中一线作业人员为第一道防线，业务部门为第二道防线，领导班子为第三道防线。

风险偏好

风险偏好是指项目经理部为了实现管理目标，在承受风险的种类、大小等方面的基本态度。

风险承受度

风险承受度是指项目经理部能够承担的风险限度，也是项目经理部风险偏好的边界。

安全生产

指项目经理部为避免人员伤害和财产损失，采取相应的事故预防和控制措施，使生产过程在符合规定的条件下进行，以保证从业人员的人身安全与健康，设备和设施免受损坏，环境免遭破坏，保证生产经营活动顺利进行的相关活动。

安全生产标准化

指项目经理部为落实安全生产主体责任，通过全员全过程参与，建立并保持安全生产管理体系，全面管控生产经营活动各环节的安全生产与职业卫生工作，实现安全健康管理系统化、岗位操作行为规范化、设备设施本质安全化、作业环境器具定置化，并持续改进。

安全生产操作规程

指根据物料性质、工艺流程、作业活动、设备使用和自动控制等要求而制订的安全生产作业要求和实施程序所作的规定。主要包括：安全技术知识、注意事项、个体防护用品配备要求、异常情况处置措施和设备检维修等。

风险分级管控

指按照风险不同级别、所需管控资源、管控能力、管控措施复杂及难易程度等因素而确定不同管控层级的风险管控方式。

隐患排查治理

指生产经营单位开展隐患辨识、评价、消除、整改、监控等活动和措施，使生产设备设施或场所的事故风险处于可接受水平的活动和过程。

危大工程

指在施工过程中容易导致人员群死群伤，或者造成重大经济损失的分部分项工程。

安全许可

指为了严格规范安全生产条件，进一步加强安全生产监督管理，防止和减少生产安全事故，对危险作业、特种设备、营区驻地、危爆物品使用等进行安全生产条件检查，检查合格后颁发安全生产许可证，方可再进行施工生产。

应急预案

针对可能发生的事故，为最大程度减少事故损害而预先制订的应急准备工作方案。

生产安全事故

指生产经营活动中发生的造成人身伤亡或者直接经济损失的生产安全事故。生产经营活动，是指在工作时间和工作场所，为实现某种生产、建设或者经营目的而进行的活动，包括与工作有关的预备性或者收尾性活动。

经济“大监督”

经济“大监督”是在党委统一领导下，整合职能监督和专职监督资源，审计监督部门归口牵头，对企业经营管理及投资等经济活动进行全方位、全过程和全覆盖的监督。

职能监督包括负有经济管理责任的相关部门履行在经济管理职责内的监督主体责任，强化对重点领域和关键环节、关键岗位的全程实时监督，以及落实部门发现问题的整改工作，充分发挥职能监督的源头基础作用。专职监督包括审计、巡察、纪委监督等，履行各自监督职责，突出专职监督工作重点，提高专职监督质量和实效，督促监督过程中发现问题的整改工作，充分发挥专职监督的保障促进作用。

附录3 项目管理岗位职责

项目管理岗位职责定义表

序号	岗位名称	岗位职责	备注
1	项目经理	1.遵守国家、地方和有关行业的法律、法规、政策和标准，贯彻执行集团公司（工程公司）的各项规章制度，受公司的授权委托对项目实施全面管理，代表公司全面履行对业主的合同承诺，是工程安全、质量、进度、成本、环保管理的第一责任人；严格履行与公司签订的“管理目标责任书”，带领项目部员工实现各项目标，接受集团公司（工程公司）的监督检查； 2.建立健全的项目管理体系，完善项目生产、技术、物资、设备、安全、质量、环保、财务、经济等各项管理制度、办法、规定，完善人员岗位职责，实施有效管理； 3.组织编制施工组织设计并实施，组织“项目策划书”的编制、调整、项目策划后评价报告的编制上报工作，贯彻执行“项目策划书”，定期进行检查、分析和纠偏； 4.做好分包队伍、设备租赁、材料采购合格供方的评价、选择与合同评审工作，组织协调分包队伍、设备、材料进场，对项目各类生产要素进行优化配置和动态管理；积极推广新工艺、新技术、新材料和新设备的应用； 5.主持编制项目各项预算，加强合同管理和成本控制，开源节流，做好变更索赔工作，提高项目的创效能力；组织编制项目收入和内部成本控制目标，按月组织验工计价，按期组织项目经济运行分析；审批项目内部考核责任目标、考核方案、考核结果，协调解决绩效考核实施过程中遇到的重大问题； 6.组织做好物资需求总计划、月度物资需求计划、临时工程物资需求计划、物资资金预算计划的审批工作，制订材料采购方案并实施，确保采购过程公开、公平、公正和诚实信用； 7.督促项目物资部做好物资现场管理，每月定期组织召开材料节超分析会，严格控制物资消耗成本，及时做好物资结算工作； 8.审核设备责任预算、设备资金预算、临电施工组织设计、设备各类申请、计划和评价，组织设备招标采购、租赁，督促设备现场管理，及时做好设备结算，组织轨道运输设备安全检查； 9.审批项目财务策划方案、财务预算、资金预算、资金计划、资金支付，审批各类成本入账及报销费用，审批各项税费核定、计提、缴纳；是项目财务状况分析工作的第一责任人，定期组织召开项目决算会议，研究布置整改方案，对项目财务分析数据的真实性、准确性负责； 10.组织落实施工现场质量管理、标准化工地建设，确保施工现场质量处于受控状态，避免不良行为的发生；每月组织召开质量专题会，分析当月的质量指标偏差及原因，制订对策，查找质量管理方面存在的问题和不足、质量隐患、质量通病，明确整改责任人，制订预防措施，明确下月的质量管理工作重点。每月进行质量评比考核并通报； 11.采取措施确保项目安全管理体系和应急管理体系的正常运行，强化安全管理，提高风险防范意识，组织进行本项目危险源二次辨识和风险评价，对重大危险源制订控制措施或管理方案，降低风险，确保项目安全生产； 12.组织与项目各部室、各级管理人员、分包商签订安全包保责任状，实施考核与奖罚；现场带班检查，加强对重点部位、关键环节的控制，及时纠正违章行为并严肃处理，及时消除隐患；每月定期主持召开的安全生产例会，研究施工中存在的问题及措施； 13.组织进行环境因素识别，对重要环境因素制订控制措施或管理方案，定期进行污染物排放检测，抓好环境保护及文明施工； 14.组织项目参建人员的全方位教育培训，确保人员素质、技能符合工程建设要求； 15.建立健全应急响应体系，完善安全、环境、舆情处置应急预案，组织项目现场应急演练；现场发生险情时按响应程序组织响应处置，直至险情处置结束； 16.抓好内业资料台账管理，保证各种文件、资料、数据等信息真实准确，组织做好项目工程的竣工资料编制和交验工作；	

续表

序号	岗位名称	岗位职责	备注
1	项目经理	17.组织贯标工作，执行公司管理手册、程序文件的规定，及时处理施工过程中（以及保修期内）所发现的各种质量缺陷，满足顾客需求； 18.主持项目收尾全面工作，组织编制“项目收尾管理工作方案”“项目收尾管理成本费用开支预算”“收尾项目定员定责审批表”“收尾管理主要内容时间节点目标表”，与公司签订收尾工程项目责任书并实施；组织完成工程结算、债权债务清理以及资源交接等工作，接受公司的考核和审计；组织项目人员配合建设单位完成专项验收、交工验收、工程及设施移交； 19.加强与业主、设计、监理、地方政府、分包商和供应商的沟通和联系，确保企业信用评价良好，相关方满意； 20.每月编制“项目经理月度报告”上报公司	
2	项目党支部书记、纪工委书记	1.负责贯彻执行党中央与上级党委的决议、决定，负责项目部党工委（支部）工作的计划安排和督促落实；健全党的组织，建立完善和贯彻落实党建制度；围绕项目生产经营做好党员教育管理和党员发展工作，不断加强与发挥党组织的战斗堡垒和党员的先锋模范作用； 2.负责项目部领导班子思想作风建设，健全和落实民主集中制等制度，积极开展争创“四好”领导班子、先进基层党组织、优秀共产党员活动；积极开展党内“创先争优”“创岗建区”等党员专题活动； 3.项目部党风廉政建设第一责任人，对“一岗双责”和“两个责任”的落实承担全面责任、直接责任、首要责任；贯彻落实党中央和上级党组织关于党风廉政建设的决议、决定和指示； 4.负责落实项目思想政治工作，定期分析队伍思想动态，适时开展各类政治教育、普法教育和施工生产动员；抓好项目文化建设、精神文明建设、安全文明标准工地建设，抓好对内对外宣传和现场宣传鼓动； 5.领导和支持工会、共青团工作，积极开展劳动竞赛、青年突击队等主题活动，充分调动员工积极性，增强队伍凝聚力、战斗力。加强干部和员工管理，强化综合治理，做好内外联络、行政事务和后勤保障等工作，确保队伍稳定； 6.抓好路地共建活动，密切与地方、业主以及驻地民众的关系，加强分包队伍教育，为工程建设创造良好的外部环境； 7.参与项目策划工作，促进项目策划实施目标的落实； 8.参与项目部“三重一大”集体决策，参与项目生产、进度、物资、设备、质量、安全、环保、成本（是否全）管理，对各类合同评审、各项预算、资金计划、资金支付、结算、报账进行会签； 9.负责项目管理层与员工之间的沟通协调，保障项目行政指挥系统政令畅通，步调一致。项目经理不在位时，主持项目全面工作； 10.负责建立失信失察防范机制，并对全体员工进行守法、守信、依法合规意识的教育，及时处理相关问题，防止出现上访、妨碍社会治安等不良及违法行为；安排专人定期到相关网站查询失信失察行为社会公布情况； 11.职责贯彻执行党中央、中央纪委的路线、方针、政策以及上级党组织的规章制度、指示、决定；协助项目党工委（支部）书记全面落实党风廉政建设责任制，开展好本项目的纪律检查日常工作；对项目部党员干部、职工群众进行党风、党纪、党性等廉政教育和廉洁从业教育，提高遵纪守法和廉洁从业意识； 12.检查项目及下属单位党组织和党员违纪违规的苗头和情形，受理项目党员干部、职工群众以及劳务人员在党风党纪和廉洁从业等方面的检举、控告、申诉和建议，在权限范围内进行处置，或者报告上级纪委查处，协助上级纪委和监察部门搞好案件调查与纪律审查工作； 13.负责对同级领导班子成员的监督和检查，防止腐败行为发生； 14.负责贯彻落实“三重一大”集体决策制度，对项目生产经营工作进行监督，参与分包商选择、合同签订、大宗物资招标采购、机械设备租赁、验工计价、安全质量管理及资金使用管理等重大事项决策的监督；配合上级开展巡察工作； 15.负责加强同驻地人民检察院（或监察委）的沟通联系，积极开展“共防共建”活动，搭建预防职务犯罪、促进廉洁从业的有效平台，为工程项目运作营造健康的内部外部环境； 16.负责抓好项目党风廉政宣传教育和廉洁文化创建工作，营造崇廉尚廉良好氛围	兼职岗位

续表

序号	岗位名称	岗位职责	备注
3	生产副经理	1.协助项目经理对项目实施全面管理，对管段内的工程质量、安全、环境、工期、成本和文明施工等负主要管理责任； 2.负责分管范围内工程的生产组织管理工作，落实执行施工组织设计和施工方案，做好生产要素的调配和管理，协助项目经理对工程质量、安全、环境、工期、成本和文明施工等实施有效监督、协调、管理，做好施工过程的组织协调和生产资源调配工作，确保各项目标任务的完成； 3.负责施工现场内外部关系和突发事件的协调和处理，负责相关方联系和沟通； 4.组织召开管段内的生产调度会，分析施工生产情况，落实项目部各项会议决定； 5.负责现场施工日常监督指导及分包商的监督管理工作，定期组织检查项目的安全、质量、进度、文明施工，搞好评比奖惩； 6.对安全、质量等事故及事故隐患组织调查分析，研究处理并及时上报； 7.负责对工程质量控制、职业健康安全管理和环境保护的监督指导工作； 8.负责施工现场大型机械设备使用和维修保养的协调指导	
4	总工程师	1.贯彻执行国家、行业、集团公司等上级单位在用有效的技术标准、规程、规范； 2.全面负责项目技术（含测量试验）管理工作。负责项目技术管理体系建设并确保体系有效运行；全面落实各项技术管理制度，定期全面检查项目技术管理工作并纠偏。重点抓人员培训、方案编制、技术交底、现场指导、资料整理； 3.参与由业主、监理、设计、施工方面参加的图纸会审或技术交底并形成记录和纪要； 4.组织项目施工现场调查，主持编写“项目策划书”“实施性施工组织设计”“项目后评价报告”“施工方案”“专项技术方案”“施工进度计划”“作业指导书”等，并按程序组织评审、报批； 5.组织项目相关部门研究施工合同、审核设计文件、寻找有利的变更设计突破点提出优化设计方案、策划重大变更设计方案； 6.协助项目经理及生产副经理推行标准化管理、标准化作业，建设标准化工地；参与制订项目工期、质量、安全等各项施工管理保证措施和考核办法； 7.主持项目科技攻关工作。根据项目技术特点选择合适的科研课题，做好科技立项、组织技术攻关、解决现场施工技术难题、积极总结成果并申报；负责对“四新”成果的推广运用；负责研发费用的计划编制、费用归集、列支审核等； 8.负责项目工程量管理。组织项目工程部根据项目具体情况对施工设计图工程量、材料理论用量进行全面复核，并分解成满足各业务部使用需求的管控单元；组织建立各类工程量台账； 9.负责技术序列（工程部、技术部、测量队、试验室）人员管理，定期组织对项目技术人员进行绩效考核评价，参与分管部门的考核； 10.协调项目部与业主、设计、监理单位等工作关系；协调项目部技术序列与其他序列工作关系； 11.参与分包商管理；配合项目经理组织项目验工计价；负责对验工计价工程数量审核工作；参与项目经济活动分析；参与项目物资设备管理工作；参与项目质量、安全、环境保护等管理工作； 12.负责制订项目收尾阶段剩余工程施工方案、临时用地复垦、取（弃）土场整治、环保整治方案并组织实施； 13.组织竣工资料培训、整理、组卷、归档、移交等管理工作； 14.参与配合建设单位完成专项验收及专项验收问题的整治工作；制订单位工程验收质量问题整改方案并组织实施；参与组织交工验收及工程实体移交，负责对交工验收提出的问题制订整改方案并实施	
5	安全总监	1.参与建立健全项目安全、环保管理体系，组织制订项目安全管理规章制度和安全操作规程。组织制订环境保护办法和环境管理方案； 2.组织对项目危险源辨识、评价，并制订措施对风险进行控制； 3.组织开展安全、环境保护检查活动，落实安全预防整改措施和环保整改措施，并组织安全、环保目标考核； 4.组织对项目员工进行安全、环保教育培训；	

续表

序号	岗位名称	岗位职责	备注
5	安全总监	5.审核项目安全生产费用使用计划，监督安全、环境费用投入的有效实施； 6.组织编制应急预案，并组织应急演练、评价和改进工作； 7.组织安全标准化工地建设活动； 8.组织召开每月定期安全生产例会，研究施工中存在的问题及解决措施； 9.加强对重点部位、关键环节的控制，及时消除隐患； 10.督促班组班前活动的开展与领导带班制度的落实； 11.参与项目策划管理活动及现场重难点工程安全专项方案编制并监督方案执行情况； 12.参与生产安全事故的调查处理	
6	工程技术部部长	1.在项目总工领导下开展技术管理工作。执行工程项目所要求的技术规范、标准，执行业主、监理、集团公司等上级单位有关制度、办法等； 2.参与项目策划，设计文件审核，编制技术策划书；参与项目策划后评价，编制项目技术策划后评价及技术总结； 3.参加建设单位组织的建设、监理、设计、施工多方参与的图纸会审、设计交底等技术会议活动； 4.负责编制临时工程施工方案、工程专项技术方案及相应的施工技术措施； 5.编制技术交底书，参与编制作业指导书； 6.配合总工程师做好变更设计、方案优化、变更索赔、二次经营等工作，并收集和整理相关资料； 7.开展日常技术检查和技术巡查，对具体业务工作进行指导、监督，落实技术交底； 8.编制、实施技术培训计划，开展项目工前、岗前、日常技术培训及交底工作； 9.组织项目科技创新工作，落实“四新成果”的应用，完成公司的科技开发任务； 10.参与项目所发生的工程安全、质量事故的调查和处置，配合制订相应的纠正和预防措施； 11.负责收集整理技术文件，编制竣工资料； 12.参与项目策划工作，编制施工调查报告、总体施工方案。参与项目策划后评价工作； 13.参与编制实施性施工组织总设计，负责编制单位工程施工组织设计。编制单位工程进度计划、资源配置计划； 14.负责编制项目WBS工序分解，计算施工图数量。参与工程量分劈，配合公司完成责任预算数量的编制。编制技术交底量、材料理论用量； 15.参与验工计价。负责工程量验收及现场签证，进行工程量节超分析； 16.编制“作业指导书”。按照施工方案、技术交底的要求，对作业班组进行培训。落实施工方案、技术交底，进行关键工序及特殊过程、工艺工装现场管理； 17.参与项目所发生的工程安全、质量事故的调查和处置，配合制订相应的纠正和预防措施	
7	专业工程师/技术员	1.在总工程师/工程技术部长/工区技术负责人的指导下工作，负责相关专业技术管理工作； 2.熟悉并掌握设计图纸、施工规范、规程、质量标准和施工工艺。参与专项施工方案的编制，复核技术交底。按施工组织设计、专项施工方案、技术交底、作业指导书和相关规范进行施工技术管理； 3.对作业班组进行技术交底，实施技术-测量交底，对作业人员进行技术培训，监督指导实际操作。检查作业班组的施工过程，制止违反施工程序和施工规范的行为。施工过程中遇到技术问题及时向工区技术负责人或上级反馈、汇报，配合做好相关技术管理工作； 4.编制施工记录、施工日志； 5.计算分包商验收工程量，编制工程验收单	数量视项目规模而定
8	技术资料员	1.在工程技术部长指导下开展技术资料管理工作； 2.工程开工前，对竣工资料进行预立卷，列出项目所需的技术资料清单、套数，备齐所需的有关表格，下发给相关部门和有关人员； 3.管理项目所有设计图纸、规范、标准及施工过程中的各种技术资料、工程档案。确保所有工程资料完整、查问方便；	

续表

序号	岗位名称	岗位职责	备注
8	技术资料员	4.协助有关部门和人员填写技术相关的表格和资料； 5.对本部门技术相关资料及文件进行保管、签收、发放，并按相关要求对文件进行有效控制； 6.对部室办公用品进行管理、发放，负责打印机的日常维护； 7.对竣工资料进行组卷和整理	
9	算量工程师	1.在项目总工程师、工程部部长的领导下开展工程量管理工作； 2.参与WBS工序分解； 3.对施工图工程量（含临时及施工措施工程量）进行计算、复核； 4.对变更设计及二次经营相关工程数量进行计算、复核； 5.参与工程数量管理业务交底，负责工程数量台账管理； 6.复核分包商验收合格工程数量； 7.参与项目工程量节超分析	
10	测量队队长	1.在项目总工程师领导下开展工作，负责项目全面的测量管理工作，执行行业规范、规程以及集团公司、工程公司技术、测量管理办法制度，建立健全项目测量管理体系并实施； 2.根据设计文件、施工组织设计和施工进度安排，制订项目施工测量方案。制订测量技术保障措施，跟踪落实测量人员和仪器设备到位情况； 3.参与交接桩、控制网复测。组织加密控制网选点、布网，埋设测量桩点和测量标志，进行控制测量； 4.负责实施测量-技术交底，负责向专业工程师及施工班组进行现场测量交底，负责对工程结构物细部、关键工序几何尺寸进行复核； 5.按照规范组织实施工程测量定位、护桩设置及日常施工放样，并做好记录；落实换手复核制度，保证测量记录及计算准确无误；对委托外部实施测量的结构物、测量基准进行复核、检查； 6.按规范要求进行施工监测，及时进行监测数据分析，并按照预警等级及时上报，出现预警提示时应按监控量测实施细则启动预案； 7.负责测量计算成果的初审复核工作，审核计算数据和测量记录，确保起算数据和测量过程的准确性，并对测量成果负责； 8.负责组织测量原始记录的收集整理，内业资料完善并复核确认无误；按照规定及时上报测量报表； 9.组织项目竣工测量工作，协助竣工文件的编制、收集、整理，协助编写竣工技术总结； 10.参与编制测量仪器预算、测量队预算，负责编制测量队资金计划、测量费用付款申请，提交给财务部复核； 11.配合总工开展教育培训，负责对测量人员的技术培训，确保测量人员正确操作各类测量仪器，不断提高全体测量人员的技术水平	
11	测量员	1.在测量队长、测量班长的指导下开展工作； 2.学习和校核图纸，了解现场控制点桩位，正确使用测量桩位、坐标成果； 3.按照测量交底，实施测量放样；实行换手测量程序；及时整理完善复核、测量记录等测量资料； 4.准确地控制现场测设标高；负责垂直观测、沉降观测，并记录整理观测结果（数据和曲线要素表）； 5.落实换手复核制度，对外业测量采集数据正确性负责； 6.负责测量仪器日常使用、维护、保养、自检，确保仪器正常使用，发现仪器异常及时送检	数量视项目规模而定
12	安全质量部部长	1.参与建立健全项目安全管理体系，参与制订项目安全管理规章制度和安全操作规程； 2.组织项目各部室、各班组签订安全包保责任状并参与实施考核； 3.组织分包安全协议编制、评审、签订并存档； 4.参与项目危险源辨识、评价，公示，并及时进行动态更新； 5.制订安全培训计划，组织对项目员工、施工作业人员进行安全培训，考核； 6.组织实施项目安全许可制度，对危险性较大分部分项工程及施工现场易发生重大事故的部位、环节进行检查； 7.组织对工区（管理队）进行安全交底并监督交底的落实；	

续表

序号	岗位名称	岗位职责	备注
12	安全质量部部长	8.参加安全检查活动，监督落实安全预防整改措施；参与安全考核、评比活动；并及时建立安全隐患问题库； 9.编制项目安全生产费用使用计划，监督安全费用投入的有效实施； 10.负责现场安全标志标牌、安全防护管理并建立台账； 11.负责与铁路路局、站段等单位签订营业线安全协议及施工培训取证； 12.督促检查班前活动与领导带班制度的落实； 13.协助参与相关方安全管理工作；督促检查危爆物品、机械设备的安全管理； 14.参与编制应急预案，并实施应急演练、评价和改进工作； 15.参与项目策划管理活动，参与项目后评价报告编制； 16.配合生产安全事故的调查处理； 17.负责质量监督部质量监督管理工作； 18.落实质量策划工作内容，负责项目质量体系运行和各项质量管理制度的落实工作，落实创优计划和质量保证措施； 19.主持参建员工的质量培训工作，编制QC小组成果，收集优质工程过程资料并上报； 20.监督落实“三检”制度、班组长安全质量责任制度及旁站制度，开展质量预控活动，组织项目各班组签订班组长工序质量承诺书； 21.在总工程师领导下，对现场施工质量进行监督、检查、指导、管理工作。及时发现和处理施工中出现的质量问题。建立质量管理台账。发生质量事故时配合事故调查，并提交书面报告； 22.接受建设、监理、设计单位等有关指令并组织落实。对质量监督机构、建设、监理、设计单位提出的质量问题，分析原因、制订措施并监督实施整改； 23.参与工程质量分析会，讲评质量状况，实施预防和纠偏措施。每月汇总质量较差分包商统计表； 24.参与分项、分部、单位工程的质量验收。开展施工质量自查，根据质量自检报告，下发质量整改通知书，并督促分包商及时整改； 25.负责信用评价管理资料的收集，定期上报信用评价一览表、铁路管理红线统计表等报表，上报时间满足公司或集团公司时间节点要求； 26.负责编制部门预算计划，付款申请、费用审核，提交财务部审核汇总，完成全面预算编制； 27.参加项目物资采购领导小组，督促项目物资部、试验室做好材料质量情况考察。并督促项目物资部对已进场质量不达标的物资，制订科学的处置方案； 28.抓好质量成本控制。控制过程质量，优化质量整改方案，避免或减少返工等造成的费用支出； 29.参与安全应急演练及应急响应等相关活动； 30.参与项目策划管理及项目后评价管理； 31.组织环境保护办法编制，环保目标、环保措施制订； 32.组织项目环境因素识别，评价，对重要环境因素制订控制措施或管理方案； 33.组织环境保护检查，落实环保预防措施，监督落实环境隐患整改； 34.组织环保知识培训，督促班组开展班前环境教育活动； 35.参与编制环境应急预案及参与处置响应	
13	安全工程师/安全员	1.协助参与相关方安全管理工作； 2.参与建立健全项目安全管理体系，参与制订项目安全管理规章制度、安全生产责任制和安全技术操作规程； 3.对已辨识的项目危险源、风险进行公示、公告，并进行动态更新管理； 4.参与组织项目应急预案编制、培训及演练，参与应急响应活动； 5.协助部长执行安全许可制度； 6.对施工班组进行单位工程、分项分部工程开工前的安全交底； 7.参加安全隐患排查活动，落实安全预防措施，制止“三违”现象，监督落实安全技术方案和安全隐患整改到位，并及时建立安全隐患问题库（台账）。参与各项安全考核、评比活动； 8.参与对项目管理人员、施工作业人员的安全教育培训，并考核合格上岗； 9.协助与路局站段单位营业线安全协议的签订及营业线培训取证； 10.协助安全环保部长完成对项目各部室、各班组安全包保责任状签订并考核。起草与分包队伍安全协议并组织评审，签订并存档； 11.督促检查班前活动、领导带班制度的落实； 12.协助编制安全生产费使用计划并保证足额投入使用； 13.协助对现场安全标志标牌、安全防护用品的购买、保管、发放管理工作	

续表

序号	岗位名称	岗位职责	备注
14	质检工程师/质检员	1.开展班组的质量教育培训。收集整理QC小组活动及创优工程的过程资料收集整理； 2.落实标准化建设、首件及样板工程等其他质量工作； 3.落实工序“三检”制，进行“质检工程师”检查，验收合格方可同意转序； 4.指导检查施工质量，对重难点工程、关键工序及隐蔽工程全过程进行旁站，避免质量问题发生； 5.记录施工队伍质量行为，留存影像资料，每月向质量部长提供分包商相关工程质量信息； 6.参与验工计价前的质量验收； 7.参加项目部每月质量综合大检查和质量例会，针对检查出的问题，负责现场督促、整改并验收； 8.参加工程质量事故的调查、分析和处理。对质量事故直接责任者及违反操作规程、隐瞒质量事故的人员、班组，及时提出处理建议	
15	环保工程师/环保员	1.参与环境因素辨识、评价和环境管理方案编制； 2.参与环保培训，督促班组班前活动进行环境保护教育； 3.参与环境保护检查，落实环保预防措施，监督环境隐患整改落实	
16	设备物资部部长	1.贯彻执行上级设备管理的方针、政策、制度、规定，结合项目管理模式和现场实际情况，建立完善项目设备管理体系、设备（车辆）管理制度、临电管理制度等，并督促落实； 2.参与项目策划，对项目设备生产资源配置提出建议，协助公司策划组编制项目设备策划，生产过程中，严格按照项目策划落实； 3.根据项目策划、施工组织设计、专项方案，编制临电施工组织设计，统筹设备配置，经济比选设备配置方案（调配、租赁或混合供应模式），按照生产进度计划，编制设备需求计划，组织设备进场； 4.负责设备安装验收，临电安装验收，分包商设备进场验收，设备及人员资质的审核； 5.负责设备维修，加强设备的管控、调配，确保设备利用率； 6.负责项目租赁设备和用电价格调查，负责电工电料等相关物料的询价，负责设备业务税票情况调查；参与组织设备租赁、购置招标，及时完成设备业务合同签订； 7.负责设备供应商初评，定期组织对设备供应商进行后评价；配合合同部门在分包商引进和信用评价时，对分包商自带设备情况进行评价； 8.负责设备成本核算，定期进行单机核算，开展设备经济活动分析，形成设备成本分析表，编制设备费用扣款单、水电费扣款单，并提交合同部门审核、扣款； 9.负责自有设备鉴定和设备材料的处置； 10.配合质量总监（或总工程师）进行设备相关的标准化建设，满足工装的质量要求； 11.参加项目安全教育培训计划的编制与实施，负责设备操作及配合人员安全交底、安全教育培训、设备安全检查； 12.参加建立健全项目安全管理体系、参加编制项目安全技术操作规程、参加制订轨道运输安全管理规定；参加安全生产费计划编制与投入使用管理；参加安全生产全例会、专题会； 13.参与项目组织的安全许可的验收，完善对特种设备验收的签字手续；参与建立安全隐患问题库（台账），安全隐患排查活动，督促整改措施落实，制止“三违”现象；参与各项安全考核、评比活动； 14.参加应急预案编制，应急演练及应急响应活动； 15.参与项目环境因素辨识、评价和环境管理方案编制审批；参加环保培训；参与环境保护检查，监督设备领域隐患整改；参加环境应急演练和响应、评价和改进工作； 16.负责设备部门费用审核；明确设备周转材料的摊销标准；负责固资设备折旧、项目周转材料摊销、设备租赁费、水电费等成本数据统计的准确性和入账的及时性；对未入账费用、已入账费用、已付款情况等数据，与业务关联部门定期核对； 17.负责设备业务发票接收和校验、对发票真实性和合规性负责；负责编制设备资金付款计划，提交付款申请至财务部门审核汇总；配合财务部门编制建造合同确认表； 18.按计划组织设备退场；参与项目后评价报告编制，对比策划实施目标及结果，总结经验； 19.贯彻落实上级有关物资管理规章制度，结合项目实际制订本项目物资管理实施细则；负责项目物资管理的全面工作；	

续表

序号	岗位名称	岗位职责	备注
16	设备物资部部长	20.负责项目物资管理人员的职责分工和业务培训，组织项目物资管理各项工作的开展，督促物资工作的落实情况； 21.参与项目策划管理活动，编制项目物资策划，负责项目物资资源配置，采取有效措施实现策划目标；参与项目后评价报告编制，对比策划实施目标及结果，总结经验； 22.负责项目物资市场调查分析，掌握物资价格信息;参与项目内部责任成本预算编制、评审及成本经验数据收集，提供材料调查价格及合同价格； 23.根据生产进度计划编制物资需求计划，确保计划落实，保障现场物资供应； 24.负责本项目供应商的调查、评价、报批，发布项目“合格供应商名册”，并报送上级物资部门； 25.按规定参与本项目的物资招标采购、竞争性谈判，协助上级业务部门编制招标文件。组织本项目采购权限范围内的询价采购工作；负责物资采购及合同谈判，监督合同履行情况； 26.负责物资业务数据与关联部门定期核对。参与成本核算及经济活动分析，负责物资实际成本与责任预算成本之间偏差的原因分析，并制订纠偏措施； 27.根据国家法律法规及当地公安部门的要求，按照集团公司《民用爆炸物品管理办法》的规定，做好爆炸物品购买、验收、发放、储存管理工作，杜绝丢失被盗事件发生。做好现场物资的安全防护和环境保护工作； 28.负责小型机具和周转器材的维护保养、日常使用管理工作，依据集团公司《周转器材和小型机具管理办法》及时与工程公司周转器材管理部门结算租赁费用； 29.负责协助上级物资部门做好下场材料回收、整理、转场和处理工作，负责废旧物资处理的调查和上报工作，根据公司批复意见组织实施； 30.参与分包商资源管理、分包策划管理及信用评价；督促分包商做好施工材料管理工作；参与分包商验工计价，组织现场物资盘点，审核分包商材料核算数据并提供给计划合同部门作为验工计价的依据； 31.按时编制物资资金预算、资金计划，提报项目经理办公会审核； 32.负责提供设备运转时燃油消耗量，参与审核设备维修、保养过程中的物资消耗及设备结算、租赁设备决算； 33.协助建立完善项目安全、质量、环保管理体系，参与项目文明施工管理，做好物资相关的标准化建设	
17	物资核算员	1.建立健全各项物资内业资料台账并及时上报各项报表资料； 2.负责信息系统数据录入工作，及时准确点验、列销物资成本，并及时推送财务入账； 3.负责与供应商对账及发票收取、及时移交财务部，并对发票真实性负责；负责与财务部门的对账工作； 4.负责物资调差、索赔等相关资料的收集、整理工作； 5.负责部门文件、函件等收发文管理和业务资料的归档管理工作	
18	材料员	1.负责项目物资验收、保管、发放、调配和控制及现场物资管理的安全质量保证； 2.负责收集、整理物资验收、发放、调配等管理活动相关的基础资料并按要求进行粘贴，提交核算员归档； 3.负责进场物资的报检工作，对不合格物资进行处置； 4.负责建立健全物资验收、发放等基础台账； 5.配合现场做好物资盘点工作	数量视项目规模而定
19	保管员	1.负责项目仓库物资验收、保管、发放、调配和控制及仓库物资管理的安全质量保证； 2.负责收集、整理仓库物资验收、发放、调配等管理活动相关的基础资料并按要求进行粘贴，提交核算员归档； 3.负责材料合理仓储，分区堆放，做好仓库的防火、防晒、防潮、防锈、防盗等工作； 4.负责进库物资的报检工作，对不合格物资进行处置； 5.负责建立健全库存物资验收、发放等基础台账； 6.负责做好仓库物资盘点工作	数量视项目规模而定

续表

序号	岗位名称	岗位职责	备注
20	设备业务员	1.负责设备价格库的更新和引用，按设备业务费用类别编制年度、季度设备资金预算，提交财务部门完成全面预算编制； 2.负责组织、督促设备保养工作按时保质完成； 3.负责公司调配设备、租赁设备、设备材料、路用车进场验收； 4.负责设备合同、设备费用结算申请，负责设备费用结算业务办理，并将业务单据推送至财务部门； 5.负责设备报停办理和封存管理； 6.负责设备租赁费、水电费、设备消耗材料等成本数据收集、统计，负责固资设备折旧核对、项目设备周转材料摊销、设备材料列销； 7.负责编制设备单机核算业务表； 8.负责设备供应商后评价资料收集、整理和申报； 9.负责租赁设备退场手续办理	
21	设备操作手	1.负责设备的安全使用，运转记录填写； 2.负责设备的每日检查、日常保养，并按时填写记录； 3.参与设备维修工作，对添乘活动进行监督； 4.持证上岗，配合设备验收和定期审验，从业资格证的审核、登记和办理； 5.熟练掌握岗前培训、安全教育和技术交底内容，并遵照执行	数量视项目规模而定
22	电工	1.须持国家安全监督管理总局或住房和城乡建设部颁发的有效操作证件上岗； 2.严格遵守电力行业施工用电安全管理制度，作业时穿戴安全防护用品，按安全操作规程作业，杜绝违章指挥、违章操作、违反劳动纪律“三违”行为； 3.参与修订项目施工用电制度和机械设备用电注意事项，如施工现场悬挂电线、电缆及用电设备的警示标志及操作规程等； 4.协助项目部按照施工组织设计临电平面布置图、建筑施工现场临时用电规范及有关文明工地的要求，布置好施工现场安全用电； 5.协助项目部做好施工现场、办公区、生产区、生活区、机械设备的安全用电保护及线路架设工作； 6.协助项目设备部编制电器材料使用计划，跟踪材料进场和验收，不合格材料不得投入使用。协助项目设备部做好电器材料、工具、设备的退场移交工作； 7.协助项目设备部对临电安装、分包商用电设备进场进行验收并做记录，不合格的用电设备严禁送电； 8.协助配合项目安全员对进场施工人员做好安全用电技术交底，同时做好用电人员在特殊场所作业的监护工作； 9.定期对临电设施、电力线路、配电箱、用电设备和生活区进行安全用电检查，及时消除用电安全隐患，做好安全用电巡查记录，及用电设施的拆迁、保养、维修等各项记录； 10.协助项目设备部做好分包商、施工班组用电抄表工作	数量视项目规模而定
23	计划合同部部长	1.贯彻执行上级各项经济管理政策、规定和标准，负责成立项目经济管理相关工作小组，制订项目经济管理规章制度； 2.落实项目效益策划、变更索赔实施方案，制订分解目标，细化措施；负责变更索赔费用的签认和上报工作； 3.牵头编制项目本级责任收入与成本预算以及工区（管理队）、考核单元的责任成本预算； 4.负责编制项目责任收入与成本考核兑现和奖惩分配方案； 5.负责召开每月经济活动分析会，完成各项经济数据汇总对比分析，及时掌握项目成本盈亏情况，并起草经济活动分析报告； 6.落实分包策划方案，组织分包商招标、签订分包合同、按时开展验工计价及分包商信用评价工作； 7.指导建立分包商成本核算台账，定期分析分包商盈亏情况，牵头制订纠偏措施，识别分包纠纷风险，并向上级单位汇报有关分包商的重大纠纷事项； 8.配合项目内外部工程审计和外部审价工作； 9.参与项目重要方案的制订及经济比选； 10.参与项目后评价工作，总结项目经济管理工作经验； 11.负责本部门经济档案移交工作； 12.配合编制项目财务策划；参与编制全面预算以及分包资金总预算；负责编制分包商资金计划、付款申请； 13.参与分包安全协议的评审及项目各类安全管理活动； 14.参与项目物资、设备的招标采购过程，配合物资、设备等业务部门进行节超核算分析； 15.定期组织项目部相关人员学习业主、集团公司和公司经济管理相关文件制度和案例	

续表

序号	岗位名称	岗位职责	备注
24	计量工程师/计量员	1.负责按月办理对下验工计价，对符合条件的分包商及时办理结算； 2.审查分包商合同外计价申请，监控现场临时派工和机械使用； 3.负责编制对上计价资料及签认工作； 4.负责收集、整理变更索赔基础资料； 5.熟练掌握信息化操作系统，负责对上、对下经管业务数据录入，并定期与财务进行账务核对； 6.负责项目计价档案资料的收集、整理工作； 7.负责接收分包商提供的发票、定期移交项目财务部； 8.负责现场施工成本经验数据测定； 9.负责分包商资格审查工作； 10.负责建立劳务用工实名制台账，并及时对信息进行动态更新； 11.负责定期整理分包商信用评价资料； 12.职责。熟练掌握各类信息化系统操作，及时编制、上报各类报表，建立各类经济管理基础台账	
25	成本核算员	1.负责编制项目收入预算、项目本级、工区（管理队）、考核单元责任成本预算，定期核算； 2.负责项目收入、成本业务数据收集及分析核算，按时上报相关报表；配合做好项目过程及终极考核； 3.负责建立分包商成本核算台账，做好分包商成本的过程监控，定期分析分包商盈亏情况； 4.协助部长做好项目成本过程监控，配合开展经济活动分析，汇总整理项目经济活动分析资料； 5.熟练掌握公司信息化系统操作，负责各类收入、成本核算业务数据录入	
27	财务部部长	1.根据国家财经政策、法律法规以及公司有关规章制度，结合项目特点主持制订财务管理规章制度； 2.负责财务部门人员综合管理，对会计、出纳日常工作进行指导，对会计的基础工作进行复核，对财务部提供的各类资料进行审核； 3.负责组织全面预算编制及预算执行分析，负责资金预算、费用预算等预算的具体编制，指导业务部门开展预算相关工作，提供预算相关数据； 4.负责项目资金方面的全面管理，包含资金预算编制及分析、资金的筹集方案、资金使用计划审核、资金支付审核等，并编制项目资金分析报告，提供资金相关数据防范资金风险； 5.负责项目税务统筹管理。包含税务策划、发票管理、税费计提和缴纳的审核等，为项目经济活动提供税务指导； 6.负责项目财务状况分析的牵头工作，配合项目经理组织召开分析会议，汇总项目财务分析报表，确认审核收入成本，拟定项目当期决算方案； 7.负责收集整理财务状况分析和决算会议资料，完成财务状况分析表的编制，提供项目财务状况数据； 8.参与项目上场策划管理活动，负责财务方面的策划编制、策划目标的落实、项目后评价报告的编制、策划实施经验的总结； 9.参与项目各类招投标活动、对分包商、供应商等合作方的财务状况、资金实力等情况进行评价。参与各类经济合同的签订，负责合同中财税部分条款的审核； 10.参与项目重要经营等活动的决策和方案制订，参与重大经济合同或协议的研究、审查，参与重要经济问题的分析和决策，参与内外部经济审计对接，防范审计风险	
28	会计	1.认真做好会计核算和监督，保证会计账务处理及时，会计科目运用准确，会计核算信息真实完整； 2.对原始凭证的合法性、金额的正确性和手续的完备性等进行审核，对银行结算票据的印鉴、日期和背书内容是否正确进行审核； 3.负责会计凭证汇总、账簿登记，打印输出记账凭证和账簿； 4.正确、及时编制单位会计报表，并根据项目工作需要，适时提供有关会计信息； 5.对会计凭证、账簿、报表和有关文件制度等会计资料管理，定期分类装订立卷，妥善保管，按规定移交档案； 6.负责资金计划编制、费用报销审核、各类成本和费用入账审核；配合资产管理部门，定期进行资产盘点，处理相关账务核算；建立、更新各类基础台账并与业务关联部门定期核对； 7.负责项目各项涉税业务处理。外管证的报验、注销，税金的计算、缴纳，增值税进、销项发票管理，涉税账务处理、核对以及台账登记等	数量视项目规模而定

续表

序号	岗位名称	岗位职责	备注
29	出纳	1.认真执行现金管理制度。严格执行库存现金限额，超过部分必须及时送存银行，不坐支现金，不以白条抵押现金； 2.建立健全现金出纳各种账目，严格审核现金收付凭证。严格支票管理制度，编制支票使用手续； 3.负责项目银行账户的开户、延期、销户等账户管理工作。积极配合银行做好对账工作； 4.配合会计做好各种账务处理，负责会计凭证的打印及订装	数量视项目规模而定
30	综合办公室主任	1.负责工作协调、业务督办和信息反馈等日常工作事务，为项目领导履职提供工作服务； 2.负责收集重要信息、开展综合调研，为项目领导决策提供建议； 3.负责项目综合性文件、文稿、材料的起草，审核其他业务部门起草的领导讲话材料； 4.负责督促项目贯彻执行国家有关方针政策、上级公司重大部署与指示命令的情况； 5.负责建立健全项目行政管理机制，改进与提升综合办公室各项归口管理工作； 6.负责上级公司与相关方单位来文的签收、登记、分阅以及项目自制文件的核稿、排版、印发和登记工作； 7.负责项目行政章、党群组织章、合同专用章、委托书、介绍信的管理与使用； 8.负责项目内部安保、信访维稳、办公资产管理、驻地消防管理、职工日常管理、文书档案与实物档案管理工作； 9.负责指挥车辆调派、驾驶员安全教育培训，协助设备管理部门完成单机核算； 10.牵头组织或协助项目领导、业务部门完成公务接待与会务管理工作； 11.协助项目党工委（支部）书记、指导与监督党群工作专员抓好项目党群工作； 12.指导与监督食堂管理员做好职工食堂的全面管理工作； 13.配合完成其他需要综合办公室参与的工作，完成领导交办的其他工作	
31	文员	1.配合党工委（支部）书记，做好党建群团组织的各项工作； 2.负责党组织建设、党员管理、党员发展、党费收缴、党内统计、党务信息等工作； 3.负责上级党组织各项文件、工作计划的宣传和落实；负责职责范围内的文件、文字材料的草拟工作，及时向上级党群组织报送各种资料； 4.配合纪工委书记开展项目党风廉政宣传教育、纪律检查等工作； 5.负责落实项目文化建设、建家建线等工作，积极组织开展职工文化体育活动，活跃员工业余生活，督促项目做好工会经费和三不让专项资金的收缴和使用； 6.负责项目部对内对外的宣传报道工作； 7.协助综合办公室主任、副主任开展工作； 8.根据部门职责分工，做好各项分管工作； 9.完成领导交办的其他工作	
32	征迁协调员	1.贯彻执行国家、地方有关征地拆迁协调的政策、法规、标准、规范、建设程序及项目经理部制度、管理方法； 2.负责建设项目用地手续的办理、协议的签订、补偿的落实等工作，审核并签认征地拆迁数量，参与竣工阶段地亩资料的组卷交验，土地产权移交等工作； 3.负责涉及征拆的变更索赔，清概资料的收集整理，项目征拆台账的编制管理； 4.负责现场施工生产中的协调工作，处理现场因协调工作而发生的紧急事件和矛盾纠纷； 5.负责项目部所属各单位与地方政府、相关单位、群众在施工建设中的协调工作； 6.参与项目策划管理活动，依据策划、施工计划开展征地拆迁和协调工作，加强现场协调管理，确保施工生产有序进行； 7.参与项目后评价报告编制，对比策划实施目标及结果，总结经验； 8.参与项目安全管理体系建设，参加安全生产例会、安全考核评比及应急演练	数量视项目征地拆迁协调工作量而定

续表

序号	岗位名称	岗位职责	备注
33	中心试验室主任	1.在总工程师领导下，负责试验室的全面工作。贯彻执行国家有关产品与工程质量监督、检验的方针政策，贯彻执行上级主管部门的政策、法规、条例和制度； 2.对试验室的技术、质量、安全负责，协调试验室内外工作，保证试验检测工作顺利开展； 3.制订并贯彻试验检测的各项规章制度，督促全体人员贯彻执行，保证检测工作的公正性、科学性和准确性，做好试验检测管理工作并对试验检测结果真实性、有效性负责； 4.参与编制试验仪器预算、试验检测费预算、试验室预算，负责编制试验室资金计划、试验检测费付款申请，提交给财务部复核； 5.参加原材料产源调查和选择，组织原材检测工作，负责配合比设计与报审工作； 6.负责试验技术工作，掌握施工组织和试验技术要求，监督指导原材料和配合比施工； 7.负责制订试验室的试验检测工作计划，开展原材料、半成品及成品试验检测工作，并向监理报批； 8.负责开展试验有关的教育培训工作	
34	试验工程师/试验员	1.在项目试验室主任的指导下严格按照检测规范开展各项试验检测工作，掌握施工组织和试验技术要求； 2.了解试验工作的基本任务及试验材料的用途与性能，熟知试验操作规程，熟练操作检测仪器； 3.按规范做好各项试验检测工作，监督指导原材料和配合比施工； 4.对检测结果有疑问的检测资料要认真核对，并按规定对数据进行分析处理；对计算结果认真复核并及时报告检测结果，确保检测资料和结果的准确、及时、真实、可靠； 5.编写试验报告，按规定程序送审，及时登记各项试验台账，对资料保密，不得将试验数据及结果外传或泄密； 6.有权拒绝使用不合格或超期检定的仪器设备，有权拒绝行政领导对检测资料的干预，有权越级反映弄虚作假或违反检测规定的行为； 7.爱护仪器设备，定期进行维护保养，及时填写仪器设备运行记录，负责试验区域环境卫生和安全工作	数量视项目规模而定
35	工委主任	1.项目部上场时同步成立工会工作委员会，及时召开工会委员会、工会小组会议，安排部署工会日常工作。宣传贯彻新时期党的路线、方针、政策和上级工会的决议、指示，做好职工思想教育工作，充分调动职工的积极性，增强企业凝聚力； 2.依据“集体合同”规定，维护职工合法权益，建好职工之家，倾听职工心声，关心职工生活，为职工排忧解难，办好事实事，做好困难职工的救助帮扶工作。依法组织职工参与项目部的民主管理和民主监督，开好职工民主管理大会，落实好企务公开等制度； 3.围绕项目施工生产，组织开展劳动竞赛、生产保护、技术比武、技术创新等活动。开展形式多样的文体活动，丰富职工业余文化生活。抓好职工食堂和福利等生活保障工作	兼职岗位
36	劳资员	1.负责项目职工工资关系的调转，上报项目职工岗位工资异动调整； 2.负责项目职工工资、奖金、社保编制	兼职岗位
37	团支部书记	1.项目上场同步成立团支部组织，明确团支部委员的分工和职责，按时召开团员大会、团支委会等会议，安排和部署团支部相关工作。做好团费收缴工作； 2.了解项目部团员青年的思想、工作和生活情况，发现问题及时解决，做好思想政治工作； 3.围绕项目施工生产重点，积极开展各种团内主题活动，带领团员青年做促进项目施工生产的生力军和突击队； 4.组织团员青年开展有益于身心健康的文体活动，活跃项目氛围，寓教于乐，陶冶情操。开展青年志愿者服务活动； 5.积极开展导师带徒活动，认真做好评先推优工作，促进团员青年成长成才	兼职岗位
38	项目信息化管理员	1.编制并上报信息化建设年度预算； 2.负责计算机等电子类资产的集采、维护与处置，及时更新电子类设备管理台账； 3.上报软件采购需求，建立软件资产管理台账：落实、推进软件正版化工作，组织签订项目、个人使用正版软件承诺书； 4.负责网络设施规划、配置及运维管理； 5.负责视频会议室、信息化室规划及建设； 6.牵头智慧工地建设，更新信息系统管理台账	兼职岗位

续表

序号	岗位名称	岗位职责	备注
39	项目法律顾问	1.贯彻落实上级对项目法律合规工作的各项要求，将法律合规与项目中心工作深度融合，做好项目法律风险防范，保障项目各项工作依法合规； 2.建立和保持与地方司法部门良好的沟通与联系； 3.负责抓好项目合同管理、合规管理及法律纠纷案件管理工作，督促协调项目各业务部门积极参与和配合法律合规工作； 4.负责抓好项目部的普法宣传教育和法律培训工作，提高项目各级管理人员的法治意识和法治素养，在项目部建立浓厚的法治氛围	兼职岗位
40	项目法律联络员	1.组织项目部学习国家法律法规，重点是与工程、经济有关的法律规章，传达落实上级关于法律合规工作的文件通知要求，提高项目依法管理、合规运行的意识和能力； 2.参与项目规章制度制订和重大问题决策，对出台的规章制度和做出的重大决策进行合法合规性审核； 3.参与项目合同的谈判、签署、执行，对项目起草的合同进行合法合规性审核； 4.参与项目部涉诉和非诉纠纷事件调查处理，依法维护企业合法权益； 5.调查了解项目所在地的法律环境，建立和保持与地方司法部门的沟通联系，为项目创造良好司法环境； 6.负责项目部各类司法文书、律师函件、纠纷材料和相关数据的收集、上报和保管工作	兼职岗位

附录4　管理用表及模板

一、项目投标管理用表及模板

（一）XMGL-2-1-1 信息浏览登记表

信息浏览登记表

序号	浏览日期	浏览时间	责任人	查询网站名称	初筛信息				是否参投		领导签字	备注
					行业	项目名称	公告阶段	截止时间	是	否		

（二）XMGL-2-1-2 投标合规系列表

项目及招标人的合规资格审查说明表

1.招标人或其母公司、关联企业或关联个人是否曾被联合国或其他国际组织列为恐怖组织，如有，请说明。

2.招标人或其母公司、关联企业的现任股东或高级管理人员现为或过去10年是否曾为国际或当地刑事通缉犯，如有，请说明。

3.招标人或其现任股东、高级管理人员、联企业，是否存在涉嫌腐败、欺诈、垄断、串谋、逃税、漏税、洗钱等非法行为，或是否因此受到指控，如有，请说明。

4.招标人是否被股份公司列入禁止合作名单，如有，请说明。

5.是否存在招标人、政府机构、国际组织或其公务人员指定或极力推荐聘用第三人参与项目投标，如有，请说明。

6.是否有第三人帮助、参与或代表各单位进行项目投标，如有，请说明。

7.项目现金保证金金额是否较大，是否超过各单位承受能力，如有，请说明。

8.项目是否与政府或国际组织有关，如有，请说明。

9.请说明招标人所在国家或地区的营商环境（参见股份公司发布的当年高风险国家或地区名单）。

10.项目所在国的法律环境。

11.项目招标文件介绍、标书评分标准、招标文件中是否存在特殊要求，如有，请说明。

12.请说明招标人的背景情况，包括最终受益人、董事、高级管理人员等。

13.请说明项目内外部推荐人情况。

14.是否存在与其他竞标方成为一致行动人的风险，如有，请说明。

15.请说明招标人的诚信情况，具体包括：
（1）国际组织、当地政府和股份公司数据库中关于招标人的合规信息。

（2）招标人过去一年内已决、未决诉讼案件的情况。

（3）招标人与当地政府和国际组织的关系。

（4）招标人在市场上的声誉。

综上，投标业务部门对项目及招标人合规资格的总体评价：

投标业务部门负责人签字：

日期：

投标合规风险等级列表

特定级别风险	存在	不存在
招标人或其母公司、关联企业或关联个人曾被联合国或其他国际组织列为恐怖组织	□	□
招标人或其母公司、关联企业的现任股东或高级管理人员现为或过去10年曾为国际或当地刑事通缉犯	□	□
与上述风险程度相当的其他风险（如有）	□	□
第一级别风险	存在	不存在
招标人或现任股东、高级管理人员、关联企业，涉嫌腐败、欺诈、垄断、串谋、逃税、漏税、洗钱等非法行为，或因此受到指控	□	□
招标人被股份公司列入禁止合作名单	□	□
与上述风险程度相当的其他风险（如有）	□	□
第二级别风险	存在	不存在
招标人、政府机构、国际组织或其公务人员指定或极力推荐聘用第三人参与项目投标	□	□
有第三人帮助、参与或代表各单位进行项目投标	□	□
现金保证金金额较大，各单位明知该金额超过其承受能力	□	□
与上述风险程度相当的其他风险（如有）	□	□
第三级别风险（如有）	（风险详细情况）	
审批详细信息		
以下请按需增加或减少审批层级		
股份公司首席合规官（涉及一级风险时）	签字： 日期：	
股份公司分管该业务的副总裁或以上职级领导（涉及一级风险时）	签字： 日期：	

续表

股份公司合规办公室（涉及二级风险时）	签字： 日期：
股份公司相关业务部门负责人（涉及二级风险时）	签字： 日期：
二级单位首席合规官（涉及二级风险时）	签字： 日期：
二级单位分管该业务的副总经理（涉及二级风险时）	签字： 日期：
本单位合规官	签字： 日期：
本单位相关业务部门负责人员	签字： 日期：
股份公司合规办公室备案（如需）	（如需，请说明备案情况） 签字： 日期：
二级单位合规办公室备案（如需）	（如需，请说明备案情况） 签字： 日期：

合规信息网上核查单

合作伙伴名称			检查日期	
序号	检查内容	检查网站	确认（√）	检查人签字
一	**信用信息**			
1	全国企业信用信息公示系统或所在国工商信息网站			
2	企查查网站			
二	**有关恐怖组织名单**			
3	联合国安理会综合名单			
4	欧盟恐怖主义组织、个人或实体名单			
5	美国国务院指定的外国恐怖组织			
三	**刑事通缉犯的信息**			
6	中国通缉犯的信息			
7	国际刑警组织发布红色通缉令			
四	**合规信息**			
8	世界银行集团			
9	亚洲开发银行			
10	非洲开发银行			
11	欧洲复兴开发银行			
12	泛美开发银行			
13	亚洲基础设施投资银行			
五	**诉讼信息**			
14	中国裁判文书网或所在国裁判公开信息			
六	**百度等搜索引擎 （如涉及境外主体，可使用“谷歌”或“必应”等搜索引擎）**			
15	合作伙伴名称+“腐败”“贿赂”或“Corrupt”“Bribe”（如涉及境外主体）			
16	合作伙伴名称+“欺诈”或“Fraud”（如涉及境外主体）			
17	合作伙伴名称+“串通”或“Collude”（如涉及境外主体）			
18	合作伙伴名称+“妨碍”或“Obstruct”（如涉及境外主体）			
19	合作伙伴名称+“胁迫”或“Coerce”（如涉及境外主体）			
20	其他不合规或负面声誉的信息			

合规官签字：

日　期：

投标文件真实性符合检查表

项目名称			检查日期	
序号	检验内容	检验方法	确认（√）	检查人签字
一	**投标文件**			
1	项目编号与名称	投标文件整篇项目编号与名称是否正确		
2	投标截止时间	投标截止时间填写是否正确		
3	投标文件排版	检查文本格式、字体、行数、图片是否模糊歪斜，是否无缺漏，是否按招标文件要求编辑		
4	投标文件目录及标书内容完整性	投标文件目录、内容是否完整，页码是否更新，内容与目录一致		
5	页码、页眉、页脚	页码连续，有无重页、缺页、空白页		
6	投标有效期	投标有效期符合招标文件要求		
7	投标保证金	投标保证金是否符合要求，金额是否符合要求		
8	法定代表人签字（或签字章）、授权代表签字及盖章检查	每页检查有无签字或盖签字章、签字是否正确，是否和授权人相符。投标文件盖章符合招标文件要求		
9	工期	总工期（总进度、关键节点）响应、权利义务响应符合招标文件要求		
10	质量要求	符合招标文件及合同的规定		
11	投标函及投标函附录	内容与招标文件一致，数据填写正确		
12	资格文件检查	顺序、完整性及响应性检查、有无复印不清楚或歪斜，检查证明材料是否齐全		
13	营业执照、资质证书、安全生产许可证、质量认证证书、资产证明	有合格的营业执照，且经营范围与招标项目一致，注册资金和资质、资产真实性满足招标文件要求		
14	企业业绩	满足招标文件要求、真实性满足要求		
15	项目经理及技术负责人资格要求	投标人员资格满足招标文件的要求，信息、证件对应，有效并无过期，人员简历真实性满足要求，人员社保符合招标文件要求		
16	报价	是否已办理报价决策程序		
		工程量清单与招标文件一致		
		报价文件符合招标文件编制要求，并注意货币单位		
		只能有一个有效报价（投标函大小写注意填写一致）		
		投标报价没有大于最高投标限价或低于最低投标限价		
		安全生产费、保险、暂估价、暂列金额等响应招标文件		
		合同用款估算表填写规范		
		投标报价没有大于最高投标限价，纸质版、电子版、上传（软件版）一致		
17	偏差表	没有招标方不能接受的偏差内容		

续表

项目名称			检查日期	
序号	检验内容	检验方法	确认（√）	检查人签字
18	其他否决其投标条件	没有法律法规和招标文件规定的其他否决其投标的内容		
19	电子光盘	按照招标文件要求检查所需导入文件，电脑是否可以读取		
		电子光盘正面填写信息是否正确		
……		（根据招标文件要求增减）		
二	**投标文件封装和签字**			
1	封装方式及密封纸张检查	检查封装方式、封装纸张是否按照招标文件要求		
2	投标文件份数	根据招标文件要求，检查投标文件是否写上正本和副本、标书要求是___正___副（电子版___份）		
3	项目编号与名称	投标文件整篇项目编号与名称是否正确		
4	密封袋封面	是否按照内封、外封要求填写信息		
5	签字检查	检查投标文件内需签字处是否签字		
6	密封袋（暗标）特殊要求检查	检查招标文件对暗包的特殊要求		
……		（根据招标文件要求增减）		
三	**开标现场准备文件**			
1	交易证、IC卡	是否携带		
2	委托人身份证原件、授权委托书（公证书）	是否携带		
3	投保保证金递交函原件	是否携带		
4	企业营业执照、资质证书、安全生产许可证、业绩原件、人员证件原件	是否携带		
……		（根据招标文件要求增减）		
四	**合规承诺**			
本人在（项目名称）投标过程中知晓并承诺： 1.本人严格遵循招投标等有关法律法规、国际条约、监管规定、行业准则、商业惯例、道德规范、公司章程及规章制度，严格禁止腐败、欺诈、串谋、胁迫及妨碍行为； 2.本人保证投标文件中的所有信息是真实和准确的，并对投标文件信息负责； 3.若有违反上述承诺的行为，公司将根据有关法律法规及规章制度的规定给予警告直至解除劳动合同的处理，本人还可能承担相应的法律责任。				
1	投标负责人	签字： 年　月　日		
2	合规官	签字： 年　月　日		

（三）XMGL-2-2-1 资格预审（招标）文件评审记录表

资格预审（招标）文件评审记录表

日期：　　　　　　　　　　　　　　　　　　　　　　　　　　　　资审 □ 投标 □

项目名称			招标人名称		
开标时间			限价		
投标保证金					
履约保证金					
农民工工资保证金					
质量保证金					
其他保证金					
主要违约条款					
预付款					
材料调差					
支付比例					
评标办法					
商务		施组		报价	
（包括但不限于资质、人员、业绩、信誉、获奖等）		（包括但不限于设备、工期、重难点等）		（包括但不限于取费标注、成本分析等）	
（评分细则）		（评分细则）		（评分细则）	
注意事项					
需提质疑内容					
答疑及补遗书收到后补充评审相关内容					

注：此表可根据具体业务拓展。

（四）XMGL-2-2-2 投标业务工作策划书

投标业务工作策划书

（格式自拟）

内容包括但不限于：

1.投标组人员设置及任务分工。

2.投标重要节点设置。

3.投标文件格式规定。

4.作息安排及防疫工作安排。

（五）XMGL-2-2-3 项目踏勘报告

项目踏勘报告

考察时间：
考察地点：（省市县）
考察人员：

踏勘人员表

序号	姓名	电话	单位	职务	备注
1					
2					

一、项目概况

建设单位：

设计单位：

项目投资额：

项目工期：

标段分阶段工期要求

1.工程概况

简要表述项目所在地、长度、车站、标段情况。

2.技术标准

项目技术标准。

3.施工标段划分

列表表述本项目标段划分情况。

4.项目沿线自然特征

简要表述项目地形地貌、工程地质、气象水文等情况（重点阐述对工程影响比较大的内容）。

二、现场调查情况

××标段调查情况

1.标段整体建设条件

简述标段的整体建设条件（包括但不限于交通、水电、大临场布、营业线影响、拆迁、环境敏感点等方面）。

2.标段特点

包括工程情况和建设条件等方面。

3.标段重难点

包括工程情况和建设条件等方面。

三、项目各标段风险分析

××标段风险分析

简要分析标段的风险（包括但不限于工期、营业线施工、站改过渡、铺轨工程、桥梁制架、下穿上跨风险点、环境敏感点、不良地质、气候水文、征地拆迁、施工组织和现场管理等方面）。

四、各标段施工的优势和劣势

五、报价方面情况

六、各工点情况（填写投标施工组织设计现场考察记录表，附现场照片并配草图）

（六）XMGL-2-2-4 项目投标定价报备表

项目投标定价报备表

填报单位及人员：　　　　单位：万元　　　　填报时间：　　年　月　日

	参投标段	是否主投	使用资质	编标单位	标段概况	标段概算（预算）	招标人的上限价/下限价	成本测算情况	报价决策情况
项目名称： 项目业主：									此栏内容至少在开标前半小时上报，前期仅作电话汇报

注：1. 项目名称填招标项目名称；参投标段是指这个项目所投的几个标段号；标段概况要将本标段的一些主要情况如：主要工程量、有无技术复杂的或施工难度大的项目等；是否主投指本标段我们是否力争中标，如配合则不填；使用资质指本标段使用哪个单位的资质；编标单位指本标段由哪个公司编标；标段概算指招标人公布的或编制的本标段概算，如招标人没有则填投标单位编制的预算，但要注明；招标人的上限价/下限价指招标人控制投标的价格，招标人如在开标会上公布，则须在投标定价前摸出；编标单位编制的成本价指编标单位必须编制本单位的成本价，作为报价的底线；区域指挥部对标段成本价进行核定并填报在此表上；表中金额以“万元”为单位取整数位。

2.不允许低于成本价报价，特殊情况下必须报上级经营部、领导批准。

3.区域指挥部应提前介入定价工作，提前了解公司成本，并与上限比较，如对投标有影响就审核其成本并提前一周向上级经营部汇报，将两单位做的成本测算资料报上级经营部报价科报备。

4.本表至少在项目开标前半小时报至上级经营部，所有栏目必须填写，不得空缺。

5.评标办法至少在开标前一周报送上级经营部。

6.重点项目开标后，如有中标希望，区域指挥部应在评标过程中将进展情况报上级经营部分管（副）部长。

7.此表为机密资料，注意保密。

8.项目确定中标后，区域指挥部应在15天之内将本表（区域指挥部、各公司盖章确认）报上级经营部报价科，仅报下浮率的工程总承包项目可根据项目情况适当延长。

9.此表可根据具体业务拓展。

（七）XMGL-2-2-5 商务投标文件（资审申请文件）评审表

商务投标文件评审表

评审项目：　　　　评审开始时间：　　　　评审结束时间：

序号	评审内容	完成情况详述	经办/编制人
1	正文、封面、包封、目录编制完成，电子文档、银行保函或信贷（资格后审项目）办理完成	完成与否□	
2	委托代理人确认，核实身份证号，另外打印授权委托书，完善签字盖章手续后以便单独递交	完成与否□	
3	公证机关公证书（如有）（公证词是否符合要求、钢印是否清晰）	完成与否□	
4	银行保函、信贷的审核	完成与否□	
5	相关部门提供的资料复核	财务报表□组织机构图□ 上场人员总数及构成□	

续表

序号	评审内容	完成情况详述	经办/编制人
6	商务文件组成及格式是否完全响应招标人要求，参照招标文件逐字逐句核对投标文件	完成与否□	
7	人员所附证件是否齐全有效、清晰可见，技术和管理人员比例是否满足招标文件要求，证明文件的文字与图片是否保持一致	人员数量及资历满足要求□ 完成与否□	
8	人员汇总表与简历表是否对应	简历表与其证照、合同是否对应□ 完成与否□	
9	业绩汇总表与证明材料数据是否一致，证明材料是否清晰可见	业绩是否满足强制性或加分要求□ 完成与否□	
10	财务状况是否满足要求	营运资金和近几年平均营业额是否满足强制或加分要求□ 完成与否□	
11	企业证照及信誉是否满足要求	企业证照齐全有效并满足要求□ 诉讼、仲裁和履约情况是否满足要求□ 完成与否□	
12	机械设备配置评审	机械设备数量、性能满足强制要求□ 发票核认（若需要）□ 完成与否□	
13	招标文件“投标人须知”评审	如何包封□ 其他特殊要求□ 完成与否□	
14	招标文件内容注解评审	完成与否□	
15	招标文件符合性、强制性条件评审	完成与否□	
16	招标文件中其他内容（含补遗、答疑）评审	是否对业主补遗、答疑作实质性的响应□	
17	封面、包封、目录的评审	完成与否□	
18	多标段差异评审（如有）	完成与否□	
19	签字盖章页码确定和完成		
20	业主要求备查证件、资料原件（按要求内容填写）是否准备齐全	完成与否□	
21	其他	完成与否□	

注：此表可根据具体业务拓展。

一级校核编制人员签字： 二级校核（专审）人员签字：

三级评审投标单位商务副部长签字： 投标单位投标负责人签字：

四级评审上级经营部商务负责人签字（如有）： 区域指挥部投标负责人签字：

（八）XMGL-2-2-6 报价文件编制评审表

报价文件编制评审表

项目名称：　　　　　　　　　　　　　　　　　　　　　　　　　　　　　　时间：

序号	名称	检查内容	备注
1	预算资料	（包含但不限于人工单价、取费标准、编制预算、材料运输方案、工程量的分解及定额套用）	
2	投标书	（包含但不限于项目信息、投标书内容、附入的文档和表格内容检查、工程量清单说明、计日工说明、工程量清单、计日工、公式链接、报价汇总表、汇总表中全部计算公式、单价引用、合同用款估算表、清单中合价计算公式、工程量清单中合价、单价分析表、措施费、规费、税金、暂定金）	
3	成本测算	（包含但不限于人工成本、材料成本、机械设备成本、管理费成本）	
4	调价后的检查	（包含但不限于总价是否与确定的总价相符、应确认计算评标价的各项基础数据是否正确、招标文件规定的暂定价、费率是否有更改、数据的链接是否正确、相关费用是否按招标文件要求填报）	
5	报价电子文档	（包含但不限于是否按要求制作了电子文档、电子文档的存储方式、电子文档递交方式、检查电子文档可否在不同的电脑上打开、相关敏感性信息是否删除）	
6	报价标书的检查	（包含但不限于各表格格式、表格是否有隐藏项、总金额是否全部能对应、签章是否齐全）	
7	其他专业标书报价检查	检查其他专业标书与报价标书报价是否一致	

注：此表可根据具体业务拓展。

投标单位投标负责人：

区域投标负责人签字：

上级经营部报价负责人签字：

（九）XMGL-2-2-7 施工组织设计评审表

施工组织设计评审表

项目名称：　　　　　　　　　　　　　　　　　　　　　　　　　　　　　　日期：

评审因素		备注
内容完整性符合招标文件要求		
施工方案与技术措施	包括但不限于满足设计文件和施工技术标准要求、总体施工组织针对性强可行，施工区段划分合理、施工总体布局合理，有详细的施工平面布置图、大型临时设施布局符合设计要求等	
施工方案与技术措施评审结论		
工程进度计划与措施	包括但不限于主要节点工期安排合理可行、专业工程工期安排合理可行、网络计划图合理可行、进度横道图合理可行、关键线路清晰合理、工期保证措施合理	

续表

评审因素			备注
工程进度计划与措施评审结论			
资源配备计划		包括但不限于劳动组织及劳动力配置计划合理、架子队组成合理、有季度或月度劳动力计划图（或表）、物资供应计划合理、物流组织安排合理、措施可行等	
资源配备计划评审结论			
质量管理体系与措施	质量保证体系	包括但不限于组织机构健全（有机构框图）、人员配备合理（有人员数量配备表）、质量管理制度健全、质量保证体系运行机制合理可行	
	试验检测机构	包括但不限于检测机构及监测制度健全	
	质量保证措施	包括但不限于各专业工程质量保证措施完善可行、冬季施工质量保证措施完善可行、雨季施工质量保证措施完善可行	
质量管理体系与措施评审结论			
安全管理体系与措施	安全保证体系	包括但不限于组织机构健全（有机构框图）、人员配备合理（有人员数量配备表）、安全管理制度健全	
	安全保证措施	包括但不限于各重点专业工程（难点隧道、难点桥梁等）安全保证措施完善、可行、营业线施工（如有）安全保证措施完善可行、高空作业（如有）安全保证措施完善可行、防火（包括火工品管理）等	
安全管理体系与措施评审结论			
其他措施*	环境、水、文物保护管理体系与措施	包括但不限于管理机构健全，环、水、文物保护措施可行，临时用地复垦方案符合要求	
	文明施工措施	包括但不限于文明施工措施完善可行、特殊地区（如有）施工措施	
	职业健康安全管理体系与措施	包括但不限于职业健康安全目标满足要求、职业健康安全管理体系健全、保护措施可行	
其他措施评审结论			
项目管理机构总体设置		包括但不限于项目管理机构设置合理，有组织框图、各部门职责划分、管理制度合理可行	
审查意见			

注：此表可根据具体业务拓展。

编制人员签字：　　　　　　　　评审复核人员签字：

投标负责人签字：　　　　　　　区域投标负责人签字：

上级经营部施组负责人签字：

（十）XMGL-2-2-8 开标记录表

××标段开标记录表

开标时间：××年×月×日×:×:××　　开标地点：××××　　业主名称：××××　　记录人：××

序号	单位	报价降幅（%）	金额（元）	降造率	限价（元）		加分	得分					排名					降幅	报价（元）
					平均值														

注：此表可根据具体业务拓展。

说明：1.开标结果在开完标后第一时间发上级经营部报价科和本项目报价专业负责人。

2.在开完标后2小时内将开标记录表报上级经营部报价科。

（十一）XMGL-2-3-1 投标总结报告

投标总结报告

（格式自拟）

（十二）XMGL-2-3-2 项目中标合同谈判纪要

项目中标合同谈判纪要

（格式自拟）

（十三）XMGL-2-4-1 中标项目交底书

中标项目交底书

（格式自拟）
具体内容包含但不限于以下内容： 1.工程概况（含工程规模、环境情况、水文地质等）。 2.工程重难点及对策。 3.投标文件响应的各种目标（工期、安全、环保、质量等）。 4.拟投入大型设备情况。 5.投标阶段拟上场人员。 6.报价定价依据及定价情况。 7.不平衡报价方案（含一次经营方案）。 8.合同重要条款内容（预付款、期中支付、结算等）。

二、项目风险管理用表及模板

（一）XMGL-3-1-1 项目管理主要风险分类清单

项目管理主要风险分类清单（参考）

序号	风险名称		风险描述	应对措施	责任部门
1	投标风险	信息采集风险	1.信息查询的风险主要是信息查询不及时、有漏项； 2.信息筛选的风险主要是筛选信息的有效性、领导批复的及时性； 3.合规审查的风险主要是合规审查人员未能严格按要求进行审查、相关表格未及时签字归档； 4.信息上报的风险主要是信息上报不及时、上报的信息不全面	1.制订信息查询的流程，规范操作，增强时效性； 2.筛选人员要深入了解企业的资信情况，过滤不满足资格要求的信息。要求审批人员严格按照时间节点完成审批工作； 3.对合规资料定期进行抽查，合规审查记录要一一对应； 4.规范信息上报的时间节点，确保在规定时间内完成上报。对上报信息的完整性纳入考核	公司市场经营部门
2		资格审查风险	1.资格预审公告发布时未能及时报名并购买文件； 2.评审不仔细，对某些重要要求存在有遗漏、误解； 3.未能完全响应资格预审文件条款，造成申请文件存在重大偏差； 4.自审、互审人员较为粗心，责任心不强，审核走流程，未能发现申请文件中存在的问题，导致申请文件存在重大偏差； 5.把控不严格导致标书正副本不一致，装订、包封不满足资格审查文件要求等； 6.携带证件不齐、未能及时递交文件； 7.资审总结不全面，对于过程中的问题未能自审自查，导致同样的问题再次发生	1.加强业务人员的培训，对资审报名流程进行严格把控； 2.对资格审查文件的存疑处需及时质疑，重点项目的资格审查文件要组织评审； 3.资格预审申请文件在编制过程中严格响应资审文件条款，杜绝存在重大偏差而导致无法通过； 4.资格预审申请文件严格执行“自审、互审”制度，对互审后依然存在问题的，连同复核人员一并予以处罚； 5.资格预审申请文件的出稿、装订、包封实行“事前准备、事中检查、事后核对”的全过程管控； 6.递交资格预审申请文件前，检查包封、签章及授权书等，预测交通状况，提前出发递交文件； 7.资格预审申请文件递交后，对过程中的问题进行总结，确保同样的问题不再发生	公司市场经营部门
3		投标策划风险	1.项目前期跟踪、对接确定重点标段风险：盲目跟踪，对竞争对手的情况了解不全，重点标段定位不准； 2.编标任务划分风险：节点安排不合理，任务分配未落实到人	1.做好高端对接关系的维护，收集以往的开标情况，了解竞争对手的情况，做好重点标段的筛选工作； 2.任务划分后要落实到人，节点确定后严格按照节点展开工作，过程要进行跟踪	公司市场经营部门
4		现场踏勘风险	踏勘风险：相关专业人员未按要求参与踏勘或踏勘浮于表面工作走形式，未获取相关信息	组织相关专业人员按要求参与，制订详细的踏勘策划，将踏勘落到实处，及时汇总相关信息并编制踏勘报告	公司市场经营部门
5		招标文件评审风险	1.未对招标文件中强制性要求进行核实； 2.未及时发起原件及银行资料流程办理，导致在规定时间内不能进行原件审查或保证金关联等工作； 3.招标文件研读不仔细疏忽文件要求	1.及时组织编制人员进行招标文件梳理工作； 2.招标文件评审后及时发起相关流程，确保在规定时间内备齐原件，办理好保证金业务； 3.认真核实招标文件要求，及时填写“资格预审（招标）文件评审记录表”，并根据补遗及时更新	公司市场经营部门

续表

序号	风险名称		风险描述	应对措施	责任部门
6	投标风险	报价决策风险	1.建立报价测算模型风险：收集的区域性同类项目开标记录不完整，未能分析各投标单位报价习惯按评分标准测算报价模型，无法准确指导投标定价； 2.成本效益分析风险：根据清单无法收集较全的成本资料导致成本测算存在偏差； 3.定价风险：未能结合成本测算模型确定最优报价降幅，未能及时将报价定价方案报相关领导审核	1.区域指挥部及报价人员按区域、专业类型收集整理开标记录，分析各投标单位的报价习惯，准确测算报价模型，为定价做好前期准备工作； 2.收集同区域类似项目经济资料、企业施工定额、区域信息价等； 3.根据成本测算模型测算出较为真实的成本情况，结合报价策略进行定价，并及时报相关领导审核确定投标报价	公司市场经营部门
7		投标文件评审风险	1.编制人员放松自审要求，审核人员未用心复核，专业负责人或投标负责人未进行审核； 2.铁路项目及路外重点项目，上级经营部未参与评审； 3.对以股份公司名义投标的项目未组织专家评审会	1.严格落实"三级"评审制度，及时填写"投标文件评审表"； 2.重点项目严格落实"四级"评审制度，及时填写投标文件评审表； 3.对以股份公司名义投标的项目，必须从公布的专家库中，按要求选取各专业专家，组织投标文件专家评审会	公司市场经营部门
8		开标与答辩风险	1.项目开标风险：未按照招标文件规定的时间前往指定开标地点递交投标文件，导致无法参与投标，开标人员未收集开标信息； 2.项目答辩风险：参与答辩人员资料准备不充足，导致答辩存在扣分，重点标段答辩重视程度不够，导致答辩分数偏低，答辩后未能收集整理答辩问题	1.按招标文件指定的时间提前前往开标地点递交标书，并记录开标过程信息； 2.参与答辩人员需提前熟悉标段信息，确保答辩过程不扣分，重点项目投标需由区域指挥部或经营部组织，并根据当地特点进行模拟答辩，答辩后需收集答辩题目并归档，便于后期借鉴	公司市场经营部门
9		投标总结（后评价）风险	组织投标总结会并汇总投标总结报告风险：投标结束后，投标负责人未组织编制人员进行投标总结会，未对投标过程的问题进行讨论及总结，未及时整理汇总投标总结报告	投标结束后，投标负责人组投标文件编制人员进行投标总结，点评投标过程问题，汇总投标过程得失情况，及时编写投标总结报告	公司市场经营部门
10		中标项目合同谈判风险	1.合同条款研读风险：未能在谈判前详细研读合同条款，导致准备不充分，未能发现合同中不利于我方的条款，导致项目实施阶段被动； 2.反映企业诉求风险：谈判过程中，未能向发包人提出企业的诉求，谈判过程存在走过场的现象，双方达成一致的诉求未能附在合同中，导致后期实施产生纠纷； 3.价格调整风险：发包人在谈判过程中增加施工内容，而我方未能及时提出价格调整； 4.风险评估风险：未能及时对谈判过程中的结论进行整理分析	1.认真研读合同条款，特别是涉及承包范围、工期的规定及延期的要求、安全质量规定、承包商在合同中的权利和义务、付款方式、调价的规定、奖惩、履约担保的方式和金额、工程变更与索赔的规定等条款需格外注意； 2.全力争取有利于企业的合同条款； 3.若谈判过程发包人提出增加其他工作任务，我方需提出价格调整的要求，并要求作为补充条款记录在合同中； 4.对谈判过程进行记录，并汇总成"纪要"存档，对"纪要"中未达成一致的问题，组织相关人员进行分析并提出解决方案，在中标交底时一并交底	公司市场经营部门

续表

序号	风险名称		风险描述	应对措施	责任部门
11	投标风险	中标项目交底风险	1.中标交底会风险：未按要求进行中标交底资料准备，被交底人员不全，交底内容不完整； 2.投标资料移交风险：所移交的资料不全或缺失	1.召开中标项目交底会，一般项目由经营部向其他部门进行交底；重点项目由上级经营部组织，向相关部门、上场人员进行交底；交底内容根据实际情况包括但不限于：①工程概况（含工程规模、环境情况、水文地质等）；②工程重难点及对策；③投标文件响应的各种目标（工期、安全、环保、质量等）；④拟投入大型设备情况；⑤投标阶段拟上场人员；⑥报价定价依据及定价情况；⑦不平衡报价方案（含一次经营方案）；⑧合同重要条款内容（预付款、期中支付、结算等）； 2.投标阶段资料移交（含招标文件、补遗、投标文件）	公司市场经营部门
12	项目管理风险	项目前期策划风险	临建、进度、物资设备、劳务等工程策划不合理，不能满足后期施工需求，后期临时调整增加项目成本	加强项目策划，深入开展现场踏勘，加强项目策划研讨，力争项目策划一次做对做好	项目工程管理部门
13		征拆风险	因对依法合规开展征拆工作认识不足，引起法律纠纷风险；因对重点征拆工作推进不利，引起工期滞后风险	加强对征拆人员的依法合规培训和重点征拆工作推进节点责任考核落实，依法合规高效推进征拆工作，确保工程正常顺利进行	项目工程管理部门
14		现场管理风险	管理能力不足，管理方法欠妥，可导致进度滞后、质量缺陷、安全事故等问题，引起企业信誉损失、经济效益流失、法律责任等风险	持续推进项目管理升级工作，加强管理模式创新，解决项目高质量管理问题，避免后期因管理问题造成的系列风险	项目工程管理部门
15		进度管理风险	进度管理计划、进度资源配置、进度管理手段方面存在问题，导致进度滞后抢工，引起企业效益流失，信誉受损等风险	做好进度计划编制评审，资源配置超前准备，重点抓好节点进度管控	项目工程管理部门
16		竣工验收风险	竣工验收需整改问题较多，问题整改后无法闭合，或者新增问题持续出现	加强与接收单位联系，提前与接收单位做好对接，减小问题整改闭合难度，减小验收难度	项目工程管理部门
17	质量风险	组织风险	1.项目质量管理制度建立不全，制度编制不完善； 2.项目质量管理组织结构建立不合理，各部门质量管理职责、工作分工不明确，工作流程不清晰； 3.项目质量管理实力不稳固，质量管理人员（专职或兼职）数量不够，人员业务水平能力不足	1.根据公司、业主质量管理制度要求和项目工程特点，编制项目的各项质量管理办法，并根据上级单位质量管理要求，对项目制度更新补充修订完善； 2.健全项目质量管理组织结构，明确各部门质量管理的工作内容和职责，明确工作流程、关系； 3.强化项目质量管理实力，根据项目情况，补充足够的质量管理人员，选取业务水平实力合格的人员从事质量管理工作，对岗位能力有特殊要求的必须持证上岗，加强质量管理人员的业务知识教育培训	质量管理部门

续表

序号	风险名称		风险描述	应对措施	责任部门
18	质量风险	管理风险	1.项目日常质量检查制度落实不到位，综合大检查、质量分析会、质量巡查、“三检”、质量验收签认等质量检查、验收制度未按公司和项目质量管理制度办法进行落实； 2.项目日常检查质量问题整改落实、验收不到位； 3.项目单位工程施工质量风险源识别不全，风险等级评估不准确，风险预防措施不准确不详细； 4.项目日常质量奖惩考核落实不到位，质量奖罚未按项目、公司要求标准落实兑现； 5.项目质量教育培训制度落实不到位，对新入职员工和新进场作业人员质量教育培训不到位； 6.施工前对管理人员和作业人员交底不到位，导致工程质量存在问题或隐患； 7.工程实体质量检测验收不到位，导致遗留质量隐患	1.严格落实公司和项目的各项质量管理制度，公司定期对项目质量制度落实情况进行检查、通报、考核； 2.项目部建立单位工程质量风险清单，以半年周期对风险清单进行更新，公司对项目重难点工程或质量高风险单位工程进行跟踪、动态管理，并作为公司督察的重点检查部分； 3.公司每年初收集项目质量包保考核工作清单计划，半年或一年检查通报项目质量奖罚落实情况，并对项目奖罚兑现情况进行跟踪、通报、考核； 4.项目质量管理部门定期或不定期对现场管理和作业人员交底情况进行抽查、通报； 5.项目实行工程实体质量报告制度，工程完工，及时对工程实体进行检测验收，出具实体质量报告，质量管理部门下发质量整改、处罚通报	质量管理部门
19		技术风险	1.施工图纸审核不到位，导致工程出现质量问题； 2.试验、测量仪器保养校核不到位，试验、测量数据计算不准确，操作程序不合规，导致工程实体存在质量问题； 3.施工时使用不合格或落后的机具、设备，因设备故障和设备计量不准无法保证工程质量要求，存在质量隐患； 4.项目施工原材料、施工半成品、构件进场或投入工程主体施工时，未进行质量检查或验收，导致不合格的原材料使用到工程实体中，存在质量隐患； 5.先进的施工技术、物资、设备未经过讨论验证，就投入工程主体施工，导致工程质量存在隐患； 6.工程施工采用落后的工艺和施工方法，施工方法不合理，导致工程质量存在隐患	1.新图纸下发前项目及时组织技术人员对图纸进行审图，并出具审图结果报告，出具相关的报告或确认单； 2.试验、测量新采购的测量仪器或存放时间较长的仪器，使用前必须进行仪器校准，仪器定期进行保养； 3.施工前，根据比照施工方案检查施工机具设备的数量、型号，并对机械、设备的运转状况进行试运转检查； 4.项目各项用于工程主体原材料、半成品、构件等产品投入施工使用前，必须全部进行检查，必须具备产品质量材质书、材料质量检测报告，不合格的材料建立台账和处理记录； 5.先进的施工技术、物资、设备使用前，必须进行试验段和首件工程验证或专家评审论证； 6.项目技术负责人应对项目各项施工方案进行审核，重大、专项施工方案须经过公司评审和专家评审	项目质量管理部门
20		环境风险	1.施工前，各项水文、地质未进行调查或调查不到位，导致工程质量存在隐患； 2.工程施工中，照明、通风、防水、散热、保温、保湿等不具备施工条件和环境的情况下施工，导致工程质量存在隐患	1.开工前，应对施工范围的水文、地质情况进行调查，出具相关的调查报告，特殊地质或不良地质，施工前应编制相关的应对方案，必要时应进行专家评审； 2.对天气、温度等因素有要求的工序，因提前做好环境调查，合理安排施工组织，尽量避开，无法避开的，应做好相关保护措施； 3.封闭、夜间环境下施工，施工前应对照明、通风、防尘、降温等条件因素进行检查； 4.特殊的结构、施工难度大、施工工序必须连续的工程部位，必须保证各项施工生产要素准备充足或有应急储备的情况下进行施工	项目质量管理部门

续表

序号	风险名称		风险描述	应对措施	责任部门
21	物资管理风险	存货风险	项目物资存货量预估不准确，存货过多，大量资金被占用，材料堆放储存时间长，易引起变质，存货过少，不能正常保供	标准化建立材料储存场地，做好防火、防晒、防潮、防锈、防盗工作，结合工期和施工安排，合理安排供应商发货，按照先进场先使用原则消耗材料	项目物资管理部门
22		价格波动风险	市场价格波动，价格上涨导致采购成本增加	大范围开展市场调查、供应商调查，了解材料价格涨跌规律，在低价阶段适当储备物资	项目物资管理部门
23	设备管理风险	设备使用风险	设备使用计划性不强，未能有效利用设备资源库、价格库、合格供应商名册信息，设备配置方案不合理，设备使用模式不恰当，设备进场验收审核不严，导致设备使用出现偏差	加强设备使用计划性，有效利用设备资源库、价格库、合格供应商名册信息；设备配置方案按要求进行评审，合理选择设备使用模式，严格落实设备进场验收制度，防范设备使用风险	项目设备管理部门
24		设备现场管理风险	项目设备现场管理业务流程不完善，现场管理未按规范要求开展落实，管理基础数据缺失或失真；设备现场安全管理职责不明确、过程管控不到位、安全监管机制不健全，导致设备现场管理出现安全、经济风险	规范设备现场管理业务流程，现场管理按流程、按要求开展落实，确保设备管理基础数据真实性；完善设备现场使用安全管理体系，明确设备安全管理职责，加强过程管控，健全设备现场安全管理监督机制	项目设备管理部门
25	采购管理风险	采购计划风险	项目采购计划性不强，应急采购较多，保供困难，采购价格偏高	物资部加强与技术部门、现场管理人员的沟通，了解施工进度，超前安排物资采购	项目设备、物资管理部门
26		集中采购风险	未形成批量采购，集采价格偏高	强化计划管理，因地制宜开展招标采购、询价采购、区域集采、框架协议、战略采购等合理的集采方式，降低采购成本	项目设备、物资管理部门
27		供应商管理风险	供应商流失较多，供应商评价流于形式，无法发挥合格供应商名录的积极作用	积极开展供应商考察，增加供应商；过程中积极沟通，协助解决困难，做好安抚；做好供应商日常履约情况评价，对不良行为供应商及时纳入集团公司不良行为名录，限制使用	项目设备、物资管理部门
28		采购验收风险	验收程序不规范，不合格材料进入现场	加强对现场验收人员培训，严格执行双人验收制度，进场材料及时报检，杜绝未检先用，不合格材料必须退场	项目设备、物资管理部门
29		采购付款风险	项目付款不及时，无法按照合同约定付款，资金支付不合理	加强与业主单位沟通，争取多回款，做好资金支付计划，资金支付做到公平合理	项目设备、物资管理部门
30		招标采购风险	化整为零，规避招标，应招未招	加强制度宣贯学习，要求项目严格执行招标制度，对发现的应招未招、明招暗定等行为严肃处理	项目设备、物资管理部门

续表

序号	风险名称		风险描述	应对措施	责任部门
31	健康环保风险	职业健康风险	员工体检工作落实不到位，卫生防护用品配备不到位	严格按照上级单位业务管理要求结合项目实际情况，及时组织对员工进行体检，及时配备和更换必备的卫生防护用品	项目健康、环保管理部门
32		环境保护风险	项目未严格落实国家、地方等环保政策要求，现场管理不符合制度要求，各项环保措施未严格实施，发生环保行政处罚事件，影响公司信誉	严格遵守生态环境保护法律法规和有关条例，落实各项管理制度和措施，推行绿色施工管理。加强培训和过程监督，有效化解各类重要环境风险发生	项目健康、环保管理部门
33	技术管理风险	设计风险	设计勘探不够详细或漏勘，实际工程地质与设计不符；设计结构实施难度大或完全无法实施；设计错误影响正常施工等设计问题造成现场施工风险	施工前结合设计文件做好现场技术调查和地质核对，核实现场地质情况、施工环境、审核设计工法；施工前结合施工技术调查、施工复测做好设计文件审核	项目技术管理部门
34		方案管理风险	方案编制质量差，对现场起不到指导作用；项目未按照方案分级管理的要求组织方案评审，评审程序不合规；现场方案执行落实不到位，方案执行检查没有落实。方案全过程管理漏洞导致现场存在较大的技术风险	制订项目方案年度编制评审计划；严格按照集团公司方案管理办法，做好方案比选优化；落实好方案评审程序；履行好现场方案执行落实检查职责	项目技术管理部门
35		技术交底管理风险	技术交底没有针对性，不能很好的指导现场施工；技术交底编制错误，误导现场施工；现场未按照技术交底施工。技术交底管理问题导致现场存在较大的技术风险	推行可视化交底；按要求定期开展技术交底专项检查；加强现场施工检查	项目技术管理部门
36		设计变更风险	变更程序不合规，手续不全，存在先施工后变更情况；变更前期调查研究不够深入，未做充分论证。设计变更不规范导致现场存在技术风险	严格遵循“先批准、后变更；先变更、后施工”的原则，保证手续完备；建立现场调查论证机制，确保变更设计科学合理可行	项目技术管理部门
37		关键工序管理	关键工序识别不全，现场关键工序管控未实现全覆盖；关键工序管控流程设置不合理，管控责任人未履职尽责；关键工序必须严格执行工序交接检查验收制。关键工序管理不合规导致现场存在一定的安全、质量风险	建立项目关键工序清单样本，按照清单样本识别项目关键工序；按照上级单位要求合理设置关键工序管控流程，明确各管控节点职责，并加强过程考核，通过刚性约束促使关键工序管控严格化；制订关键工序检查验收交接记录表，形成书面交接手续	项目技术管理部门
38		技术资料	技术资料编制不及时，未与施工进度同步；技术资料编制错误，与施工现场脱节严重。技术资料工作不够规范，对现场计价、质量管理等造成一定影响	技术资料管理利用信息化手段，推行信息化管理，遵循“进度与资料同步、纸质资料整理与档案信息化系统数据录入同步”的原则，推进技术资料管理	项目技术管理部门

续表

序号	风险名称		风险描述	应对措施	责任部门
39	安全风险	安全管理体系风险	项目在安全管理制度建设与完善、措施落实与检查等方面缺乏有效管理，项目现场管理不严格，施工人员违规违章操作，忽视劳动保护要求，导致项目存在安全隐患的风险	严格按照国家法律法规及上级单位业务管理要求结合项目实际情况，建立项目层面的安全生产责任制、安全管理规章制度和操作规程；定期对现有制度进行梳理和系统性评估，检查制度适用性和可操作性，严格按照相关制度办法进行过程管控、过程纠偏，全方位预控项目安全风险，消除安全隐患，保障项目施工生产安全稳定	项目安全管理部门
40	安全风险	隐患排查治理风险	隐患排查工作，未认真开展，消除安全隐患不及时。安全管控措施未落实，导致项目存在现场安全隐患的风险	针对安全检查中发现的问题和隐患，要落实整改措施、人员、资金、期限、责任、应急预案等，并及时跟踪复查，形成闭环管理；针对安全检查中发现的问题，建立问题库，进行统计、分析，确定多发和重大隐患，制订预防和改进措施并安排责任人落实	项目安全管理部门
41		分包商安全管理风险	分包安全管理行为不规范，在分包商安全资质不足，安全防范意识，导致分包过程安全管控失控，发生分包安全事故的风险	对分包商使用前严查企业及人员安全资质，使用中严抓安管人员配置情况、安全管控措施落实情况，使用后对分包商进行安全评价考核	项目安全管理部门
42		危大工程安全管理风险	危险性较大的分部分项工程未按规定进行安全管理，存在发生人员群死群伤或者造成重大经济损失的安全事故发生的风险	危大工程必须编制专项方案并按要求进行评审。危大工程必须公示，公告危大工程名称、施工时间和具体责任人员，并在危险区域设置安全警示标志。专项施工方案实施前，编制人员或者项目技术负责人应当向施工现场管理人员进行方案交底及安全技术交底。危大工程验收合格后，在施工现场明显位置设置验收标识牌，公示验收时间及责任人员	项目安全管理部门
43		危险作业安全管理风险	为进一步强化安全管理基础，加强事故易发部位安全管理，避免事故及危险性事件的发生	进行爆破、吊装、动火、临时用电以及国务院应急管理部门会同国务院有关部门规定的其他危险作业，应当安排专门人员进行现场安全管理，确保操作规程的遵守和安全措施的落实	项目安全管理部门
44		安全生产费用风险	安全生产费用的提取和使用不规范、不合规，导致安全生产费计价困难，造成项目效益损失的风险	安全费用应当设专户核算，按规定范围安排使用，不得挤占、挪用。制订安全生产费使用计划，过程检查纠偏	项目安全管理部门
45		应急与事故管理风险	防范和处置各类突发事件的能力不足，导致突发事件及其造成的损害和影响增大的风险	按要求制订项目应急管理体系，定期开展应急演练、应急培训。积极开展应急救援，按要求逐级进行应急响应	项目安全管理部门

续表

序号	风险名称		风险描述	应对措施	责任部门
46	合同管理风险	合同准备风险	对合同相对方的选择没有认真履行合规尽职调查职责，合作方警示名录、黑名单运用不到位，导致项目对相对方的资信、授权等情况掌握不足，引发交易风险	根据项目实际情况合理选择合同相对方，调查其背景资料，确保合同相对方主体资格、纳税人基本信息、资质证书、信用情况合法合规及具备较强的履约能力，避免与已被列入股份公司“合作方警示名录”的厂商合作	项目合同管理部门
47		合同订立风险	使用对方提供的合同文本，没有优选选择招标文件或公司的合同示范文本，导致合同存在对我方不利条款。签约时没有审核对方签约人的授权文书，存在我方先签再邮寄对方再签的情况	优先选择使用招标文件中的合同文本、公司合同示范文本，其次可以选择行业主管部门推荐使用的合同文本、双方共同拟定的文本、相对人提供的合同文本。合同一般应由相对人先签字盖章，我方后签字盖章，并验证、保管对方签约人的授权文书	项目合同管理部门
48		合同履约风险	合同签订后，没有及时向合同履行单位、人员进行合同内容的全面交底，对于合同履行进展情况关注不够，对合同的变更、补充或解除的，没有及时形成合法有效的书面证据材料，导致合同履约迟延甚至有违约风险	合同业务部门在合同签订后及时进行交底，提示并关注履约中应注意的问题。在履行己方合同义务的同时，监督对方履约进度。对于合同变更、补充以及解除的，要及时形成书面文字，以有双方签章的补充协议、签证或各方有权人签字的会议记录等形式作为合同文件	项目合同管理部门
49	成本管理风险	成本预算风险	业主合同及相关资料理解不透彻，策划深度不足，施工组织设计或施工方案与现场存在偏差或滞后，公司经验数据更新不及时，导致成本预算不准确	通过会议、集体学习等方式积极研究业主及相关资料，加强策划管理，积极组织对施工组织设计和施工方案进行评审，并结合现场实际情况进行调整，确保与现场匹配，及时扩大和充实公司指导价、定额库等资料，确保能够指导成本预算的编制	项目成本管理部门
50		成本预控风险	对潜在风险认识不全面，采取的预防措施不到位或不及时	通过对项目管理全过程进行分析，主动研判可能存在的成本管控风险，邀请公司经济专家指导帮扶，确保采取的措施合理且能够落实	项目成本管理部门
51		成本过程控制风险	成本管控未落实，导致现场成本管理失控	项目管理过程中，积极解决现场成本管控存在的问题，对成本影响较大项要指派专人负责	项目成本管理部门
52		成本核算与分析风险	成本收集不完整，核算不及时，成本分析不到位，无法指导现场施工成本控制	借助表格、信息化系统等手段，提高成本归集度和核算准确性，借助经济运行分析、两会一盘点等措施深入分析成本偏差情况，合理指导现场施工成本控制	项目成本管理部门
53		成本考核风险	成本考核流于形式，出现吃大锅饭现象等，导致考核激励效果不足	细化考核方案，对成本管控关键岗位、突出贡献人员重点考核，杜绝吃大锅饭现象，通过简政放权，加快考核兑现时效性，最大化考核激励效果	项目成本管理部门

续表

序号	风险名称		风险描述	应对措施	责任部门
54	分包商管理风险	分包商选聘风险	选用前未能充分考察分包商实力和信誉，导致选用不合格分包商	对新引进分包商做好其实力和信誉调查，必要时实地考察，确保选用分包商符合项目使用和企业发展要求	项目成本管理部门
55		分包商使用风险	对分包商服务意识不足，用工管控不到位，资金使用监管不到位，导致分包商现场管理混乱，挪用资金，农民工上访讨薪等事件	通过建立服务清单，增强对分包商的服务意识和服务水平，对分包商用工成本、现场施工组织、资金使用等进行统计监控，确保现场成本可控、农民工基本权益得到保证，杜绝资金挪用现象	项目成本管理部门
56		分包商评价风险	对分包商评价不准确，易导致评价结果失真，参考价值低	结合分包商企业实力、现场管控水平等建立多个维度的评价体系，准确评估分包商整体施工水平	项目成本管理部门
57		分包商退出风险	分包商退场时以各种理由扯皮，要求补偿等	完善合同条款，加强过程分包商成本监控，对合同外费用进行及时核实与签认，与分包商往来文件建立签收制度，最大程度减少后去退场扯皮现象	项目成本管理部门
58	税务管理风险	税务筹划风险	对政策理解不透、把握不准，有关税收优惠政策运用和执行不到位，导致税务筹划缺乏整体性、计划性、前瞻性	加强政策宣贯，强化培训力度，及时、全面地掌握税收政策动态，增强政策理解能力，合理把握风险与收益的关系，在有效防控风险的基础上，坚持利益最大化原则，结合企业实际深入推进税收筹划	项目税务管理部门
59		税务操作风险	业务人员经验不足，部门间缺乏有效沟通配合，导致税收筹划执行力方面打折扣，较为薄弱，税务创效能力不足，增加税务成本，造成企业损失	树立全员参与税务管理理念，增强部门之间的沟通与协调，确保税务筹划有效落地，对于筹划偏差，及时更正调整，提高税务风险防控及创效能力	项目税务管理部门
60	费用管理风险	预算管理风险	预算编制基础不准确，信息收集不完整，执行没有得到有效监控和分析，考核机制不够健全，或没有得到有效实施，导致预算编制失真，难以执行以及执行效率差的风险	一是项目全员参与，项目每个员工、部门参与到预算的每个环节中，把责任目标通过预算管理，层层传递落实，渗透的项目经营管理的各个环节，实行全员、全过程、全方位的预算管理；二是部门协同，财务部牵头、各相关职能部门互相有效协同，形成分工明确、责任清晰、相互协同、高效配合的工作机制和责任机制；三是强化预算执行过程的管控、分析，根据执行情况及时纠偏，提高预算管控水平	项目财务管理部门
61		资金管理风险	项目缺乏风险控制意识，资金预算不准确，缺少资金收支统筹能力，增加项目资金管控风险	一是做好资金预算与资金周报统计、分析工作，提高资金预算的准确性、及时性；二是抓好日常规范管理，严格资金审批程序，定期排查风险隐患；三是原则上禁止个人卡办理单位业务，严格备用金季末清零管控	项目财务管理部门

续表

序号	风险名称		风险描述	应对措施	责任部门
62	成本管理风险	债务风险	项目应付账款在资产总额中所占比重过高，金额较大，项目偿付风险较大	一是积极筹措资金，按合同支付条款支付外欠款，避免违约；二是保证支付的公平性，根据项目资金实际情况以及外欠款情况，制订合理的资金支付计划，避免因不公平支付产生的纠纷；三是根据项目现场施工实际，科学合理制订物资采购计划，避免存货和外欠款的双增；四是要用活、用好民企欠款清理政策，主动对接，及时有效向建设单位传导政策压力，提升产值计价率、计价拨款率，实现企业“两金”规模和应付账款余额双降	项目财务管理部门
63	成本管理风险	“两金”风险	两金金额较大和结构不合理，资金大量被占用，给项目资金周转带来较大压力，增加项目潜亏风险	一是项目要主动作为，业主单位未按合同要求及时计价确权的，督促计划部门积极与业主单位沟通协调，推进计价进度，及时确权；二是业主未按时支付工程款的，项目财务人员要积极催收，降低逾期应收款项余额；三是利用保函置换工程质保金，加快资金回收，降低应收账款余额；四是物资部要根据施工计划审慎制订需求计划，保证需求计划的质量并严格按计划采购，避免存货和外欠款的双增	项目财务管理部门
64	成本管理风险	费用风险	费用控制措施不力，支出、归集、分配、摊提不合理，导致资源浪费、资产流失，增加项目效益流失风险	加强预算管理，坚持“无预算不得支出”原则，将项目管理费纳入预算，将预算指标植入GS系统，实行刚性控制，进一步压缩费用开支；加强费用审批，坚持“非必要不开支”原则，完善审批流程，强化过程管控	项目财务管理部门
65	审计风险	内部审计风险	项目对内部审计重视程度不够，未及时向审计组提供审计所需资料，或提供虚假资料，人员配合不到位，影响审计进度；存在干扰、阻碍审计工作的行为；项目对内部审计发现的问题无整改方案，整改效果未达到预期，存在不执行审计决定，或者无正当理由拒不采纳审计建议的行为	1.与项目绩效考核挂钩，落实被审计单位审计责任，积极配合内部审计工作开展； 2.在规定期限内完成审计整改，根据审计建议，建立长效机制	项目领导
66	审计风险	外部审计风险	项目外部审计配合不到位，外部审计信息反馈不及时，导致审计问题未得到有效协调、解决，致使项目利益受损	1.设置项目外部审计联络员，及时向公司审计部门报送、跟踪外部审计信息； 2.按照时间节点提交审计所需资料，对审计组提出的问题谨慎答复和签认，针对重大问题与公司审计部门、业务部门有效沟通、协调； 3.积极收集有利于项目的证据材料，并与审计组保持信息畅通，便于工作开展	项目领导

续表

序号	风险名称		风险描述	应对措施	责任部门
67	人力资源管理风险	人力资源使用风险	人岗不匹配，没有履行回避、不相容岗位分离制度	严格按照上级单位业务管理要求，严格按照岗位职责要求，明晰工作职责和岗位标准，量才使用；严格落实任职回避和不相容岗位分离制度	项目人力资源管理部门
68		绩效考核风险	绩效考核结果有失公允，没有做到公平公正	严格落实绩效考核程序和方法，做好公平公正	项目人力资源管理部门
69		薪酬福利风险	拖欠职工工资	严格落实上级单位关于员工工资发放要求，按时足额发放职工工资	项目人力资源管理部门
70	舆情风险	舆情监控风险	各类综合网站，各级政府的门户网站，各类新闻传媒机构的门户网站，行业系统的网站，各类博客、微博、贴吧、微信、各类论坛、短视频平台中涉及我集团公司的负面信息	1.建立网络宣传员队伍，做好日常监测，发现负面舆情及时按要求报送； 2.坚持重大事项舆情预研判制度，分析可能出现的负面舆情并制订应急预案	项目舆情管理部门
71		舆情处置风险	涉及集团公司的负面舆情，如处置不当，将会对企业产生负面影响，严重的直接影响企业的生产经营	1.要第一时间启动危机处置应急预案，做好媒体记者的接待和管理工作，上报上级主管部门、业务部门； 2.涉事部门和单位应迅速调查、了解事件真实情况，并准备初步应对口径;集团公司舆情处置工作小组迅速组织涉事对口的集团公司机关业务部门、相关部门负责人进行会商研判，在党委宣传部（企业文化部）汇报舆情情况，涉事部门和单位、对口集团公司业务部门分别汇报事件调查情况后，形成处置意见； 3.集团公司党委宣传部（企业文化部）和涉事单位宣传部门要同步开展实时监控，密切关注舆情变化，并根据情况采取多种措施控制传播范围； 4.舆情趋于平稳后，由涉事单位通过多种途径加大正面宣传力度，公开强化有关管理举措，消除舆情影响，修复企业整体形象	项目舆情管理部门
72		信访管理风险	不稳定事件频发，出现越级上访或群体性事件	加强不稳定因素排查，及时化解；加强盯控，避免越级上访	项目舆情管理部门
73	印章管理风险	印章使用风险	项目私自用印、加盖空白印章等	专人保管，严格责任，加强检查	项目印章管理部门
74		印章保管风险	非正式员工保管印章、保管场所不安全	正式职工管理；保险柜或铁皮柜上锁保管	项目印章管理部门
75		印章销毁风险	项目完工后不按时将印章移交公司、甚至有丢失风险	严格按节点移交；加强督导检查	项目印章管理部门

续表

序号	风险名称		风险描述	应对措施	责任部门
76	法律合规风险	法律环境风险	缺乏对与建筑工程相关法律法规特别是新法新规的学习，对工程建设领域的法治环境认识不足，习惯按照老办法办事，对法律法规的学习不深、理解不透，导致法律纠纷事件发生，造成经济效益流失	制订普法宣传工作计划，针对项目管理人员、关键岗位人员，常态化地组织参加集团公司、工程公司普法宣传教育活动。结合项目实际，自主开展普法宣传教育工作，组织项目人员学习建筑工程新法新规或与工作生活相关的法律法规，提高人员法治意识和项目法治氛围	项目法律合规事务管理部门
77		业务法律风险	临时用地审批手续不全，对于用地协议的签订缺少村委会、承包人等权利人的签认，导致临时用地使用、复垦等争议；未按公司规定办理劳务准入手续，对劳务分包商的资信情况审核把关不严，导致分包商无资质、违法分包或劳务人员受伤牵连纠纷等；长期逾期欠付分供商款项，导致最终结算久拖未决，引发无争议欠款纠纷	严格按照规定办理临时用地审批手续，合理使用临时用时并复垦，确保用地手续完备、协议合法有效；严格劳务准入，定期排查对分包商、设备物资供应商等待支付义务，及时化解侵权损害、劳务用工等法律纠纷隐患，避免劳务纠纷和无争议欠款纠纷	项目法律合规事务管理部门
78		合规风险	因未能遵循法律法规、监管要求、规则和准则、内部规章制度，可能遭受法律制裁或监管处罚、重大财务损失或声誉损失的风险	建立完备的合规管理体系；加强日常合规管理培训学习	项目法律合规事务管理部门

（二）XMGL-3-1-2 项目风险评判标准

项目风险评判标准（参考）

项目经理部风险评判参考标准为：

根据项目性质（传统项目、新产业项目、新业务项目）和阶段，从风险发生的可能性和影响程度两个维度，充分考虑项目风险承受度和风险偏好，将风险划分为特别重大风险、重大风险、较大风险、一般风险和其他风险5个等级，对于影响程度特别重大和重大的风险，不论发生可能性高低都要认定为特别重大风险和重大风险。同时，严格落实股份公司风险红线管理要求，将评估认定的特别重大风险和重大风险视作红线，严加管控。

1.风险发生可能性评分标准

风险发生可能性评分标准

评估方法		1.极低	2.较低	3.一般	4.较高	5.极高
定性方法	适用于判断在日常运营中风险发生的频率	在项目现有的管理水平、人员结构和管控手段条件下，风险事件基本不会发生，仅在例外情况下可能发生	在项目现有的管理水平、人员结构和管控手段条件下，风险事件发生的可能性较低	在项目现有的管理水平、人员结构和管控手段条件下，风险事件发生可能性一般	在项目现有的管理水平、人员结构和管控手段条件下，风险事件发生的可能性很高	在项目现有的管理水平、人员结构和管控手段条件下，风险事件发生可能性非常高

续表

评估方法		1.极低	2.较低	3.一般	4.较高	5.极高
定量方法	适用于可以通过历史数据统计出一定时期内风险发生概率的风险	发生概率10%以下	发生概率为10%~30%	发生概率为30%~70%	发生概率为70%~90%	发生概率为90%以上

备注：风险发生可能性评分标准运用方法如下。

（1）根据风险的性质，通常运用说明性标准的定性方法进行评分，若是日常运营，则选择“适用于判断日常运营中风险发生的概率”；若是针对大型灾害/事件类风险发生的可能，可以用“适用于重大灾难或事故”。

（2）如果可以通过历史数据计算出风险发生的概率，则可以运用定量方法。在此基础上，根据可能性的大小，给出具体的等级。

（3）示例中的对可能性判定标准的描述仅供参考，评估者亦可根据自己对风险发生可能性的判定标准对风险发生的可能性进行判断。

2.风险影响程度评分标准

风险影响程度评分标准

评估类别	1.轻微	2一般	3.较大	4.重大	5.极大
经济损失	直接经济损失占项目合同额0.5%之内	直接经济损失占项目合同额0.5%~1%	直接经济损失占项目合同额1%~3%	直接经济损失占项目合同额3%~5%	直接经济损失占项目合同额5%以上
持续发展	对项目日常运营或战略目标有轻微影响，并能够得到有效控制	对项目日常运营或对公司战略目标有轻微影响，经过内部协调后受到控制	对项目日常运营或对战略目标有中度影响，需要外部支持才能得到控制	对项目日常运营或对战略目标有严重影响，公司失去一些业务能力，情况失控，但对公司无致命影响	对项目日常运营或对公司的战略目标有重大影响，重大业务失误，情况失控，给公司带来致命影响
企业形象	对公司商誉、地位、形象没有影响或影响很小	对公司商誉、地位、形象造成暂时的负面影响，且影响程度较低	对公司商誉、地位、形象造成一定的负面影响，但这种影响可能持续较长的时间	对公司商誉、地位、形象造成严重不良影响，要消除这种影响需要很长的时间或需要付出很高的代价	对公司商誉、地位、形象造成严重不良影响，很难甚至无法恢复

备注：风险影响程度评分标准运用方法如下。

（1）根据风险发生后产生影响的性质，选择其中一个方面对风险的影响程度进行评分。如风险的影响主要是经济方面，则选择“经济损失”标准，以此类推。

（2）若选择评价风险影响的标准时，某些风险可能存在适用不同标准的情形，此时，需要选择其中对其影响程度最为重要的标准，来衡量风险的影响程度。

（3）示例中的对影响重大性判定因素及标准的列举仅供参考，评估者亦可根据实际情况对风险影响重大性的考虑因素和判定标准对风险发生影响的重大性进行判断。

说明：1.以上标准为参考标准，各单位和项目经理部可参照股份公司办法中关于各种风险的认定标准，考虑自身的产值、利润等指标及风险偏好和承受度各种因素，确定项目的风险标准。

2.项目确定的风险敞口不得大于股份公司标准。

（三）XMGL-3-1-3 项目风险管理总体方案

项目风险管理总体方案

项目风险管理总体方案包含以下内容：

1.项目风险管理目标

2.风险管控总体策略

3.项目风险管理组织机构及职责

4.项目风险列示

5.特别重大、重大风险管控及监测分工

6.重大、重大风险管控措施

7.工作要求

（四）XMGL-3-2-1 风险信息收集表

风险信息收集表

序号	风险识别评估		风险类别				可能造成的损失和威胁	可能性	损失和威胁程度	已有控制措施	需增加或拟采取的控制措施	备注
	风险等级	风险描述	一级风险	二级风险	三级风险	三级其他（自定义）		极高/较高/一般/较低/极低	极大/重大/较大/一般/轻微			

（五）XMGL-3-2-2 风险案例收集表

风险案例收集表

序号	风险事件名称	发生时间	严重程度	风险类别				当期情况	原因分析	已造成的损失和影响	是否处置完成	后续拟采取的措施	处置进展情况	预计完成时间	责任追究	经验、教训以及举一反三情况	备注
				一级风险	二级风险	三级风险	三级其他（自定义）										

（六）XMGL-3-3-1 风险评估工作报告

风险评估工作报告（参考）

风险评估工作报告包括以下内容：

1.风险评估工作开展情况

2.评估结果统计分析

3.当前风险管控情况

4.风险评估认定

5.下一步重点工作

（七）XMGL-3-4-1 风险管控专项方案

风险管控专项方案（模板）

风险管控专项方案包括以下内容：

1.风险描述

2.风险管控策略

3.风险监控、预警、过程管控、报告途径等

4.管控措施

5.工作要求

（八）XMGL-3-4-2 项目关键风险（KRI）监测指标表

项目关键风险（KRI）监测指标表

序号	风险名称	主责部门	指标名称	指标定义或描述	预警指标值			监控频率
					黄色预警	橙色预警	红色预警	
1	××风险		指标1					月度/季度/年度
			指标2					月度/季度/年度
			……					……
……	……		……					……

（九）XMGL-3-4-3 项目风险跟踪监测表

项目风险跟踪监测表

序号	风险或风险事件名称	当期情况描述	可能或已造成的损失及影响	原因分析	预警指标值	预警等级（黄色、橙色、红色）	已采取的措施	备注
1	××风险							
……	……							

（十）XMGL-3-5-1 风险管理报告

风险管理报告（参考）

风险管理报告包括以下内容：

1.风险列示

2.拟定的风险管控措施

3.上一周期风险管控措施落实情况总结

4.当前风险状态描述

5.下一步的管控措施及要求

三、项目策划管理用表及模块

（一）XMGL-4-2-1 项目策划书

项目策划书（模板）

说明：本编制大纲为参考范本，项目可根据工程具体情况增减内容。

1.工程概况及边界条件

1.1 工程概况

1.2 工程所在地环境

1.3 水文地质条件

1.4 施工条件

1.5 编制依据

1.6 业主、勘察、设计、咨询、监理等相关单位

1.7 合同环境

1.8 合同约定目标

2.项目评估

2.1 工程特点、难点、工期卡控工程分析

2.2 风险评估

2.3 主要风险规避方案

3.项目总体目标策划

3.1 项目战略定位

3.2 主要管理目标策划

4.项目组织架构策划

4.1 项目组织架构

4.2 主要管理人员

4.3 工区划分

4.4 保障措施

4.5 协调策划

5.技术管理策划

5.1 施工方案策划

5.2 测量及监测

5.3 试验及检测

6.安全管理策划

6.1 控制重点工程和重点部位

6.2 主要控制措施

7.质量管理策划
- 7.1 控制重点工程和重点部位
- 7.2 主要控制措施

8.工期策划
- 8.1 关键时点识别
- 8.2 总体施工顺序
- 8.3 总工期、关键节点工期
- 8.4 主要工序时间安排及指标
- 8.5 施工平面布置图

9.临建工程策划
- 9.1 项目驻地设施策划
- 9.2 大型梁场、轨枕厂及预制场策划
- 9.3 铺轨基地策划
- 9.4 混凝土、沥青拌和站策划
- 9.5 级配碎石、水稳拌和站策划
- 9.6 钢材加工厂（场）策划
- 9.7 地材自加工策划
- 9.8 项目火工品供应及炸药库策划
- 9.9 临电策划
- 9.10 主要临时便道、便桥策划
- 9.11 重点工程临建策划

10.成本效益、变更索赔策划

（做专项策划）

11.分包策划

（做专项策划）

12.物资（周转器材）配置策划
- 12.1 需求计划
- 12.2 业主对甲供、甲控、自购范围的限制
- 12.3 价格经济比选
- 12.4 来源及运输方式

13.机械设备配置策划
- 13.1 需求计划
- 13.2 业主的相关要求
- 13.3 经济比选及配置方式

14.财税策划

（做专项策划）

15.节能环保管理策划
- 15.1 控制重点工程和重点部位
- 15.2 重要环境因素识别
- 15.3 主要控制措施

16.科技创新策划
- 16.1 科技立项
- 16.2 工法策划
- 16.3 专利策划
- 16.4 四新技术应用

17.创誉创优策划

17.1 创誉策划

依据铁总信用评价办法或业主考评要求，从联络协调、外业、内业方面明确具体负责人，做好针对性安排，制订迎检具体措施、亮点打造措施等。

17.2 创优策划

根据项目创优目标，制订创优措施。

18.特殊季节施工策划

18.1 冬期施工措施

18.2 雨季施工措施

18.3 高温季节施工措施

18.4 台风季节施工措施

18.5 旱季施工措施

18.6 其他施工措施

19.文明施工、文化建设策划

19.1 文明施工总体策划及标准

19.2 项目企业文化建设

20.信息化管理策划

20.1 建设方案

20.2 管理措施

21.智慧工地建设策划

21.1 建设方案

21.2 管理措施

22.附图及附表

主要指标段总平面图（含地质水文、工程概况、管线、周边环境）、临建设施设计图（含工程量）、工期横道图+网络图、各施工阶段场地布置图、标段缩图、工期计划表等。

23.新领域专项策划大纲（如有单独设置章节）

23.1 新领域项目特点

23.2 新领域项目实施总体目标和思路

23.3 新领域项目实施策划

（二）XMGL-4-5-1项目策划后评价报告

项目策划后评价报告（范本）

说明：本编制大纲为参考范本，项目可根据工程具体情况增减内容。

1.项目概述、主体工程完工情况

1.1 项目基本概况

1.2 主体工程完成情况

2.项目策划调整情况

简要叙述集团公司、工程公司批准的项目策划在实施过程中的调整情况，主要指标（工期、经济等）变化情况（列表对比）。

3.项目策划执行情况

3.1 项目重大风险策划执行情况

3.2 项目主要管理目标策划执行情况

3.3 项目重大施工组织策划执行情况

3.4 项目重大方案策划执行情况

3.5 生产资源配置策划执行情况

3.6 项目财务策划执行情况

3.7 责任成本预算、变更索赔策划执行情况

4.项目体系运行情况

4.1 项目团队建设、人才培养情况

4.2 项目绩效考核情况

5.项目管理经验和教训

5.1 项目管理经验

5.2 项目管理教训

6.项目策划的评价

6.1 项目策划内容评价

6.2 项目策划的意见和建议

四、施工技术管理用表及模板

（一）XMGL–6–1–1 施工调查报告

×××项目施工技术调查报告（范本）

说明：本编制大纲为参考范本，项目可根据工程具体情况增减内容。

1.项目基本情况

1.1 工程概况

1.2 施工任务及目标

1.3 工程特点及控制工期、重点、难点、关键工程

2.常规项目调查

2.1 工程分布、地形地质地貌及气象水文调查

2.2 周边建筑物、地下管网调查

2.3 交通运输状况调查

2.4 水源、电源、燃料情况调查

2.5 主材、地材等原材料供应情况调查

2.6 社会经济文化、风俗民情调查

2.7 取样送检及试验检测情况调查

2.8 施工能力及技术水平现状调查

2.9 地方监管及工程验收相关调查

2.10 ……

3.重点项目调查

3.1 铁路、公路等线路、路基

3.2 既有铁路、公路等线路改建过渡工程

3.3 桥涵、立交、通道、水工建筑物

3.4 隧道、地铁、地下工程

3.5 站场、建筑工程

3.6 给排水工程

3.7 四电工程

3.8 设备安装工程

4.调查结论及建议

4.1 工程技术风险识别

4.2 施工组织意见

4.3 重要施工方案建议

4.4 对改善设计的建议（方案优化建议）

4.5 其他建议

（二）XMGL-6-1-2 实施性施工组织设计

实施性施工组织设计（范本）

1.编制依据

2.工程概况

2.1 工程建设概况

2.2 工程设计概况

2.3 项目主要施工条件

2.3.1 项目建设地点气象状况

2.3.2 项目施工区域地形和工程水文地质状况

2.3.3 项目施工区域地上、地下管线及相邻地上、地下建（构）筑物情况

2.3.4 与项目施工有关的道路、河流等状况

2.3.5 当地建筑材料、设备供应和交通运输等服务能力状况

2.3.6 当地供水、供电、供热和通信能力状况

2.3.7 其他与施工有关的主要因素

3.总体施工部署

3.1 项目管理组织

3.2 项目管理总目标

3.3 单位工程交付计划

3.4 施工总程序安排

3.5 项目重点难点分析

3.6 新技术应用安排

3.7 分包项目施工力量安排

4.施工总进度计划

4.1 施工总进度计划应按照项目总体施工部署的安排进行编制

4.2 施工总进度计划可采用网络图或横道图表示，并附必要的说明

5.总体施工准备与主要资源配置计划

5.1 总体施工准备工作计划

5.1.1 技术准备

（1）技术文件准备计划。

（2）施工方案编制计划。

（3）施工试验计划。

（4）设备调试工作计划。

（5）技术复核和隐蔽验收计划。

（6）施工图深化设计计划。

5.1.2 现场准备

施工设施准备计划。

5.1.3 资金准备

资金使用准备计划。

5.2 各项资源配置计划

5.2.1 劳动力配置计划

5.2.2 原材料需要量计划

5.2.3　成品、半成品需要量计划

5.2.4　施工工具需要量计划

5.2.5　施工机械、设备需要量计划

5.2.6　测量设备需要量计划

6.主要施工方法（方案）

6.1　简要说明单位、主要分部分项工程所采用的施工方法

6.2　简要说明支架、起重吊装、临时用水用电工程、季节性施工等专项工程所采用的施工方法

7.施工总平面布置

全部用图表达，图中适当配文字说明。

7.1　合理划分各单位工程施工、生活用地

7.2　体现全部拟建（构）筑物和其他基础设施的位置

7.3　项目施工范围内的主要加工设施、运输设施、存储设施、供电设施、供水供热设施、排水排污、临时施工道路和办公、生活用房等

7.4　施工现场必备的安全、消防、保卫和环境保护等设施

7.5　相邻的地上、地下既有建（构）筑物及相关环境

8.总进度管理计划

8.1　确定施工进度控制点

8.2　施工进度管理组织机构和职责分工

8.3　进度管理措施（包括组织措施、技术措施、合同措施等）

8.4　赶工措施

8.5　周边环境协调措施

9.质量管理计划

9.1　工程施工质量目标及其目标分解

9.2　建立项目质量管理的组织机构并明确职责

9.3　确定质量控制点

9.4　关键过程和特殊过程控制

9.5　制订现场质量管理制度

9.6　质量保证措施

10.安全管理计划

10.1　辨识职业健康安全重大危险源

10.2　明确职业健康安全管理目标

10.3　建立安全组织机构，明确安全职责和权限

10.4　职业健康安全资源配置计划

10.5　专项施工安全方案编制计划

10.6　施工现场安全生产管理制度

10.7　安全保证措施

11.环境管理计划

11.1　环境管理目标

11.2　建立环境管理组织机构，明确环境管理职责和权限

11.3　辨识重大环境因素

11.4　环境保护资源配置计划

11.5　制订环境管理规章制度

11.6　施工环境保证措施

12.信息化施工管理计划

12.1　建立施工项目信息管理系统

（三）XMGL-6-2-1 专项施工技术方案

专项施工技术方案（范本）

专项技术方案章节目录及编制说明

单独编制的施工专项技术方案应根据建设单位要求并参照本大纲进行编制。

1.编制依据

方案编制依据：国家的政策法规、行业标准、技术规程；设计文件及工程地质报告；与建设单位签订的合同；招标投标文件；施工调查资料；企业的装备能力、技术素质、资金储备、劳力资源、物资储备等综合实力；类似工程的施工经验；一体化管理体系文件要求；实施性施工组织设计文件等。

编制说明：在编写时，注意本工程所采用的规范和标准应全面且在有效期内，并应与招投标文件及设计要求的规范、标准对应，可将规范、标准全部列在正文中，也可将本工程所采用的规范、标准做成表格，作为方案的附件。

编制的原则：认真贯彻执行国家方针、政策、标准和设计文件，严格执行基本建设程序，实现工程项目的全部功能；全面履行工程合同，满足建设单位要求，有效地集中施工力量，按期完成；按照工序关系，合理安排施工顺序，统筹考虑。

2.工程概况

描述工程概况时，应从该分部分项工程的工程简介、设计概况、计划工期、主要技术标准、自然条件、施工条件、主要工程数量、建设相关单位要求等几个方面编写。

编制说明：

（1）**设计概况**应结合项目施工图总说明中的内容编写。

（2）**合同工期**应以总体工期分解后的分部分项工期为依据。

（3）**主要技术标准**应以设计文件（图纸）中总体设计技术标准为主，当建设单位有特殊要求时，应结合招投标文件向建设单位书面确认。

（4）**自然条件**主要包括与该分部分项工程有关的水文状况（历年季节降雨量，地下水位，江河常水位、施工水位、最低水位及时间、最高水位及时间、历史最高水位，流速、冲刷深度等）、气候条件（冬、夏、雨期分布月份，极端气温及时间，季风情况，冻融深度，其他特殊气候如台风、潮汐等）、地形地貌、地质状况（针对与该分部分项工程有关的整体地质状况的实际描述，以设计地勘资料为基础，以施工详勘为主）等。

（5）**施工条件**主要描述与该分部分项工程有关的现场征拆情况、进出场道路情况、高压电、地下管线、跨河、跨路、用水、通信等情况。

（6）**主要工程数量**应避免照搬照抄工程量清单。

（7）**建设相关单位**只要求建设相关方的名称，如建设单位、设计单位、监理单位等，当有业主要求的第三方监测单位的，也应注明。

3.工程重难点分析

编制说明：对本工程的重难点进行分析。

4.拟采取的方案的比选

编制说明：对拟采取方案进行比选。

5.施工进度计划

施工进度计划包括主要工序作业时间分析、关键工序节点安排、项目的进度安排等。

编制说明：本章节在编制前，应对实施性施工组织设计进行详细研究，对总体工期有明确的了解，要结合拆迁进度情况和可能在施工过程中遇到的影响工期的因素（如气候变化、大型节假日等）进行统筹规划，尽量避免因考虑不充分导致后期抢工。

编写时，编制人员要思路清晰，计算准确，所有工期安排不能出现相互矛盾、不切实际的情况。

6.施工工艺技术

专项施工方案施工工艺技术主要包括：施工准备、工艺流程、施工方法（含技术参数、质量标准、施工注意事项）、其他（如监测、监控等）。

编制说明：应采用图文结合的方式描述，要求专项方案内容符合逻辑，能对施工全过程起指导作用，并体现安全性、经济性及合理性，能保证施工质量，满足工期要求。

7.资源配置计划

资源配置计划包括：劳动力计划、物资与设备计划。

编制说明：应以图表形式反映出方案执行过程各阶段劳动力、材料与设备配置情况。

8.施工安全保证措施

施工安全保证措施包括：组织保证、技术保证、应急预案等。

编制说明：安全管理组织机构基于项目经理为组长的安全工作领导小组，小组中包括项目经理、项目书记（如设置）、项目总工、安全总监、副经理、项目部各业务部门、作业队伍（专业班组）负责人等。

保证体系框图，按安全管理组织机构中相关岗位人员绘制能直观体现管理层次的保证体系框图。

主要安全保证措施包括：已建立的安全管理制度、针对项目重大危险源制订的主要安全保证措施、通用安全措施条款等。在描述安全管理制度时，一是只要求管理制度的名称，不需要叙述具体条款的内容；二是制订的制度要全面，应结合国家、当地政府、行业和企业的相关安全要求，并综合项目施工全过程的具体情况编制，不能存在安全管理盲点。

9.其他技术保证措施

其他技术保证措施包括：质量、夏期、冬期、雨季施工、环境保护、水保护、职业健康保护等技术保证措施。

（1）质量保证措施。主要内容有质量管理目标、质量管理组织机构、质量保证体系框图、主要质量保证措施等。

编制说明：

质量保证组织机构为基于项目经理为组长的质量工作领导小组，小组中项目经理、项目书记、项目总工、安全总监、副经理、项目部各业务部门、作业队伍（专业班组）负责人等。

保证体系框图，按质量保证组织机构中相关岗位人员绘制能直观体现管理层次的保证体系框图。

主要质量保证措施包括：已建立的质量管理制度、针对项目技术重难点制订的主要质量保证措施、通用质量保证措施条款等。在描述质量管理制度时，一是只要求管理制度的名称，不需要叙述具体条款的内容；二是制订的制度要全面，应结合国家、当地政府、行业和企业的相关质量要求，并综合项目施工全过程的具体情况，不能存在质量管理盲点。

（2）季节性施工保障措施。主要内容有冬季施工技术措施、夏季施工技术措施、雨季施工技术措施、其他特殊气候（如风区地带、严寒地带、台风天气、沿海潮汐地带等）施工技术措施等。

编制说明：季节性施工保障措施要根据工期要求，在确保工程质量和施工安全的前提下制订的符合现场需要的相关保障措施。

季节性施工保障措施制订时，应遵循以下原则：

①符合项目工期实际需要；

②符合项目成本管理的要求；

③采取的保障措施能保证施工工程的安全和质量；

④保障措施能最大限度的利用公司现有的材料或机械设备；

⑤保障措施符合环保要求，并最大限度减少对周边环境的影响；

⑥当出现极端天气（或气候）时，应停止施工，并有完善的措施最大限度减少损失，同时要求做好保险索赔的相应原始证据收集整理工作。

季节性施工保障措施应充分考虑可能导致的影响，有针对性地编制具有可操作性的主要措施。

（3）文明施工及环境、水与职业健康保护措施。主要内容有文明施工及环境、水与职业健康保护的目标、管理组织机构、保证体系、保证措施等。

编制说明：文明施工及环境、水与职业健康保护管理组织机构为基于项目经理为组长的文明施工及环境、水与职业健康保护工作领导小组，小组中包括项目经理、项目书记、项目总工、安全总监、副经理、项目部各业务部门、作业队伍（专业班组）负责人等。

保证体系框图，按文明施工及环境、水与职业健康保护组织机构中相关岗位人员，绘制能直观体现管理层次的保证体系框图。

主要文明施工及环境、水与职业健康保护保证措施包括应执行的国家、地方以及项目部建立的文明施工及环境、水与职业健康保护管理制度、针对项目特点制订的主要文明施工及环境、水与职业健康保护保证措施、通用文明施工及环境、水与职业健康保护保证措施条款等。在描述文明施工及环境、水与职业健康保护管理制度时，一是只要求管理制度的名称，不需要叙述具体条款的内容；二是制度要全面，不能存在文明施工及环境、水与职业健康保护管理盲点。

10.应急预案

主要内容有应急预案领导机构、应急预案内外部联系方式、应急预案清单、应急预案编制及演练计划等。

编制说明：

应急预案领导机构为项目主要领导为组长的应急预案处置小组，本小组中应明确具体人员姓名和在小组中的职务以及人员分工。

内外部联系方式主要包括：内部应急事件处置沟通中主要人员、地方政府部门以及地方消防、医院等相关单位的联系方式。

应急预案清单：应对危险源进行辨识，已辨识的重大危险源建立**应急预案清单**，明确编制完成日期，制订演练计划，可列表表达。

11.附件

附件包括计算书和附图附表。

11.1　计算书

专项方案中涉及承重结构、重要临时设施、设备设计等工作内容应编制专项计算书。

编制说明：

（1）计算书格式、内容应包括：

①封面签批页、编制依据、原结构设计说明；

②需检算结构设计原理及设计图纸，需检算结构设计图转化计算模型图纸；

③永久荷载分解计算过程、临时荷载分解计算过程、各项荷载取值系数及其汇总表格；

④如采用手工计算，应采用列表方式进行计算分析，表格内容应包括：序号、计算工况、部位、结构模型类型、使用计算公式、容许荷载或容许变形值（注明来源及公式中字母含义和单位）、参数取值及来源（可以注明引用计算表的序号）、荷载值及单位、计算结果及单位、计算结果说明、计算人员及复核人员签字、技术负责人签字；

⑤如采用电算应包括：计算软件名称、版本号、各工况计算条件列表、数据模型录入原始文件表单打印本及电子版附件、计算结果文本表单打印件及电子版附件、各工况计算结果说明及相应示意

图、电算人员及复核人员签字、技术负责人。

（2）计算书审批流程要求。一般结构计算书审批要求：

①非局指所管项目：计算人→复核人→项目工程技术部长审核→项目总工程师签批；

②局指所管项目：计算人→复核人→分部工程技术部长审核→分部总工程师签批→局指工程技术部长审核→局指总工审批；

③如为委外计算，签字审批手续必须完备。

11.2　附图附表

附图主要包括施工平面布置图、网络图、横道图、施工工艺图、工况图、临时设施设计图等。

编制说明：

施工工艺图及工艺流程图，工艺流程应以操作节点为单元按照工艺过程顺序绘制。

工况简图应按照制图标准格式绘制在一张图纸内，简图以突出工艺环节、工序衔接为主，要求表达工序思路清晰、画面整洁。

临时设施图纸按“12.制图要求”执行。

附图根据需要增减。

12.制图要求

（1）图纸应按使用需要分为单张图、成册图。

（2）单张图应由设计图样、表、说明、主要图形符号、标题栏、图框等组成。

（3）成册图应由封面、目次、说明、表及若干张设计图样组成。图纸目次应编绘图框，内容应包括序号、图纸名称、图号等。

（4）工程图纸应按专业顺序编排。成册图应按封面、目次、说明、设计图样、表等顺序编排。单张图无封面、目次。图面的设计图样、表、说明等应布置合理，排列均匀美观。

（5）图纸说明（包括需要特别交代的设计说明）：应阐述整体设计的用材、特殊工艺说明及其他特殊要求等。

（6）在同一张图纸上，如绘制几个图样，图样的顺序宜按主次关系或以里程为索引的自然序列从左至右、自上而下依次排列。

（7）要有设计、复核、审核人签字。

（四）XMGL-6-3-1 作业指导书

作业指导书（范本）

1.适用范围

2.作业准备

2.1　内业准备

2.2　外业准备

3.技术要求

参考依据和规范条文。

4.工艺流程与操作要点

4.1　工艺流程

4.2　操作要点

5.劳动组织

6.材料要求

7.设备机具配置

8.质量控制与检验

9.安全及环保要求

9.1　安全要求

9.2　环保要求

（五）XMGL-6-4-1 技术交底书

一级技术交底书（范本）

交底单位名称：中铁××集团有限公司××项目部　　编号：JSJD-01-1.1

标段工程名称		第　页　共　页	
交底内容	项目总体施组、单位工程施组或重难点方案　参照项目一级技术交底清单		
主送单位	工程技术部	日 期	××年×月×日
交底内容： 1.本工程的施工范围和总体工程概况 2.本项目有效施工图纸清单及设计意图、工程特点 3.总体实施性施工组织设计及主要节点进度计划安排 4.主要施工技术方案、工艺方法 5.本项目采用的新技术、新设备、新材料和新工艺 6. 本项目的重难点和主要危险源辨析 7.主要工程施工设备、劳动力等资源配置计划及物资需求计划 8.本工程的技术和质量标准，重大技术、安全、环保等措施 9.本工程的设计交底及设计变更内容 10. 施工中应注意的关键问题和事项 11.附件及附图： （1）主要施工资源配置计划表（含物资、设备、劳动力需求计划）。 （2）有效施工图纸清单。 （3）有效规范及标准清单。 （4）其他附件（如土石方调配图、节点工期计划表等）。			

编制：　　复核：　　签收：　　年　月　日

二级技术交底书（模板）

交底单位名称：中铁××集团有限公司××项目部　　编号：JSJD-02-1.1

单位工程名称		第　页　共　页	
交底内容	分部工程-分项工程　参照项目二级技术交底清单		
主送单位	一架子队（工区）	日 期	××年×月×日
交底内容： 1.交底范围 主要是一般施工方案的交底，包括施工的内容、范围和主要工程数量。 2.分部分项工程概况 采用的施工图、特殊要求及变更设计情况。 3.施工准备及施工组织安排 技术准备，场地布置，施工安排，工期计划，施工设备、劳动力及物资需求计划等。 4.施工工艺和技术要求 包括采用新技术、新工艺的有关作业方法和操作规程，试验参数及配合比，测量放样桩橛、测量控制网、监控量测等。 5.质量标准及预防措施 分项工程质量验收标准、验收要求和预防措施。 6.安全、环保及文明施工方面的具体措施及标准 含重大危险源的应急救援措施。 7.成品保护方法及措施 8.其他施工注意事项 特殊环境及季节性施工措施，上级单位提出的特殊要求，项目创优及科研等要求。 9.附件及附图： （1）场地布置标准图例。 （2）结构尺寸图。 （3）施工工艺流程图。 （4）流水施工组织计划图。 （5）工程数量表。 （6）物资需求计划表。 （7）施工作业指导书。			

编制：　　复核：　　签收：　　年　月　日

三级技术交底书（模板）

交底单位名称：中铁××集团有限公司××项目部　　　　编号：JSJD-03-1.1

单位工程名称			第　页　共　页
交底内容	分部工程-分项工程　参照项目三级技术交底清单		
主送单位	一架子队（工区）	日期	××年×月×日

交底内容：
1.技术交底范围
明确交底内容、部位、范围、数量等，如：连续墙分幅、型号、编号、位置，结构所在轴线号、里程、楼层等。
2.施工工艺
采用的工艺、机具、设备、相关参数等，所需图纸，技术要点、注意事项。
3.质量标准
明确产品合格的技术标准及验收标准。
4.安全、环保、文明施工等技术措施
本次交底范围内的安全、环保、文明施工等技术措施。
5.成品保护措施
本次交底内容的成品、半成品的保护措施，如：钢筋车丝后加保护套，钢筋加工的分类存放、存放位置、堆码高度等要求。
6.其他应注意的问题
必要时补充说明。
7.附件及附图

编制：　　　　复核：　　　　签收：　　　　年　月　日

________级技术交底记录

工程名称				交底编号	
交底部位及范围					
交底时间	年　月　日		交底地点		
交底主要内容及事项					
交底组织人			交底人		
接受交底人员	单位、部门或工种	签名	单位、部门或工种	签名	
结果	1.对交底内容理解程度。　□完全理解　□基本理解　□没有理解 2.交底文件签收。　□交底书　□施组　□专项方案　□其他 接受交底单位或部门负责人（代表）签字：				

注：1.交底书等应与此表一起签字、留存。
2.签收人员均视为理解交底内容。若超过一半的人员没有理解时需填写“没有理解”，需重新组织交底；没有“完全理解”但是有超过一半人员理解时需填写“基本理解”，由接受交底单位负责人向未能理解的人员进行二次交底，并将重新交底的签收记录交项目部留存。

（六）XMGL-6-8-1 交接桩纪要

交接桩纪要

××项目×标交桩纪要

××年×月×日至××年×月×日，由建设单位主持，设计院、监理单位、施工单位参加，在现场进行了交桩工作。设计单位代表将测设在实地的控制桩交给接桩单位代表，纪要如下：

一、交桩范围

标段起止里程：

二、参加单位及人员

建设单位：

设计单位：

监理单位：

施工单位：

三、交接桩记录表（见附件）

附件包含控制桩点号、坐标、高程。

四、资料交接单位及签字

交桩单位：（章） 交桩者：

年 月 日

接桩单位：（章） 接桩者：

年 月 日

监理单位：（章） 监理代表：

年 月 日

建设单位：（章） 业主代表：

年 月 日

（七）XMGL-6-8-2 精密测量控制网共用桩协议书

精密测量控制网共用桩协议书

分界里程	
××标（小里程施工单位）	××标（小里程施工单位）
施工单位项目部名称	施工单位项目部名称

为保证 ××线正确衔接，××单位与 ××单位共同协商并报 ××监理单位同意，达成以下协议：
1.搭接平面控制点为 ××标 ××点，平面成果使用下表平面共桩成果。
2.搭接水准基点为 ××点，使用成果如下表二等水准共桩成果。
3.以上×个平面控制点和×个水准基点经过双方施工单位复测，精度满足设计要求。
4.共用控制点的成果根据设计院的成果更新，并及时通报对方单位和监理单位。双方应定期复测(联测)共用控制桩，及时沟通。
5.共用桩所在管段的单位负责本管段内共用控制桩的保护工作，应制作明显的警示标志加以保护，确保桩位不受破坏

平面共用桩

点名	坐标系统：中央子午线经度，投影面大地高，高程异常：	
	X(m)	Y(m)

二等水准共用桩

点名	高程（m）	高程系统

施工单位：（章） 测量负责人： 技术负责人： 日期：　　年　月　日	施工单位：（章） 测量负责人： 技术负责人： 日期：　　年　月　日
监理单位：（章） 专业监理工程师： 日期：　　年　月　日	监理单位：（章） 专业监理工程师： 日期：　　年　月　日

（八）XMGL-6-8-3 监视和测量装置管理用表

监视和测量装置检定周期表

使用单位： 编号：

序号	仪器名称	规格型号	精度/量程	生产厂家	出厂编号	管理号码	检定周期	检定单位	前次检定时间	检定结果	下次检定时间	使用人	备注

注：本表为项目仪器管理使用表。

制表： 复核： 制表日期：

监视和测量装置一览表

单位： 编号：

序号	名称	规格型号	生产厂家	出厂编号	管理号码	量测范围	精度或分度值	启用日期	原值（元）	使用单位	保管、使用人

注：本表为项目仪器管理使用表。

制表： 复核： 制表日期：

（九）XMGL-6-9-1 混凝土试件力学试验台账

混凝土试件力学试验台账

试验单位：

序号	试件编号	工程名称	部位	设计标号	制作日期	试验日期	龄期	试件尺寸	抗压力学值（kN）			试验人员	备注
									1	2	3		

（十）XMGL-6-9-2 仪器设备使用记录

仪器设备使用记录

设备名称： 规格型号 设备精度： 使用单位：

日期	样品名称	样品编号	试验前状态	试验后状态	运转时间	使用人	备注

（十一）XMGL-6-9-3 不合格品管理台账

不合格品管理台账

项目名称：

序号	材料名称	规格型号	批号	生产厂家	进场时间	试验日期	不合格项目	处置措施及结果	负责人	备注

五、安全生产管理用表及模板

（一）XMGL-7-2-1 安全生产责任制

安全生产责任制

1.总则

2.安全生产管理组织机构及其职责

2.1 项目部安全生产主体责任清单

2.2 所属各单位安全生产主体责任清单

3.安全生产岗位职责清单

3.1 项目经理安全职责

3.2 项目党工委书记安全职责

3.3 项目副经理安全职责

3.4 项目总工程师安全职责

3.5 项目安全总监安全职责

3.6 项目质量总监安全职责

3.7 项目相关岗位安全职责

3.8 分包商主要领导安全职责

3.9 班（组）长安全职责

3.10 安全员安全职责

3.11 操作岗位人员安全职责

3.12 特殊工种作业人员安全职责

3.13 后勤服务岗位人员安全职责

4.附则

（二）XMGL-7-2-2 安全包保责任书

安全包保责任书

安全包保责任书包含内容：

1.签订原则（强调逐级签订，至一线作业人员）

2.安全责任目标

3.安全责任与义务

4.奖罚

5.附则

（三）XMGL-7-2-3 安全生产责任制考核表

安全生产责任制考核表

被考核岗位：　　　　被考核人：　　　　考核日期：

序号	考核项目	考核标准	分值	得分情况	扣分说明

续表

序号	考核项目	考核标准	分值	得分情况	扣分说明
合计			100		
考核评价意见： 考核小组（负责人）签字： 被考核人签字： 日期：					

（四）XMGL-7-3-1 安全生产法律法规及其他要求清单

安全生产法律法规及其他要求清单

编制单位： 编号：

序号	法规及其他要求名称	编号	发布单位	实施日期	适用章节	备注

（五）XMGL-7-3-2 安全生产操作规程

安全生产操作规程（模板）

安全生产操作规程包含内容：

1. 施工机械设备安全操作规程

1.1 注浆机安全操作规程

1.2 混凝土振捣器安全操作规程

1.3 混凝土切割机安全操作规程

2. 施工作业安全操作规程

2.1 脚手架施工安全操作规程

2.2 脚手架拆除安全操作规程

2.3 高空作业安全操作规程

（六）XMGL-7-4-1 安全教育培训计划表

安全教育培训计划表

培训单位：

序号	培训日期	培训主题	培训对象	培训部门	培训时长	培训地点	备注

（七）XMGL-7-4-2 安全教育培训台账

安全教育培训台账

培训单位：

序号	培训时间	培训主题	培训对象	培训部门	培训时长	培训地点	备注

（八）XMGL-7-5-1 风险管控措施清单

风险管控措施清单

编制单位：

序号	类别	作业活动	风险	导致后果	安全管控措施

编制：　　　　　　　　　　审核：　　　　　　　　　　批准：

（九）XMGL-7-5-2 风险评价报告

风险评价报告（模板）

1.危险有害因素辨识

描述生产经营单位危险有害因素辨识的情况（可用列表形式表述）。

2.事故风险分析

描述生产经营单位事故风险的类型、事故发生的可能性、危害后果和影响范围（可用列表形式表述）。

3.事故风险评价

描述生产经营单位事故风险的类别及风险等级（可用列表形式表述）。

4.结论建议

得出生产经营单位应急预案体系建设的计划建议。

（十）XMGL-7-5-3 管理活动记录表

管理活动记录表

单位： 编号：

<table>
<tr><td>受检查单位</td><td></td><td>检查项目</td><td></td></tr>
<tr><td colspan="4">检查内容及结果：

检查人及日期：</td></tr>
<tr><td colspan="4">整改措施（需要时）：

整改责任人： 制定人及日期：</td></tr>
<tr><td colspan="4">验证意见：

验证人及日期： 年 月 日</td></tr>
</table>

（十一）XMGL-7-5-4 安全生产（日常）检查清单

安全生产（日常）检查清单

序号	检查分项	检查具体内容	检查标准	检查依据

（十二）XMGL-7-5-5 安全检查台账

安全检查台账

序号	检查类型	检查人	检查日期	存在问题	整改措施	整改时间	整改责任人	整改情况	整改验收责任人	备注

（十三）XMGL-7-6-1 危大工程安全管理台账

危大工程安全管理台账

序号	危大工作名称	危大工作内容	是否超过一定规模	预计实施时间	专项方案编制情况	专项方案审批情况	专职安全管理人员	其他

（十四）XMGL-7-6-2 现场带班生产记录表

现场带班生产记录表

带班生产地点			
带班生产情况记录			
带班生产领导		时间	
其他参与人员			
存在问题的整改情况记录			

（十五）XMGL-7-7-1 工程项目安全许可证

工程项目安全许可证

编号：

施工队名称：	现场施工负责人：	
作业内容：		
作业范围：		
安全条件（示例）：	是否合格	核查人
1.施工现场的办公、生活区及作业场所和安全防护用具、机械设备、施工机具及配件符合有关安全生产法律法规、标准和规程的要求		
2.特种设备检测合格，起重作业的信号、司索人员到位;特种作业人员取得特种作业操作资格证书		
3.作业人员接受了入场安全教育及班前安全交底		
4.施工技术方案已按规定要求通过审批并进行了方案交底		
5.有对危险性较大的分部分项工程及施工现场易发生重大事故的部位、环节的预防、监控措施和应急预案		
6.存在职业危害的作业，采取必要的防治措施，并为作业人员配备符合国家标准或者行业标准的安全防护用具和安全防护服装		
7.为保障安全生产，应具备的其他安全条件		
有效期：××××年×月×日至××××年×月×日		
初审意见：　签名：　时间：		
审核意见：　签名：　时间：		
签发人意见：　签名：　时间：		

注：本表一式三份，由施工现场、现场施工负责人、管理部门各留存一份。

（十六）XMGL-7-7-2 动火作业审批表

动火作业审批表

工程名称：　　　　　　　　　　　　　　　　　　　　施工单位：

<table>
<tr><td>申请动火单位：</td><td></td><td>动火班组：</td><td></td></tr>
<tr><td>动火部位：</td><td></td><td>动火作业级别：</td><td></td></tr>
<tr><td rowspan="2">动火作业
起止时间</td><td colspan="3">由　年　月　日　时　分起</td></tr>
<tr><td colspan="3">由　年　月　日　时　分止</td></tr>
<tr><td colspan="4">动火原因：</td></tr>
<tr><td colspan="4">防火的主要安全措施和配备的消防器材：</td></tr>
<tr><td colspan="4">监护人：　　　　　　　申请人：　　　　　　　年　月　日</td></tr>
<tr><td colspan="4">审批意见：

审批人签名：　　　　　　　年　月　日</td></tr>
<tr><td colspan="4">动火监护和作业后施工现场处理情况：</td></tr>
<tr><td colspan="4">作业人确认：　　　　　　　监护人签名：　　　　　　　年　月　日</td></tr>
</table>

（十七）XMGL-7-8-1 分包商安全管理协议

分包商安全管理协议书

为在项目标段工程专业（劳务）分包合同的实施过程中创造安全、高效的施工环境，切实做好本项目的安全管理工作，本项目专业（劳务）发包人（以下简称“甲方”）与专业（劳务）承包人（以下简称“乙方”）为此签订安全生产合同：

1.甲方职责

项目安全生产职责。

2.乙方职责

分包商安全生产职责；

分包商配员要求；

分包商安全管理要求；

分包商安全义务；

分包商安全生产费规定；

分包商安全违约扣款规定及方式。

3.违约责任

4.其他约定

5.其他

（1）本合同正本一式____份，甲乙双方各执____份。

（2）本合同自甲乙双方法定代表人或其授权代理人签署并加盖公章后生效，乙方承揽施工任务完成并验收合格后终止。

甲方：（盖章）	乙方：（盖章）
法定代表人或	法定代表人或
授权代理人：	授权代理人：
签订日期：　　年　月　日	签订日期：　　年　月　日

（十八）XMGL-7-8-2 分包商安全履约评价表及评价说明

分包商安全履约评价表

项目名称：

分包商名称		
评价内容		
评价类别	评价结果	评价得分
专职安全管理人员配备（10分）		
特殊工种配备（10分）		
防护用品配备及使用（10分）		
自带机电设备、重要物资安全状态（10分）		
作业人员差别化管理（10分）		
防护措施落实（现场隐患）（10分）		
遵章施工（现场违章）（10分）		
隐患整改（10分）		
安全检查（10分）		
安全教育（10分）		
评价总分		
评价星级	□★★★□★★□★□0	
评价人员意见： 签字：　　年　月　日		
项目负责人意见： 签字：　　年　月　日		

评价说明

1.专职安全管理人员配备

未配备的，不得分且终评不得为三星级。不按规定（建质〔2008〕91号文）配备的，每少一人，扣5分；每发现一例无证上岗或证书过期，扣3分。

2.特殊工种配备

主要特殊工种包括塔司、信号工、电梯司机、电工、焊工等。本项得分为：（分包实际配备持证特殊工种人数/分包应配备特殊工种人数）×10。

3.防护用品配备及使用

分包单位为操作工人配备的防护用品材质是否符合要求，分包工人安全防护用品使用是否符合要求，包括安全帽材质及佩戴、安全带材质及佩戴、差异化管理反光背心的穿戴是否符合要求。本项得分为：（安全防护用品配备使用符合要求人数/分包商进场工人总人数）×10。

4.自带机电设备、重要物资安全状态

分包单位自带机械和电气设备（施工机械、电焊机、配电箱、电缆、漏电保护器等）和自带重要物资（钢丝绳、氧气乙炔、油漆涂料等重要物资）须为合格产品。本项得分：（合格并经总包验收数量/分包商自带设备总数）×10。

5.作业人员差别化管理

考核分包单位是否对55岁以上人员或者高处作业人员、特种作业人员开展上岗前体检，是否建立差异化人员台账，进行差异化标识和差异化管理。本项得分为：（实行差异化管理标识和管理人数/分包商差异化人员总数）×10。

6.防护措施落实

防护搭设单位，每出现1处安全防护搭设不及时，扣2分。防护使用单位，每出现1处私自拆除，扣2分。

7.遵章施工

分包单位应严格按照总包交底及行业规范要求组织施工。不违章指挥，不违章施工。每发生一起分包管理人员违章指挥，扣5分，每发生一起分包工人违章操作，扣2分。

8.隐患整改

分包单位当月隐患整改情况，包括项目部日检、周检、月检、专项检查以及外部对项目开展的检查查出的问题。本项得分：（整改完成数量/分包当月隐患总数量）×10。不落实隐患和违章整改要求的，本项不得分。

9.安全检查

因分包商安全生产原因导致监理下发监理通知单，每次扣2分。因分包商安全生产原因导致地方建管部门下发停工单，本项不得分。

10.安全教育

分包班组未经入场教育组织施工的，每次扣5分。班前安全教育、特殊工种教育、日常教育每缺少一次，扣1分。

11.分包单位进场后安全生产许可证过期，当月安全履约评价直接不合格

（十九）XMGL-7-10-1 安全生产费使用年度计划

安全生产费使用年度计划

科目		安全生产费使用计划			
序号	费用大类	一季度	二季度	三季度	四季度
1	完善、改造和维护安全防护设备、设施支出				

续表

科目		安全生产费使用计划			
序号	费用大类	一季度	二季度	三季度	四季度
2	配备、维护、保养应急救援器材、设备支出和应急演练支出				
3	开展重大危险源和事故隐患评估、监控和整改支出				
4	安全生产检查、评价、咨询和标准化建设支出				
5	配备和更新现场作业人员安全防护用品支出				
6	安全生产宣传、教育、培训支出				
7	安全生产使用的新技术、新标准、新工艺、新装备的推广应用支出				
8	安全设施及特种设备检测检验支出				
9	其他与安全生产直接相关的支出				
合计					
年计划总额					

（二十）XMGL-7-10-2 安全生产费使用台账

年　月安全生产费使用台账

编制范围：　　年　月　日至　　年　月　日　　　　　　　　　　　　金额：元

类别	序号	开支内容	金额	备注
一	**完善、改造和维护安全防护设备、设施支出**			
	1	安全警戒措施支出		
	2	安全防护设施支出		
	3	施工供配电及用电安全防护设施支出		
	4	安全设备、设施的支出		
	5	消防安全支出		
	6	交通安全支出		
二	**应急救援器材、设备和应急演练支出**			
	1	应急救援器材（设备）的购置、维护、改造		
	2	应急救援预案演练		
	3	应急救援支出		
三	**开展重要危险源和事故隐患评估、监控和整改支出**			
	1	重大危险源和事故隐患评估费用		
	2	重大危险源监控费用		

续表

类别	序号	开支内容	金额	备注
	3	安全隐患整改费用		
	4	危险性较大工程安全专项方案编制及专家论证评审费用		
四	**安全生产检查、评价、咨询和标准化建设支出**			
	1	聘请专家参与安全生产检查、评价及专家咨询、评审支出		
	2	各级安全生产检查、督导与评价支出		
	3	安全生产标准化建设支出		
	4	安全检查车辆、工具、器材购置、更新、检测、改造支出		
五	**配备和更新现场作业人员安全防护用品支出**			
	1	安全防护用品的购置、更新、维护支出		
	2	安全防护用品的检测检验支出		
六	**安全生产宣传、教育、培训支出**			
	1	安全宣传、教育、培训设备、设施、资料、用具的购置和更新支出		
	2	召开安全生产专题会议、举办安全生产展览和知识竞赛等活动支出		
	3	职工安全技能培训支出		
	4	因安全生产宣传、教育、培训工作产生的交通、差旅支出		
	5	其他安全教育培训支出		
七	**安全生产适用的新技术、新标准、新工艺、新装备的推广应用支出**			
	1	安全技术研发的支出		
	2	专项安全课题研究的支出		
	3	安全软件、技术产品的购置支出		
八	**安全设施及特种设备检测检验支出**			
	1	起重机械、压力容器等特种设备的检验检测支出		
	2	安全设施检测检验支出		
九	**其他与安全生产直接相关的支出**			
	1	安全课题研究费用支出		
	2	安全生产信息化建设费用支出		
	3	办公、生活区的防腐、防毒、防四害、防触电、防煤气、防火灾等支出		
	4	特殊防暑降温支出		
	5	冬季高寒地区特殊安全用品费用支出		
	6	职业健康体检及特种作业体检支出		
	7	配备给安全管理部门、人员的办公用品开支		
	8	环境保护费		
	9	临时设施费		

编制：　　　　安全总监：　　　　项目经理：　　　　日期：

（二十一）XMGL-7-11-1 生产安全事故应急资源调查报告

生产安全事故应急资源调查报告（模板）

1.单位内部应急资源

按照应急资源的分类，分别描述相关应急资源的基本现状、功能完善程度、受可能发生的事故的影响程度（可用列表形式表述）。

2.单位外部应急资源

描述本单位能够调查或掌握可用于参与事故处置的外部应急资源情况（可用列表形式表述）。

3.应急资源差距分析

依据风险评估结果得出本单位的应急资源需求，与本单位现有内外部应急资源对比，提出本单位内外部应急资源补充建议。

（二十二）XMGL-7-11-2 综合应急预案

综合应急预案（模板）

1.总则

2.适用范围

3.响应分级

4.应急组织机构及职责

5.应急响应

5.1 信息报告

5.2 信息接报

5.3 信息处置与研判

5.4 预警

5.5 预警启动

5.6 响应准备

5.7 预警解除

5.8 响应启动

5.9 应急处置

5.10 应急支援

5.11 响应终止

5.12 后期处置

6.应急保障

6.1 通信与信息保障

6.2 应急队伍保障

6.3 物资装备保障

6.4 其他保障

（二十三）XMGL-7-11-3 专项应急预案

专项应急预案（模板）

1.适用范围

2.应急组织机构及职责

3.响应启动

4.处置措施

5.应急保障

（二十四）XMGL-7-11-4 现场处置方案

现场处置方案（模板）

1.事故风险描述

2.应急工作职责

3.应急处置

3.1 应急处置程序

3.2 现场应急处置措施

3.3 事故报告基本要求和内容

4.注意事项

（二十五）XMGL-7-11-5 年度应急预案演练计划表

应急预案演练计划表

<table>
<tr><th rowspan="2">序号</th><th rowspan="2">演练名称</th><th colspan="3">类别</th><th rowspan="2">演练形式</th><th rowspan="2">演练时间</th><th rowspan="2">责任部门</th></tr>
<tr><th>综合</th><th>专项</th><th>现场处置</th></tr>
<tr><td></td><td></td><td></td><td></td><td></td><td></td><td></td><td></td></tr>
<tr><td></td><td></td><td></td><td></td><td></td><td></td><td></td><td></td></tr>
<tr><td></td><td></td><td></td><td></td><td></td><td></td><td></td><td></td></tr>
</table>

（二十六）XMGL-7-12-1 生产安全事故快报表

生产安全事故快报表

报出时间： 年 月 日 时

<table>
<tr><td colspan="2">事故单位</td><td colspan="2"></td><td>事故地点</td><td colspan="2"></td></tr>
<tr><td colspan="2">事故发生时间</td><td colspan="2"></td><td>事故类别</td><td colspan="2"></td></tr>
<tr><td colspan="2">事故发生的工程名称</td><td colspan="5"></td></tr>
<tr><td colspan="2" rowspan="2">事故现场负责人</td><td>姓名</td><td></td><td rowspan="2">事故单位负责人</td><td>姓名</td><td></td></tr>
<tr><td>电话</td><td></td><td>电话</td><td></td></tr>
<tr><td colspan="7">事故伤亡情况：</td></tr>
<tr><td>姓名</td><td>性别</td><td>年龄</td><td>工种</td><td>工龄</td><td colspan="2">伤亡程度</td></tr>
<tr><td></td><td></td><td></td><td></td><td></td><td colspan="2"></td></tr>
</table>

续表

姓名	性别	年龄	工种	工龄	伤亡程度
事故简要经过：					
事故原因初步分析：					
部门意见：					
领导批示：					

报告单位负责人：（签字）　　报告单位部门负责人：（签字）　　制表人：（签字）

（二十七）XMGL-7-12-2 生产安全事故调查报告

生产安全事故调查报告（模板）

1.事故基本情况

1.1　工程项目概况

1.2　事故现场情况

1.3　事故伤亡情况

1.4　直接经济损失情况

2.事故发生经过及应急处置情况

1.1　发生经过

1.2　事故应急处置情况

1.2.1　事故接报及应急处置情况

1.2.2　地方政府和相关部门应急响应情况

1.2.3　事故善后处置情况

1.2.4　应急评估结论

3.事故原因

1.1　直接原因

1.2　间接原因

1.3　事故性质

4.对事故相关责任人员和单位的处理建议

5.事故暴露的主要问题和教训

6.事故防范和整改措施的建议

六、工程质量管理用表及模板

（一）XMGL-8-3-1 工序转换质量“三检”验收记录表

工序转换质量“三检”验收记录表

单位工程名称：

序号	验收部位	工序验收	允许偏差（mm）	操作班组验收		技术人员验收		质检人员验收		值班领导	影像留存
				班组长	日期	技术主管	日期	质检工程师	日期		
1				不合格：		不合格：		不合格：			
				合　格：		合　格：		合　格：			
2				不合格：		不合格：		不合格：			
				合　格：		合　格：		合　格：			
3				不合格：		不合格：		不合格：			
				合　格：		合　格：		合　格：			
4				不合格：		不合格：		不合格：			
				合　格：		合　格：		合　格：			
……				不合格：		不合格：		不合格：			
				合　格：		合　格：		合　格：			

（二）XMGL-8-4-1 项目创优计划表

××项目创优计划表（参考）

单位	工程名称	工程规模、特点及工程造价	开竣工时间	验交时间	项目经理	联系电话	项目总工	联系电话	申报等级/申报时间					备注
									集团公司	总公司	省部级	国优	鲁班奖	

（三）XMGL-8-4-2 优质工程申报表

中铁××局集团公司
优质工程申报表
（模板）

工程名称______________

申报单位______________

年 月 日

填写说明

1.工程名称要填写建设项目批准文件批复的工程全称及具体标段或单项工程名称。建设、勘察设计、施工、监理单位名称必须填写法人单位全称。建设地点和上述各单位地址要详细。

2.建设性质栏，填写新建、改（扩）建铁路，铁路枢纽，铁路（特）大桥，铁路隧道；新建、改（扩）建公路，公路（特）大桥，公路隧道；市政，房建，水利，电利，四电等。

3.工程规模要详细说明申报工程的规模及结构形式。

4.申报理由要结合申报条件，重点填写工程质量保证措施、工程亮点、“四新”技术运用情况和取得的突出成果、主要社会经济效益。

5.填写要求：申报表必须填写完整、字迹清楚、数据准确、资料齐全、理由充分，优质工程申报表一律打印，不得手写；并附所有申报材料的电子文档。

优质工程申报工程规模要求

登高杯优质工程分综合优质工程、单项优质工程两类，其工程规模标准应符合：

一、铁路工程

1.铁路综合工程

1.1 新建铁路：一次建成、包含两端区段站的1个或连续多个铁路区间，或包含1个区段站、连续长度单线不少于15km、双线（多线）不少于10km的铁路综合工程。

1.2 改（扩）建铁路：至少包含两端区段站的2个及以上连续铁路区间，或包含1个区段站、连续长度不少于40km。

1.3 新建、改（扩）建铁路站（段），新建、改（扩）建铁路区段站、中型及以上客运站、编组站、集装箱中心站、动车段等。

2.铁路单项工程

2.1 全长1 000m（含）以上的特大桥，全长500m以上且单跨80m以上的特大桥或单跨100m以上的大桥，最大墩高在60m以上的大桥，结构新颖、科技含量高，采用新技术、新工艺、新材料、新设备施工的桥梁。

2.2 单洞长度1 500m（含）以上的单线隧道，1 000m（含）以上的双线隧道，500m（含）以上的多线隧道。

2.3 新建、改建铁路的一个区间且施工方在60万m^3以上的路基工程。

2.4 新建或改（扩）建铁路的一个大型客站、货站站场路基工程。

2.5 特殊设计的连续长度1 000m（含）以上的路基工程，采用新技术的500m（含）以上的大型防护工程（如挡墙、护坡、护岸等）。

2.6 新建、改（扩）建铁路1个或连续多个区间的轨道工程，新建、改（扩）建铁路区段站、大型客货运站、枢纽、编组站（或其中一个场）的轨道工程。

2.7 连续长度不小于40km（含两端区段站）或投资3 000万元及以上的整标段新建或改（扩）建铁路电气化、通信、信号、电力工程。

二、公路工程

1.公路综合工程

1.1 新建高速公路、一级公路连续长度不小于10km，或投资额大于3亿元的整标段工程。

1.2 改（扩）建高速公路、一级公路连续长度不小于20km，或投资额大于3亿元的整标段工程。

1.3 桥面面积2万m^2以上的互通立交工程。

1.4 投资2 500万元以上的独立立交工程。

2.公路单项工程

2.1 全长1 000m（含）以上的特大桥，全长500m以上且单跨80m以上的特大桥或单跨100m以上的大桥，最大墩高在60m以上的大桥，结构新颖、科技含量高，采用新技术、新工艺、新材料、新设备施工的桥梁。

2.2 单洞长度1 500m（含）以上的单车道隧道，1 000m（含）以上的双车道隧道，500m（含）以上的三车道及多车道隧道。

2.3 连续长度8 km以上的公路路基且施工方在60万m^3以上。

2.4 连续长度不少于10 km公路路面工程。

2.5 投资5 000万元以上的交通工程。

2.6 投资3 000万元以上的机电工程。

三、市政工程

1.综合工程

1.1 城市轨道交通一个车辆段综合工程。

1.2 独立承建的城市轨道交通一站一区间（含）以上整标段工程。

1.3 城市道路面积10万m^2以上的工程。

1.4 投资在3 000万元（含）及以上的城市给排水工程、污水处理、城市景观工程（公园、广场、河道整治、滩涂改造等）、公用工程（垃圾处置、燃气供热工程）。

2.单项工程

2.1 城市轨道交通一个区间或一座车站的土建工程。

2.2 城市轨道交通轨道工程连续长度10km以上或一个完整标段。

2.3 投资3 000万元（含）以上的城市轨道交通供电、通信、信号、信息、风水电、装饰装修工程。

2.4 连续长度1 000m（含）以上的高架桥工程，或全长400m以上且单跨100m以上的桥梁工程，或单跨120m以上的桥梁工程。

2.5 全长500m以上的城市跨河工程。

2.6 长度1 500m（含）以上的单洞单车道城市隧道。

2.7 长度1 000m（含）以上的单洞双车道城市隧道。

2.8 长度500m（含）以上的单洞多车道城市隧道。

2.9 立交桥桥面面积2万m^2以上的工程。

四、建筑安装工程

1.建筑安装综合工程

1.1 总建筑面积在5万m^2以上，设施配套的住宅小区。

1.2 同一标段建筑面积在2万m^2以上的群体工程。

1.3 储备量2万t（含）以上各类仓储工程。

1.4 投资1亿元以上的工业建筑和公共建筑工程。

2.建筑安装单项工程

2.1 建筑面积在5 000m^2以上的住宅单体工程。

2.2 建筑面积在10 000m^2以上的单体公共建筑工程。

2.3 施工产值在2 000万元以上的专业建筑安装工程。

五、水运水利工程

1.水运水利综合工程

1.1 港口工程：万吨级以上（含）沿海工程、千吨级以上（含）内河工程。

1.2 水电工程：投资2亿元以上的水电工程。

1.3 水运工程：5万t级以上（含）沿海航道工程、四级以上（含）平原航道、五级以上（含）山区航道的内河航道整治工程。

1.4 投资1亿元以上的水利工程。

1.5 城乡水务工程：净配水厂工程，日处理原水 10×10^4t（含）以上；污水处理工程，日处理污水 10×10^4t（含）以上；城乡水系整治工程或生态治理工程。

2.水运水利单项工程

2.1 水电工程：全长1 000m以上引水洞工程、100万m^3以上的大坝工程。

2.2 水运工程：疏浚500万m^3以上（含）的沿海工程、疏浚200万m^3（含）的内河工程。

2.3 水闸工程：过闸流量100m^3/s（含）以上水闸工程。

六、其他工程

1.机场飞行区等级4D以上的民航工程。

2.邮政、电信、联通、网通等投资在3 000万元以上的综合及单项工程。

3.采用新技术、新工艺、新材料、新设备，具有推广价值和较大社会效益和经济效益，且施工产值在3 000万元以上的其他综合或单项工程。

	单位名称（全称）	通信地址及邮政编码	单位公章（联系人、电话）
建设单位			
设计单位			
施工单位			
监理单位			

工程名称			
建设地点		建设性质	
开工时间		竣工验收时间	
通车使用时间		组织验收单位	
合同金额（万元）		竣工决算（万元）	
设计主要技术经济指标			
工程规模及主要工程量			

申 报 理 由

使用单位意见：

使用单位盖章
年 月 日

集团公司质量管理部门审查意见：

审查单位盖章
年 月 日

集团公司优质工程评审委员会意见：

集团公司盖章
年 月 日

单位工程质量验收情况

序号	单位（分部）工程名称	工程量	工程质量 合格率/（%）	验收结果

建设单位（业主）工程质量鉴定意见：

鉴定单位盖章
年　月　日

使用单位意见：

使用单位盖章
年　月　日

工程公司质量管理部门审查意见：

预审单位盖章
年　月　日

集团公司质量管理部门审查意见：

审查单位盖章
年　月　日

集团公司优质工程评审委员会意见：

集团公司盖章
年　月　日

注：1.申报项目如系综合优质工程，表中采用“单位工程”。
2.申报项目如系单项优质工程，表中采用“分部工程”。

（四）XMGL-8-6-1质量处罚通知单

质量处罚通知单

检查单位:　　　　　　　　　　　　　　　　　　　　　　编号:

<table>
<tr><td>项目名称</td><td colspan="3"></td><td>被处罚单位</td><td></td></tr>
<tr><td>违规事实</td><td colspan="5"></td></tr>
<tr><td>处罚依据及处罚（相关责任人及罚款金额）</td><td colspan="5"></td></tr>
<tr><td>检查人</td><td>年　月　日</td><td>被处罚对象确认</td><td>年　月　日</td><td>项目负责人</td><td>年　月　日</td></tr>
<tr><td>证据资料（可另附页）</td><td colspan="5"></td></tr>
</table>

注：此罚款单一式三份，一联交被处罚单位或个人，一联交项目部财务部门，一联由检查单位（部门）留存。检查人员应根据安全质量责任制和相关制度将罚款分解到具体的责任人。至少2名检查人员参与，方可开具本单；开具处罚单要留下照片等证据资料。

（五）XMGL-8-6-2 质量较差分包商统计表

质量较差分包商统计表

序号	项目	施工队名称	合同签订人	质量管理较差描述	备注

填写说明：质量管理较差施工队汇总表，该报表要求一季度上报一次，在每季度最后一个月25日前上报，队伍名称为合同汇总队伍名称。上报以excel表格上报，无须签字盖章。

（六）XMGL-8-6-3 QC小组活动成果评审表

质量管理小组活动现场评审表

小组名称				现场评审	
课题名称				配分	得分
序号	评审项目	评审方法	评审内容	100分	
1	小组的组织	查看记录	（1）小组和课题进行注册登记； （2）小组活动时，小组成员出勤及参与各步骤活动情况； （3）小组活动计划及完成情况	10分	
2	活动情况与活动记录	听取介绍 查看记录 现场验证	（1）活动过程按质量管理小组程序开展； （2）活动记录（包括各项原始数据、统计方法等）保存完整、真实； （3）活动记录的内容与发表资料一致	30分	
3	活动真实性与有效性	现场验证 查看记录	（1）小组课题对技术、管理、服务的改进点有改善； （2）各项改进在专业方面科学有效； （3）取得的经济效益得到相关部门的认可； （4）统计方法运用适宜、正确	30分	
4	成果的维持与巩固	查看记录 现场验证	（1）小组活动课题目标达成、有验证记录； （2）改进的有效措施或创新成果已纳入有关标准或制度； （3）现场已按新标准或制度执行； （4）活动成果应用于生产或服务实践	20分	
5	小组教育	提问或考试	（1）小组成员掌握质量管理小组活动程序； （2）小组成员对方法的掌握程度和水平； （3）通过本次活动，小组成员的专业技术、管理办法和综合素质得到提升	10分	
	企业现场评审部门评价： 负责人： 年 月 日（公章）		市州主管部门或协会确认成绩及评价： 负责人： 年 月 日（公章）		

注：本表由企业填写，推荐协会把关。

问题解决型课题成果评审表

小组名称： 课题名称：

序号	评审项目	评审内容	配分	得分
1	选题	（1）所选课题与上级方针目标相结合，或是本小组现场急需解决的问题； （2）选题理由明确，用数据说明； （3）现状调查（自定目标课题）为设定目标和原因分析提供依据；目标可行性论证（指令性目标课题）为原因分析提供依据； （4）目标可测量、可检查	15分	
2	原因分析	（1）针对问题或症结分析原因，逻辑关系清晰、紧密； （2）每一条原因已逐层分析到末端、能直接采取对策； （3）针对每个末端原因逐条确认，以末端原因对问题或症结的影响程度判断主要原因； （4）判定方式为现场测量、试验和调查分析	30分	

续表

序号	评审项目	评审内容	配分	得分
3	对策与实施	（1）针对主要原因逐条制订对策；进行多种对策选择时，有事实和数据为依据； （2）对策表按5W1H要求制订； （3）按照对策表逐条实施，并与对策目标比较，确认对策效果； （4）未达成对策目标时，有修改措施并按新的措施实施	20分	
4	效果	（1）小组设定的课题目标已完成； （2）确认小组活动产生的经济效益和社会效益实事求是； （3）实施的有效措施已纳入相关标准和管理制度等； （4）小组成员的专业技术、管理方法和综合素质得到提升，并提出下一步打算	20分	
5	成果报告	（1）成果报告真实，有逻辑性； （2）成果报告通俗易懂，以图表、数据为主	5分	
6	特点	（1）小组课题体现“小、实、活、鲜”特色； （2）统计方法运用适宜、正确	10分	
评委总体评价			总得分	

评委：

创新型课题成果评审表

小组名称：　　　　　　　　　　　　　　　　　　　　　课题名称：

序号	评审项目	评审内容	配分	得分
1	选题	（1）选题来自内外部顾客及相关方的需要； （2）广泛借鉴，启发小组创新灵感、思路和方法； （3）设定目标与课题需求一致，目标可测量、可检查； （4）依据借鉴的相关数据论证目标可行性	20分	
2	提出方案并确定最佳方案	（1）总体方案具有创新性和相对独立性，分级方案具有可比性； （2）方案分解已逐层展开到可实施的具体方案； （3）用事实和数据对每个方案进行逐一评价和选择； （4）事实和数据来源于现场测量、试验和调查分析	30分	
3	对策与实施	（1）方案分解中选定可实施的具体方案，逐项纳入对策表； （2）按5W1H要求制订对策表，对策即可实施的具体方案，目标可测量、可检查，措施可操作； （3）按照制订的对策表逐条实施； （4）每条对策实施后，确认相应目标的完成情况，未达到目标时有修改措施，并按新措施实施	20分	
4	效果	（1）检查课题目标的完成情况； （2）确认小组创新成果的经济效益和社会效益，实事求是； （3）有推广应用价值的创新成果已形成相应的技术标准或管理制度；对专项或一次性的创新成果，已将创新过程相关资料整理存档； （4）小组成员的专业技术和创新能力得到提升，并提出下一步打算	15分	
5	成果报告	（1）成果报告真实，有逻辑性； （2）成果报告通俗易懂，以图表、数据为主	5分	
6	特点	（1）充分体现小组成员的创造性； （2）创新成果具有推广应用价值； （3）统计方法运用适宜、正确	10分	
评委总体评价			总得分	

（七）XMGL-8-6-4 单位（项）工程质量责任档案

单位（项）工程质量责任档案

工程项目名称			
单位（项）工程名称			
建设单位		设计单位	
监理单位		使用单位	
开工日期		交（完）工日期	
单位（项）工程施工过程质量责任人记录			

序号	职务	人员及变化情况		
		姓名及身份证号码	任职时间	期间工程进展形象进度描述
1	项目经理		年 月 日～ 年 月 日	
			年 月 日～ 年 月 日	
2	项目书记		年 月 日～ 年 月 日	
			年 月 日～ 年 月 日	
3	总工程师		年 月 日～ 年 月 日	
			年 月 日～ 年 月 日	
4	生产副经理		年 月 日～ 年 月 日	
			年 月 日～ 年 月 日	
5	质量总监		年 月 日～ 年 月 日	
			年 月 日～ 年 月 日	
6	质量部部长		年 月 日～ 年 月 日	
			年 月 日～ 年 月 日	
7	工程技术部长		年 月 日～ 年 月 日	
			年 月 日～ 年 月 日	
8	管理队长		年 月 日～ 年 月 日	
9	专业工程师		年 月 日～ 年 月 日	
10	质检工程师		年 月 日～ 年 月 日	

填表：　　　　　　复核：　　　　　　责任单位印章：

（八）XMGL-8-6-5 班组长工序质量承诺书

工程质量（班组长）承诺书

中铁××局集团××项目部：

我班组（全称）________________，在本项目建设中承担工程施工任务。向项目部庄严承诺：

1.自觉遵守法律、法规及有关规章制度。组织具有相应资格证书的熟练工人投入施工，决不让无证和未通过项目部质量培训考核人员私自上岗作业；

2.严格按照设计图纸、施工验收规范、有关技术、质量、试验、测量人员下发的书面交底施工，严格按作业指导书及操作规程施工；

3.落实班组长质量责任制度，坚决执行“三检”制；未通过项目管理人员检查验收前决不私自转序，决不私自进行隐蔽施工；

4.对分包范围内的工程质量向承包人负责，主动接受质检人员的检查并对检查中发现的问题按要求及时整改。

5.服从项目部及转发监理、业主的工作指令。

上述承诺若有违反，自愿承担由此造成的一切损失并接受项目部给予的任何处罚。

班组长姓名：

身份证号：

承诺人：

年　　月　　日

七、工程进度管理用表及模板

（一）XMGL-9-2-1 临时用地数量计划表

临时用地数量计划表

项目名称							
工程概况							
编号	用途	临时用地需求详细说明	用地情况具体描述（拟用地性质、面积、附着物等）	当地补偿及租赁费用标准（地方相关文件或调查报告）	使用期限（年）	总补偿费用概算（万元）	备注

编制：　　　　审核：　　　　审批：　　　　日期：

（二）XMGL-9-4-1 关键时点清单

关键时点清单

项目名称：　　　　　　　　　　　　编号：

序号	工程名称	控制项目	控制因素及内容	关键时间	关键点	应对措施	备注

编制：　　　　　　　　审核：　　　　　　　　审批：

（三）XMGL-9-4-2 年度施工进度计划表

年度施工进度计划表

项目名称：　　　　　　　　　　　　编制日期：

专业	单位工程	分部工程	单位	设计数量	年计划数量	××××年												备注
						1月	2月	3月	4月	5月	6月	7月	8月	9月	10月	11月	12月	
施工产值																		

编制：　　　　　　　　审核：　　　　　　　　审批：

（四）XMGL-9-5-1 生产资源要素配置表

______项目生产要素资源配置计划表

序号	分部工程	分项工程	管段负责人	施工班组	计量单位	剩余工程数量	持续时间	开始节点	完成节点	既有资源(人员、设备)	需增加资源	备注

（五）XMGL-9-5-2 月施工进度预警分析表

____年__月施工进度预警分析表

项目名称：　　　　编制日期：

项目类型	序号	工点名称	合同开工日期	实际开工日期	合同工期（月）	合同有效价（万元）	本月计划完成产值（万元）	本月实际完成产值（万元）	本月产值实际完成比例(%)	关键线路节点计划总工期(月)	关键线路节点工期增减(月)	关键线路节点调整后总工期（月）	关键线路节点截止到本月已完工期(月)	关键线路节点工期滞后总时间（月）	总体进度评价	备注

编制：　　　　审核：　　　　审批：　　　　日期：

总体进度评价说明：

（1）绿色项目：进度满足要求。

（2）黄色预警：月度产值完成比例 80% ~95%，或关键线路节点工期滞后一个月以内。

（3）橙色预警项目：月度产值完成比例 65% ~79%，或关键线路节点工期滞后三个月以内。

（4）红色预警项目：月度产值完成比例小于65%，或关键线路节点工期滞后。

八、项目成本管理用表及模板

（一）XMGL-10-7-1 主体工程经验数据统计表

××工费计算表

项目名称：××项目部　　　　填制：

序号	劳务队(或工班)名称	具体施工部位或工序	进退场时间		年　月			年　月			年　月			年　月			累计			折合工费单价	备注
			上场日期	退场日期	现场人数	当月完成工作量	当月工资总额(元)	现场人数	当月完成工作量	当月工资总额(元)	现场人数	当月完成工作量	当月工资总额(元)	现场人数	当月完成工作量	当月工资总额(元)	现场人数	开累完成工作量	当月工资总额(元)		

说明：收集数据人员应经常到现场抽查、清点劳务队伍人数（或安装身份识别仪），核实其人员及保底工资情况并建立台账。

××机械设备费用统计表

项目名称：××项目部

序号	劳务队(或工班)名称	机械名称	机械型号	数量	新旧程度(%)	设备原值(元)	设备净值(元)	进场时间	退场时间	年　月金额(元)			年　月金额(元)			开累金额(元)			开累完成工程量	折合单价
										设备摊销或月租金	由项目承担的油料消耗	本期小计	设备摊销或月租金	由项目承担的油料消耗	本期小计	设备摊销或租金	由项目承担的油料消耗	开累小计		
一	自购设备																			
二	租赁																			

注：1.本表中机械设备分自购和租赁，自购时填写设备摊销金额，租赁时填写月租金。
2.设备油料消耗情况列材料费台账。
3.如设备为项目部租赁费用由劳务队承担的。
4.自购设备摊销金额应考虑小型维修及调遣费。
5.本表主要体现主要机械设备，部分小型机械设备如存在统计难度可估算一定费用。

××主要材料费用统计表

项目名称：××项目部　　　　编制：

序号	细目名称	单位	数量	单价	金额	开累完成工程量	折合单价	备注

××二三项材料费用统计表

项目名称：××项目部　　　　编制：

序号	细目名称	单位	数量	单价	金额	开累完成工程量	折合单价	备注

××周转材料费用计算表

项目名称：××项目部　　　　编制：

序号	材料名称	单位	数量	单价（元）	合价（元）	单重（kg）	残值（元）	摊销成本（元）	开累完成工程量	单位摊销金额	备注

××费用计算表

项目名称：××项目部　　　　编制：

序号	细目名称	单位	数量	单价	金额	开累完成工程量	折合单价	备注

（二）XMGL-10-7-2 临时工程费用统计表

项目驻地建设成本统计表

工程类别：

序号	细目名称	合同额	平均人数	租赁				新建								合计（元）	人均成本（元）	成本占合同价比例（%）
				单价（元/月）	面积（m^2）	改造及装修费（元）	小计（元）	活动板房			场地硬化			美化及其他费（元）	小计金额（元）			
								面积（m^2）	单价（元/m^2）	金额（元）	面积（m^2）	单价（元/m^2）	金额（元）					

项目施工便道、便桥成本统计表

工程类别：

序号	细目名称	地形	便道结构	合同额	便道						便桥			后期维修成本（元）	合计成本（元）	成本占合同价比例（%）
					新建			改（扩）建								
					长度（km）	成本（元）	折合单价（元/km）	长度（km）	成本（元）	折合单价（元/km）	长度（m）	成本（元）	单价（元/m）			

注：便桥按贝雷架施工的钢便桥、简易便桥（槽钢、工字钢搭设）分类统计。

项目制（存）梁板场成本统计表

金额单位：元

序号	梁场位置或名称	项目名称	工期（月）	工程量(方/片)	修建面积（m^2）	土石方成本			硬化成本			房屋成本			料棚			台座成本			其他建设成本（元）	合计成本	折合单价（元/m^2）	备注
						数量	单价	金额	数量	单价	金额	数量	单价	金额	数量	单价	金额	数量	单价	金额				

注：1.只含土建费用，含活动板板等临时设施，不含设备费。
2.多个梁场要分别统计。

项目拌和站建设成本统计表

金额单位：元

序号	项目名称	类型	修建面积（m^2）	土石方工程			活动板房			硬化			料棚(钢结构及顶盖部分）			其他建设成本	合计成本	折合单价（元/m^2）	备注
				数量	单价	金额	数量	单价	金额	数量	单价	金额	数量	单价	金额				
		混凝土拌和站																	
		水稳拌和站																	
		沥青拌和站																	

注：1.只含土建费用，含活动板板等临时设施，不含设备费。
2.多个拌和站要分别统计。

项目钢筋加工场建设成本统计表

金额单位：元

序号	项目名称	修建面积（m^2）	场地平整（包含土石方工程）	硬化	钢构厂房	房屋成本	其他建设成本（元）	合计成本	折合单价（元/m^2）	备注

注：多个钢筋加工场要分别统计。

项目小型预制构件厂建设成本统计表

金额单位：元

序号	项目名称	修建面积（m^2）	场地平整（包含土石方工程）	硬化	其他建设成本（元）	合计成本	折合单价（元/m^2）	备注

注：多个小型预制构件厂要分别统计。

项目材料厂建设成本统计表

金额单位：元

序号	项目名称	修建面积（m^2）	场地平整（包含土石方工程）	硬化	其他建设成本（元）	合计成本	折合单价（元/m^2）	备注

注：多个材料厂要分别统计。

项目铺轨基地临建成本统计表

金额单位：元

序号	铺轨基地位置或名称	项目名称	工期（月）	工程量(km)	修建面积（m^2）	土石方成本（含地基处理）			存轨区			硬化成本			房屋成本			其他建设成本（元）	合计成本	折合单价（元/m^2）	备注
						数量	单价	金额	数量	单价	金额	数量	单价	金额	数量	单价	金额				

注：1.只含土建费用，含活动板板等临时设施，不含设备费。
2.多个铺轨基地要分别统计。

项目炸药库建设成本统计表

金额单位：元

序号	项目名称	修建面积（m^2）	土建成本	房屋成本	防火防爆成本	其他建设成本	合计成本	折合单价（元/m^2）	备注

在建项目施工用水设施成本统计表

金额单位：元

序号	项目名称	合同额	水源情况	单个蓄水量（m^3）	管线长度（m）	水池数量（个）	直接成本	其他成本	合计建设成本	占合同额比例	备注

注：1.建议按处或所供水范围区段分别统计。
2.施工用水的架线费用列入电力设施费用中。

项目施工用电设施成本统计表

序号	项目名称	合同额(万元)	变压器以上线路（不含变压器）			变压器				变压器以下线路			用电设施费用合计（万元）	占合同额比例
			长度（m）	成本（元）	折合单价（元/m）	变压器数量（个）	型号	使用位置	成本（元）	线路长度（m）	成本（元）	折合单价（元/m）		
合计														

项目临时用地成本统计表

序号	项目名称	用途	数量（亩）	费用（元）					使用年限	征地类型	折合单价[元/（亩）·年]	备注
				征地费用	青苗补偿	复耕复垦	其他	小计				
合计												

注：1.不同用途的征地分别统计。
2.青苗补偿等因征地进行的补偿费用列入费用统计中，并在备注加以说明。

（三）XMGL-10-7-3 周转材料及配合比等统计数据表

大型周转材料使用成本统计

项目名称： 所属省份： 统计人： 统计日期：

序号	工程项目	采用图号	模板类型	混凝土量（m^3）	主要参数	单位重量	周转次数	租赁					调拨		项目自购							备注
								数量（t）	单价	时间	金额	摊销成本	原值	摊销成本	数量（t）	单价	金额	残值		摊销成本		
																		比例（%）	金额	金额	单价（元/m^3）	

说明：1.表格可添加子目和行数，不允许添加列，表中所列仅为举例，根据现场模板使用情况进行增减。
2.项目不涉及内容可删除行，竖列中涉及内容不能填报的可空着，但不允许删除。
3.如为其他项目调入物资请注明。

混凝土（砂浆）配合比表

项目名称： 工程类别： 所属省份： 统计人： 统计日期：

序号	混凝土（砂浆）标号	使用部位	每立方材料用量（kg）											设计量（m^3）	混凝土（砂浆）材料费（含损耗2%）		价差		备注
			水泥（t）			砂（m^3）		粗骨料（m^3）			水（m^3）	减水剂（kg）	速凝剂（kg）						
			32.5级水泥	42.5级水泥	52.5级水泥	中粗砂	机制砂	卵石	卵石破碎	碎石					设计单价	实际单价	单价差（元/m^3）	总价差（元）	

冬季施工措施费用调查表

项目名称： 所属省份： 统计人： 统计日期：

序号	单位工程	工程部位	采取措施	人工或材料名称	单位	数量	单价	合价	部位工程量（m^3）	折合单价

（四）XMGL-10-7-4 成本数据汇总表

××工程施工成本汇总表

项目名称：　　　　编制：　　　　单位：元

序号	细目名称	数量	工费（或劳务费）	机械费	主材费用费	二三项材料费	周转材料费用摊销	其他（如有）	合计	折合单价	备注

项目临时工程成本情况统计表（铁路）

工程类别：　　　　所属地区：　　　　施工环境或地貌特征：　　　　统计人：　　　　统计日期：　　　　金额：万元

序号	费用名称	驻地建设	便道便桥	制存梁（板）场	混凝土拌和站	水稳拌和站（级配料拌和站）	沥青拌和站	钢筋场	小型预制构件厂	材料厂	铺轨基地	炸药库	供水设施	供电设施	临时用地	其他	合计	合同额	占合同价比例（%）

注：1.工程类别填铁路、公路、房建、市政、城市轨道、水利水电、其他。
2.所属地区填报例：西南片（贵州省贵阳市××县）。
3.施工环境或地貌特征填城市、山区、平原、戈壁、风沙区等。

九、项目合同管理用表及模板

XMGL-11-4-1-1 变更索赔收益对照分析表

变更索赔收益对照分析表

单位：元

序号	名称	情况简述	里程范围/变更范围	计量单位	单价				变更前						变更后						设计投资增减变化	收益增减变化	
					中标单价	中标预算成本单价	变更后单价	变更后预算成本单价	数量	概算费用	合同收入	成本	收益	收益率	数量	概算费用	预计收入	成本	收益	收益率		收益率变化	收益额变化
1	2	3	4	5	6	7	8	9	10	11	12	13	14	15	16	17	18	19	20	21	22	23	24

注：本表中12=6×10；13=7×10；14=12—13；15=14/12；18=16×8；19=16×9；20=18—19；21=20/18；22=17—11；23=21—15；24=20—14。

十、项目分包管理用表及模板

（一）XMGL-12-2-1 分包策划方案

____________工程项目部分包策划方案

1.工程概况及主要工程量

1.1 工程概况

1.2 工期目标

1.3 主要工程数量

主要工程数量表（举例）

序号	工程名称	单位	工程数量
一	拆迁及征地		
1	道路改移	km	
2	电力、通信、燃气等迁改	km	
3	……	km	
二	路基		
（一）	区间路基土石方		
1	挖土方	m^3	
2	挖石方	m^3	
3	填方	m^3	
4	……		

1.4 工程特点

2.分包模式

项目各分部分项工程在符合国家相关法律要求的前提下，采用工程分包、专业分包、劳务分包三种模式。各类工程具体分包模式如下：

2.1 桩基工程

采用专业分包（清包工+辅料+机具+设备）模式。要求设备××；工机具××；辅料××；水电××；发票××。

2.2 桥梁下构工程

采用劳务分包（清包工+辅料+小型工机具）模式。要求小型工机具××；辅料××；水电××；发票××。

2.3 隧道工程

采用专业分包模式。要求设备××；工机具××；辅料××；水电××；发票××。

2.4 路基工程

3.分包任务划分

工程公司策划组根据现场材料运输、技术复杂程序和特殊性，结合专业类别和分包利润，兼顾主体工程与临建工程，考虑施工便道、材料运输、土方调配等因素，对分包任务划分的段落按照施工长度、分包金额和工作量进行合理搭配。全线施工任务共划分为___个段落，每个段落至少储备1.5倍以上分包商，避免淘汰部分分包商造成空缺影响施工进度（从资源库中对应邀请1.5倍数量的分包商参加招标），使用分包商___个。各段落具体任务搭配及使用计划见下表。

分包商使用计划表

序号	任务划分	施工范围	主要工程内容及实物工程量	拟分包金额（万元）	重难点工程	拟进场时间	备注

4.分包商选用方案

4.1 选用方式

本项目按照《中铁××集团有限公司工程项目施工分包招标管理指导意见》，采用_____方式选用分包商。

4.2 选用原则

（1）从集团公司分包商资源库中对应邀请资质匹配，主、增项专业业绩匹配且单项和综合得分排名靠前的分包商。

（2）遵循“区域化”原则，坚持专业队伍干专业工程管理思路，对分包商实施区域化和专业化管理。及时了解各区域、各专业分包商下场资源，合理统筹布置分包商使用，根据分包商调遣远近及专业匹配情况，优先安排邻近区域方便调配、专业切合、资质匹配的分包队伍。

（3）对于新引进分包商的使用，要因地适宜的安排施工任务，对于关键线路、关键工序、重难点工程、项目各阶段（开工阶段、施工过程、收尾阶段）迎检点、项目标头和标尾工程，原则上不得使用新引进分包商。

5.分包合同注意事项

5.1 周转材料、设备、二三类材料

5.2 合同单价

5.3 主要计量规则

5.4 双方的权利、义务和责任

5.5 安全、质量、进度

5.6 激励考核措施

6.相关要求

6.1 分包商培育计划

6.2 分包管理工作流程

6.3 工作具体时间节点

6.4 其他需特别强调的要求

（二）XMGL-12-5-1 合格分包商名录

合格分包商名录

单位：××集团有限公司　　　　日期：20××年××月

序号	信用评价等级	省或直辖市	劳务分包商名称	统一社会信用代码证（纳税人识别号）	注册地址	开户银行		纳税人身份	资质证书			营业执照			安全生产许可证		法定代表人			合同签订人			现场负责人			目前在建项目	施工内容	中铁建系统内主要施工业绩	使用单位（局简称+公司简称）
						银行名称	账号		类别及等级	编号	有效期限	经营范围	注册资本（万元）	有效期限	证号	有效期限	姓名	身份证号	联系电话	姓名	身份证号	联系电话	姓名	身份证号	联系电话				

（三）XMGL-12-6-1 劳务用工实名制管理台账

劳务用工实名制管理汇总表

项目名称：
分包商名称：　　　　　　　　　　　　　　　　　　　　　　日期：　　年　月　日

序号	姓名	身份证号码	性别	年龄	民族	籍贯	文化程度	聘用岗位/工种	工资标准	进场日期	离场日期	是否有特种作业证	特种作业证书类型及等级	优秀记录	不良记录	培训信息	技能水平	是否有重大病史	手机号码	紧急联系人姓名	紧急联系人联系电话	有无购买工伤或意外伤害保险	是否项目部属地常驻人口	备注

制表人：　　　　　　　　　　分包商合同签订人：　　　　　　　　　　计划部负责人：

劳务用工花名册

项目名称：
分包商名称：　　　　　　　　　　　　　　　　　　　　　　日期：　　年　月　日

序号	姓名	身份证号码	性别	年龄	民族	籍贯	文化程度	聘用岗位/工种	进场日期	离场日期	家庭住址	职业资格证书号	劳动合同编号	备注

注：家庭住址写至村组；分包商在本项目的农民工发生变动的，在发生变动后5日内补充或撤销其登记信息。
制表人：　　　　　　　　　　分包商合同签订人：　　　　　　　　　　计划部负责人：

特种作业持证人员台账

项目名称：
分包商名称：　　　　　　　　　　　　　　　　　　　　　　　　　　日期：　　年　月　日

序号	姓名	身份证号码	性别	年龄	本工程岗位或工种	特种作业证书类型及等级	特种作业证书编码	证书有效起始日期	证书有效截止日期	发证机关	资格状态	备注

注：建设工程特种作业人员主要包括：垂直运输机械安装拆卸人员、开机作业人员（塔吊、施工电梯、井架安装拆卸工，塔吊司机、施工电梯司机、井字架司机等）、起重信号工（塔吊指挥等）、登高架设作业人员（架子工等）、电工、电气焊工、爆破作业人员和场内机动车驾驶员等。特种作业人员应经省级住房和城乡建设管理部门专门培训取得相应的特种作业资格，方可上岗作业。场内机动车（装载机、挖掘机、推土机、翻斗车等）驾驶员应经公安机关考核合格，取得相应驾驶证，方可上岗作业。垂直运输机械的安装、拆除与检测应当由具有相应资质的单位承担；资格状态分为有效、注销、过期。

制表人：　　　　　　　　　　　　　　　　　　　　　　　　　　分包商合同签订人：

考勤表

分包商名称：　　　　　　　　　　　　　　　　　　　　　　　年　月　日至　　年　月　日

序号	姓名	1	2	3	4	5	6	7	8	9	10	11	12	13	14	15	16	17	18	19	20	21	22	23	24	25	26	27	28	29	30	31	缺席	请假	值班	出差	出勤合计
备注																																					

分包商负责人：　　　　　　　　　　　　制表人：　　　　　　　　　　　　日期：

优秀劳务用工档案

项目名称：
分包商名称：
日期：　　年　月　日

序号	姓名	身份证号码	性别	年龄	项目名称	奖励类型	奖励级别	奖励时间	奖项说明	备注

注：1.项目名称指劳务用工获得奖励时所在项目。
2.工人奖励类型：比赛获奖、优秀工人、道德标兵。
3.奖励级别：国家级、省部级、地市级、企业级。

制表人：　　　　分包商合同签订人：

不良劳务用工名册

项目名称：
分包商名称：
日期：　　年　月　日

序号	姓名	身份证号码	性别	年龄	项目名称	不良行为类别	事件级别	发生时间	事件详细缘由	事件处理结果	备注

注：1.项目名称指劳务用工发生不良行为所在项目。
2.工人不良行为类别主要包括：寻衅斗殴、酗酒滋事、偷盗行为、恶意讨薪、破坏公共财物、违反安全规定、违反管理条例等。
3.事件级别分为：轻度、一般、严重。

制表人：　　　　分包商合同签订人：

（四）XMGL-12-7-1 分包商成本监控表

分包商成本监控表

项目名称： 统计截止时间： 单位：

序号	费用名称	单位	本月		开累		备注
			金额	指标	金额	指标	
完成工程量		米					按单位工程划分的单位工程量
盈亏金额							
一	**收入**	**元**					
1	合同计价（含现场签证费用）	元					
2	合同内超欠计价	元					
二	**支出成本**	**元**					
（一）	劳务费	元					
（二）	材料费	元					
1	小型机具	元					
2	二三项材料费	元					
3	主材费	元					
4	油料费	元					
（三）	设备费	元					
1	自有设备折旧	元					
2	外租设备	元					
3	自有设备维修、保养、配件储备	元					
（四）	其他费用	元					
1	房屋租金	元					
2	伙食补贴	元					
3	办公费	元					
4	车辆费	元					
5	差旅费	元					
6	电费	元					
7	水费	元					
8	税金	元					

制表人： 计划部长： 分包商：

分包商材料费统计表

项目名称：　　　　统计截止时间：　　　　单位：

序号	材料及机具名称	规格	计量单位	单价	数量及金额								数量及金额								备注（供应商）
					当月购入		当月库存		当月消耗		当月资金支付		开累购入		开累库存		开累消耗		开累资金支付		
					数量	金额	数量	金额	数量	金额	已付	欠付	数量	金额	数量	金额	数量	金额	已付	欠付	
自购小型机具及物料合计																					

分包商：　　　　项目物资部复核：

分包商劳务费统计表

序号	姓名	性别	身份证号码	工种	工资标准	进场时间	退场时间	考勤		工资		已付		欠付		备注
								本月	开累	本月	开累	本月	开累	本月	开累	
劳务费合计																

分包商：　　　　项目物资部复核：

分包商设备费统计表

项目名称：　　　　　　　　　　　　统计截止时间：　　　　　　　　　　　　单位：元

序号	设备出厂铭牌						设备进场状况							自有设备费用						租赁设备费用										
	设备名称	规格型号	生产厂家	工作能力	发动机型号/功率	出厂日期	设备所属者	购置时间	购置价格	进场时间	退场时间	存放地点	设备现值	配件、维修、保养		设备折旧		小计		承租方	出租方	月租金	租赁起始时间	计划租期	租赁费		已付租赁费		欠付租赁费	
														本月	开累	本月	开累	本月	开累						本月	开累	本月	开累	本月	开累
	设备费用合计																													

分包商：　　　　　　　　　　　　　　　　　　　　　　　　项目物资部复核：

分包商其他费统计表

项目名称：　　　　　　　　统计截止时间：　　　　　　　　单位：

序号	费用名称	单价	数量		金额		开累资金支付		备注
			本月	累计	本月	累计	已付	欠付	
1	房屋租金								
2	伙食补贴								
3	办公费								
4	车辆费								
5	差旅费								
6	电费								
7	水费								
8	税金								
9	合计								

分包商：　　　　　　　　项目财务部复核：

（五）XMGL-12-8-1 对下验工计价台账

对下验工计价汇总台账

报批单位:××项目经理部　　　　截止日期:

<table>
<tr><th rowspan="3">序号</th><th rowspan="3">分包商名称</th><th colspan="7">本期金额</th><th colspan="7">开累金额</th><th colspan="4">债务情况</th><th rowspan="3">是否结算</th><th rowspan="3">备注</th></tr>
<tr><th colspan="2">按对上承包合同划分</th><th colspan="2">按分包工程性质划分</th><th rowspan="2">奖罚费用</th><th rowspan="2">增值税</th><th rowspan="2">小计</th><th colspan="2">按对上承包合同划分</th><th colspan="2">按分包工程性质划分</th><th rowspan="2">奖罚费用</th><th rowspan="2">增值税</th><th rowspan="2">小计</th><th rowspan="2">保留金(元)</th><th rowspan="2">实际应付款(元)</th><th rowspan="2">已拨款(元)</th><th rowspan="2">结余(元)</th></tr>
<tr><th>合同内(施工图)</th><th>合同外（变更设计）</th><th>主体</th><th>临建</th><th>合同内（施工图）</th><th>合同外（变更设计）</th><th>主体</th><th>临建</th></tr>
<tr><td>1</td><td>2</td><td>3</td><td>4</td><td>5</td><td>6</td><td>7</td><td>8</td><td>9=3+4+7+8
9=5+6+7+8</td><td>10</td><td>11</td><td>12</td><td>13</td><td>14</td><td>15</td><td>16=10+11+14+15
16=12+13+14+15</td><td></td><td></td><td></td><td></td><td></td><td></td></tr>
<tr><td>一</td><td>内部单位</td><td></td><td></td><td></td><td></td><td></td><td></td><td></td><td></td><td></td><td></td><td></td><td></td><td></td><td></td><td></td><td></td><td></td><td></td><td></td><td></td></tr>
<tr><td></td><td>……</td><td></td><td></td><td></td><td></td><td></td><td></td><td></td><td></td><td></td><td></td><td></td><td></td><td></td><td></td><td></td><td></td><td></td><td></td><td></td><td></td></tr>
<tr><td>二</td><td>外部单位</td><td></td><td></td><td></td><td></td><td></td><td></td><td></td><td></td><td></td><td></td><td></td><td></td><td></td><td></td><td></td><td></td><td></td><td></td><td></td><td></td></tr>
<tr><td></td><td>……</td><td></td><td></td><td></td><td></td><td></td><td></td><td></td><td></td><td></td><td></td><td></td><td></td><td></td><td></td><td></td><td></td><td></td><td></td><td></td><td></td></tr>
</table>

十一、项目物资管理用表及模板

（一）XMGL-13-1-1 物资策划方案

物资策划方案

1.机构设置及人员
2.物资供应模式
3.现场料场和仓库布置
4.物资来源策划
5.物资管理要点
　5.1　物资采购供应目录
　5.2　主要材料采购方案
　5.3　物资供应计划、组织方案及保障措施
　5.4　材料质量控制措施
　5.5　粉尘控制措施
　5.6　成本控制措施
　5.7　物资核算管理
　5.8　节旧利废方案
　5.9　分包商自带小型机具的管理
　5.10　专业分包队伍材料管理
　5.11　物资内业及报表管理
6.物资创效及风险管控

（二）XMGL-13-2-1 物资采购计划表

物资采购计划表（参考）

编制单位：　　编号：　　编制日期：

序号	物资名称	规格型号	技术标准	计量单位	采购数量	备注

注：项目“物资采购计划表”需填写编制说明。

项目经理：　　总工程师：　　工程部长：　　物资部长：　　编制：

（三）XMGL-13-2-2 物资外欠款统计表

物资外欠款统计表（参考）

编制单位：　　　　　　　　　　填报日期：

序号	项目名称	供应商名册	合同名称	所供物资类别	合同金额（万元）	累计入账金额（万元）	累计供货金额（万元）	已付款金额（万元）	欠款金额（万元）	欠款比例（%）	合同约定付款比例（%）	是否在供	供应类别（甲供、甲控、自购）	备注

审核：　　　　　　　　　　复核：　　　　　　　　　　编制：

编制说明：该表所需统计的范围为项目开工至今所有物资购销及租赁供应商（含已支付完毕）的供应与支付情况。

（四）XMGL-13-3-1 合格供应商准入评审表

合格供应商准入评审表

<table>
<tr><td>供应商名称</td><td colspan="5"></td></tr>
<tr><td>供应商性质</td><td></td><td>所属区域</td><td colspan="3"></td></tr>
<tr><td rowspan="2">地址</td><td></td><td>联系人</td><td colspan="3"></td></tr>
<tr><td></td><td>移动电话</td><td></td><td>邮箱</td><td></td></tr>
<tr><td>注册资金</td><td></td><td>营业执照</td><td colspan="3"></td></tr>
<tr><td>供应商类型</td><td colspan="5">制造商　　代理商　　经销商　　服务提供商</td></tr>
<tr><td>经营范围</td><td colspan="5"></td></tr>
<tr><td>拟提供产品
或服务</td><td colspan="5"></td></tr>
<tr><td colspan="6">评审内容：
1.资质：　　营业执照　　资质证书　　安全生产许可证　　生产许可证
2.纳税人类型：　　一般纳税人　　小规模纳税人
3.产品或服务质量：有效产品检验合格证　具备资质的检测机构出具的检测报告　样品检验和试验合格报告　已经使用过，质量良好　　名优产品 其他
4.生产供应或服务能力
5.履约能力
6.价格
7.组织机构、管理制度
8.管理体系认证情况
9.业绩
10.信誉、服务及用户反馈意见：　　优秀　良好　一般　差
11.其他</td></tr>
<tr><td colspan="6">评审结论：　　通过　　不通过

评审人：
年　月　日</td></tr>
<tr><td colspan="6">公司审批意见：　　同意　　不同意　其他

批准人：
年　月　日</td></tr>
</table>

（五）XMGL-13-5-1 物资验收原始记录表

物资验收原始记录表

编制单位：

序号	时间	供应商	生产厂家	物资名称	规格	计量单位	原单毛重	原单皮重	原单数量	实收毛重	实收皮重	实收数量	结算数量	车号	材料员/拌和站收料员	存放地点	备注
本页汇总																	
本月汇总																	
本年汇总																	

复核：　　　　审核：　　　　编制：

（六）XMGL-13-5-2 材料报检台账

材料报检台账

编制单位：

进场日期	名称	规格型号	计量单位	到货数量	生产厂家	材质证书编号	批号	检验情况		存放地点	备注
								检验编号	检验结论		

审核：　　　　编制：

（七）XMGL-13-5-3 物资发放原始记录表

物资发放原始记录表

编制单位：

序号	年月	时间	收料单位	物资名称	规格型号	计量单位	使用部位	实发毛重	实发皮重	实发数量	车号	材料员	收料人	备注
本页合计														
本月合计														
本年累计														

复核：　　审核：　　编制：

（八）XMGL-13-5-4 物资对账单

物资对账单

编制单位：　　编号：　　对账周期：

序号	日期	物资名称	规格型号	单位	数量	不含税单价	不含税金额	税率	税额	价税合计(元）	存放仓库	备注
	合计											
	金额大写：											

供应商：（签字并盖章）　　收料单位：（签字并盖章）　　编制人：　　编制日期：

备注：采用浮动价结算的可在备注后增加列明确结算依据，如钢材结算可增加网价和运杂费两列。

（九）XMGL-13-5-5 物资明细账

物资明细账

编制单位：

年月	凭据号		摘要	物资类别	物资名称	规格型号	单位	不含税单价	税率	含税单价	收入				支出						库存		备注
															合计		项目部		分包商				
	字	号									数量	不含税金额	税额	价税合计	数量	不含税金额	数量	不含税金额	数量	不含税金额	数量	不含税金额	

审核：　　　　编制：

（十）XMGL-13-5-6 限额发料台账

限额发料台账（参考）

工程名称:

序号	材料名称	规格型号	计量单位	设计用量	变更设计用量	损耗系数	限额数	发料日期	发料数量	第一次		第二次		……		累计领用数量	剩余数量
										发料日期	发料数量	发料日期	发料数量	发料日期	发料数量		

总工程师：　　计划合同部长：　　工程部长：　　物资部长：　　编制：

说明：1.限额发料台账结合项目实际情况，可以按分包商任务分配情况建立，原则是便于统计和核算。
2.设计用量及变更设计用量由工程技术部门提供，损耗系数以计划合同部的劳务合同交底为准。
3.每次发料都必须如实填写。
4.超出限额数量时，必须立即分析原因，同时暂停供料并及时向项目领导汇报，确认解决方案后才可继续供料。
5.材料名称应按规格型号逐一详细填写。

（十一）XMGL-13-5-7 物资盘点表

物资盘点表

工点名称：　　　　　　　　　　分包商名称：　　　　　　　　　　盘点时间：　年　月　日

序号	材料名称	规格型号	计量单位	库存数量	不含税单价	不含税金额	备注

物资部：　　　　　　工程部：　计划合同部：　　　　　　财务部：　　　　　　分包商：

说明：1.每月20日项目工程部、计划合同部、物资部以及分包商负责人对工点库存材料（包括原材料、半成品）进行盘点并登记。

2.物资部依据盘点情况编制本表，备注栏注明盘点情况，若为半成品盘点需注明计算公式。

3.物资盘点表应签字齐全，分包商负责人也应签字确认，作为物资核算的原始依据，定期整理并装订，并妥善保管。

（十二）XMGL-13-5-8 物资、财务对账表

年　月物资、财务对账表

编制单位：　　　　　　　　　　　　　　　　编制日期：

物资类别	上期库存（元）	本期收入		开累收入		开累收入差额（物资累计收入-财物累计收入）	本期支出（元）		开累支出（元）		开累支出差（物资累计收入-财物累计收入）	本期库存（元）	备注
		物资	财务	物资	财务		物资	财务	物资	财务			
合计													

注：一般计税项目统计金额均为不含税金额，简易计税项目均为含税金额。

财务部长：　　　　　　　　　　物资部长：　　　　　　　　　　编制：

（十三）XMGL-13-6-1 材料节超分析表

年　月材料节超分析表

单位名称：（分包商）　　　　　　编制时间：

序号	材料名称	规格	计量单位	本期理论用量	损耗系数	本期应耗量	本期实际消耗量				本期节超			开累应耗量	开累实耗量	开累节超		备注
							上期库存	本期领料	本期库存	本期实耗	数量	不含税单价	不含税金额			数量	不含税金额	
合计																		

项目经理：　　工程部长：　　物资部长：　　财务部长：　　计划合同部长：　　分包商负责人：

十二、机械设备管理用表及模板

（一）XMGL-14-1-1 设备需求计划申请单

设备需求计划申请单

编制单位：　　　　　　编制人：　　　　　　编制时间：

需求计划编号		需求计划名称		来源方式			是否为计划内采购			设备名称	
小类		大类		规格/型号		计量单位		数量		是否内部产品	
区域		业务类型		用于工程项目		工程所在地		产权单位		产地	
计划进场日期						计划退场日期					
备注											
附件上传											

注：本表仅供参考。

（二）XMGL-14-2-1 设备合同审批单

设备合同审批单

合同编号		合同名称		合同形式		编制日期		编制人	
甲方		乙方		计税方式		履约开始日期		履约结束日期	
不含税单价		税率		税额		含税合同金额			
合同摘要									
备注：									

注：本表仅供参考。

（三）XMGL-14-3-1设备台账

项目设备台账

编制单位： 编制人： 编制日期：

序号	管理号码	设备名称	规格/型号	功率(kW)	生产厂家	出厂日期	技术状况	进场日期	退场日期	备注

注：本表仅供参考。

（四）XMGL-14-4-1设备运转记录表

设备运转记录表

编制单位：　　　　　　　　　　　　　　　　　　　　　　工作日期：

设备提供单位		设备使用单位		设备来源	
设备名称		规格/型号		管理号码	
作业地点及工作内容					
单位工程名称	工作内容		工作起止时间（完成工作量）	工作时间/工作量(小时/方量)	备注
合计					

注：本表仅供参考。

（五）XMGL-14-6-1 设备结算单

设备结算单

供应商名称：　　　　　　　　　　　　　　　　　　　　　　编制日期：

序号	合同编号	结算内容	结算起止时间	结算量	结算单价	结算金额（不含税）	税率	结算金额（含税）	备注
合计金额（不含税）									
合计金额（含税）									

（六）XMGL-14-7-1 设备单机核算表

年 月设备单机核算表（参考）

编制单位： 编制日期： 单据流水号： 单位：元

序号	设备类型	设备名称	规格/型号	管理号码	工作时间（工作量）	设备折旧（租赁费）	燃油消耗（元或升）						设备材料消耗	水电消耗	维修费用	合计金额	综合单价
							燃油消耗数量	单价	燃油消耗金额	实际油耗	理论油耗	节超					

项目经理： 设备部部长： 编制人：

（七）XMGL-14-8-1 设备退场计划表

设备退场计划表

编制单位： 编制日期：

序号	管理号码	设备名称	规格/型号	数量	技术状态	计划退场日期	备注

注：本表仅供参考。

十三、项目财税管理用表及模板

（一）XMGL-15-1-1 项目财税策划书

项目财税策划书（模板）

1.财税策划前期准备

对项目建设期间驻地经济形势、经济政策以及外部环境展开调研，主要包括：项目建设期间驻地经济形势、财政税收政策、项目人文环境、施工环境、业主资金管理环境、业主对财务方面的相关要求等方面。对项目招投标文件和施工合同进行认真研究，主要明晰：项目投资来源、合同金额组成、项目工期、付款条款、保证金条款、变更索赔条款等方面。对企业内部规章制度和经济政策进行认真梳理，主要包括：资金管理、费用管理、合同管理、资产管理、税务管理、财务决算等方面。

2.组织架构以及核算模式的选择

结合项目类别、规模、工期、业务类型、参建单位等项目特点，以及管理需要确定项目组织架构以及管理模式，根据组织架构和管理模式选择核算模式、设置财务机构和配备人员。结合项目财务机构设置和财务人员配备情况，建立和明确项目财务部门工作职责，财务部长、财务会计和出纳人员的工作职责，以明晰相关人员职责权限。

3.项目资金管理

结合项目投资主体、资金来源、项目工期、付款条款、业主资金管理要求、施工资金需求以及公司资金管理相关规章制度等，编制项目资金总预算制，制订项目资金管理规定，至少应明确以下要点：

3.1　资金集中管理措施：含银行账户归集、资金集中措施。

3.2　资金计划管理措施：含资金计划编制、资金计划审批、项目垫资、资金偿还、各类上交款上缴等方面的措施。

3.3　资金支付管理措施：含资金支付比例、资金支付确保事项以及优先顺序、支付审批权限等方面的措施。

3.4　资金收款管理措施：含资金收款方式、收款审批等方面。

3.5　资金上交管理措施：含公司切割提留、代扣代缴、营销费用等资金上交计划、上交方式等方面的措施。

3.6　资金安全管理措施：含印章和票据管理、现金管理、备用金管理、大额货币资金管理等方面的措施。

3.7　资金总预算具体分解到每一年度，要包含：劳务分包、物资采购、设备租赁等主要类别支出。

项目资金管理的策划，应以《项目资金管理办法（或规定）》的形式，正式行文。

4.项目费用管理

结合项目资源配置、项目工期、项目人文环境、项目外部环境，公司业务招待费、差旅费等经费开支办法，以及研发费用、安全生产费用等专项费用管理要求，编制项目经费预算，制订项目费用管理相关规定，至少要明确以下要点：

4.1　经费开支标准：含招待费、差旅费、办公费、车辆使用费等经费日常开支控制标准。

4.2　职工薪酬管理：含工资、补贴、奖金发放标准和时间等方面的管理。

4.3　专项费用管理：含研发费用、安全生产费用等专项费用的开支、列转和计提等方面的管理。

4.4　费用开支审批：含费用开支前和开支后的审批，要明确各类具体费用的开支审批流程。

4.5　发票管理要求：含各类经费开支票据开具、审核和保管等方面的要求。

4.6　项目经费预算至少含职工薪酬、差旅费、办公费、车辆使用费等经费的日常开支控制标准。

项目费用管理的策划，应以《项目费用管理办法（或规定）》的形式，正式行文。

5.项目税务管理

结合项目驻地经济形势、财政税收政策以及项目组织架构、施工组织形式、项目投资构成等，测算项目税负，制订取票策略等，制订项目税务管理相关规定，并进行税务交底。至少要明确以下要点：

5.1 测算项目税负，选定计税方式。

5.2 增值税管理措施：含增值税销项税计提、增值税发票管理、物资设备采购相关管理、进项税管理、预征增值税、汇总清算增值税以及增值税清缴管理等。

5.3 预征企业所得税管理措施：含预征企业所得税缴纳筹划方法和措施等。

5.4 个人所得税管理措施：含职工个人所得税的代扣代缴筹划方法和措施等。

5.5 资源税管理措施：含资源税计提、解缴以及筹划方法和措施等。

5.6 印花税管理措施：含项目合同签订管理、印花税计提、解缴以及筹划方法和措施等。

5.7 其他税种管理措施：指以上税种以外的其他涉及税种的计提、解缴以及相应的筹划措施。

财税策划小组对项目税务管理的策划，应以《项目税务筹划工作方案》的形式，正式行文。

6.项目财务核算管理

结合《会计准则》《会计制度》和企业内部管理有关要求，制订项目财务核算管理相关要求，规范项目财务核算，提高会计信息质量。至少要明确以下要点：

6.1 收入成本核算：含项目收入和成本核算的依据、程序、基础资料和账务处理等方面的规定。

6.2 资金资产核算：含资金资产的增加、减少、盘点、处置、减值损失计提和账务处理等方面的规定。

6.3 债权债务核算：含债权债务的增加、减少、对账、减值损失计提和账务处理等方面的规定。

6.4 专项费用核算：含研发费用、安全生产费用等方面的财务核算相关规定。

6.5 期末关账管理：含会计期末收入成本、资金资产、债权债务等各项会计事项期末关账程序、手续、基础资料和账务处理等方面的规定。

6.6 其他方面核算：项目涉及的其他事项财务核算的规定。

7.项目基础管理

结合公司管控、财务决算分析等方面的要求，对项目财务管理各项基础工作进行细化，以规范项目财务管理运作。内部审批表格、内部管理台账、内部分析表格进行规范，对填报要求职责划分以及方法进行明确。

（二）XMGL-15-1-2 项目税务管理工作交底方案

×××公司
项目税务管理工作交底

交底单位：________________

被交底单位：______________

交底时间：____年___月___日

×××公司
工程项目税务管理工作交底目录

序号	税务管理工作交底内容	涉及部门
1	项目基本情况	
2	组织机构管理	
3	合同管理	项目各业务部门
4	供应商管理	各业务部门
5	分包管理	经管
6	物资采购管理	物资
7	设备管理	设备
8	分包差管理	经管、财务
9	收入管理	财务
10	成本管理	经管、物资、设备
11	费用管理	项目各业务部门
12	发票管理	项目各业务部门
13	发票开具管理	财务
14	涉税会计核算管理	财务
15	纳税申报管理	财务
16	代扣个人所得税管理	财务
17	印花税管理	财务
18	所得税管理	财务
19	其他税费管理	财务
20	不可抵扣事项管理	财务
21	研发费管理	技术、财务、经管
22	其他税务管理	技术、财务、经管

×××公司税务管理工作交底

交底编号：×××号

被交底单位	×××项目部		交底日期	×××	
交底提要	×××		涉及税种	×××	
交底人		项目经理		被交底人	

（三）XMGL-15-3-1 项目资金计划表

××项目×月资金计划表

编制单位：　　　　　　　　　　　　　　　　金额单位：元

序号	项目		金额	备注
一	期初货币资金余额			
二	资金收入预算	1.业主拨款		
		2.公司调剂		
		3.其他资金收入		
		资金收入预算合计		
三	资金支出预算	1.支付公司款		
		2.支付内部单位款		
		3.支付劳务款		
		4.支付材料款		
		5.支付设备款		
		6.支付其他外部单位款		
		7.工资社保开支情况		
		8.管理费开支（不含工资社保）		
		9.税金支出		
		资金支出预算合计		
四	期末货币资金余额			

项目经理：　　　　党工委书记：　　　　设备部长：
物资部长：　　　　计划部长：　　　　财务部长：

十四、节能环保管理用表及模板

（一）XMGL-16-2-1 环境因素清单

环境因素清单

编制单位：　　　　　　　　　　　　　　　　　　　　　　　　　　　　编号：

序号	活动/产品/服务	环境因素	发生岗位或地点	时态			状态			环境影响							
				过去	现在	将来	正常	异常	紧急	水	大气	噪声	固废	土地	资源	能源	其他

编制：　　　　　　　　　　　　　　审核：　　　　　　　　　　　　　　时间：

（二）XMGL-16-2-2 环境因素评价表

环境因素评价表

编制单位：　　　　　　　　　　　　　　　　　　　　　　　　　　　　编号：

序号	环境因素	部门/岗位/地点	时态			状态			环境影响								环境因素评分						拟采取管理方式
			过去	现在	将来	正常	异常	紧急	水	大气	噪声	固废	土地	资源	能源	其他	A	B	C	D	E	总分	

评价：　　　　　　　　　　　　　　审核：　　　　　　　　　　　　　　时间：

（三）XMGL-16-2-3 重要环境因素清单

重要环境因素清单

编制单位：　　　　　　　　　　　　　　　　　　　　　　编号：

序号	活动产品服务	重要环境因素	发生岗位或地点	时态			状态			环境影响								管理计划	
				过去	现在	将来	正常	异常	紧急	水	大气	噪声	固废	土地	资源	能源	其他	目标、指标	控制措施/应急方案

编制人/时间：　　　　　　　　　　审核人/时间：　　　　　　　　　　批准人/时间：

（四）XMGL-16-3-1 环境保护排查治理问题库台账

环境保护排查治理问题库台账

序号	单位	项目名称	检查时间	污染类别	问题描述	整治措施及方案	整改期限	责任人	整改情况	备注

（五）XMGL-16-3-2 环境风险源风险点排查台账

环境风险源风险点排查台账

序号	单位	项目名称	污染类别	风险点	应对措施	备注

十五、科技创新管理用表及模板

（一）XMGL-17-1-1 年度科研计划课题申请表

_____年度科研计划课题申请表

<table>
<tr><td>课题名称</td><td colspan="9"></td></tr>
<tr><td>单位名称</td><td colspan="9"></td></tr>
<tr><td>单位地址</td><td colspan="7"></td><td>邮编</td><td></td></tr>
<tr><td>课题负责人姓名</td><td></td><td>性别</td><td></td><td>年龄</td><td></td><td>职称</td><td></td><td>电话</td><td></td></tr>
<tr><td>起始年度</td><td colspan="3"></td><td colspan="3">结束年度</td><td colspan="3"></td></tr>
<tr><td>总预算（万元）</td><td></td><td colspan="3">申请资助（万元）</td><td colspan="2"></td><td colspan="2">自筹经费（万元）</td><td></td></tr>
<tr><td colspan="10">专业类别：A：线路及岩土　B：桥梁　C：地下工程　D：工业与民用建筑
E：机械　F：四电　G：信息技术　H：其他</td></tr>
<tr><td>项目性质</td><td colspan="9">（A类、B类、C类，指令）</td></tr>
<tr><td colspan="10">研究内容提要</td></tr>
<tr><td colspan="10"></td></tr>
<tr><td colspan="7">申报单位审查意见：</td><td>盖章</td><td colspan="2">年　月　日</td></tr>
<tr><td colspan="10">一、国内外现状</td></tr>
<tr><td colspan="10"></td></tr>
<tr><td colspan="10">二、主要研究内容及研究方法</td></tr>
<tr><td colspan="10"></td></tr>
<tr><td colspan="10">三、要达到的目标、成果形式及主要技术指标</td></tr>
<tr><td colspan="10"></td></tr>
<tr><td colspan="10">四、前期工作基础</td></tr>
<tr><td colspan="10"></td></tr>
<tr><td colspan="5">五、经费概算</td><td colspan="5">六、合作单位</td></tr>
<tr><td colspan="5"></td><td colspan="5">注：附合作协议</td></tr>
</table>

（二）XMGL-17-1-2 年度科研计划课题合同

合同编号	
密级	

______年度科研计划课题合同

课题名称：________________________

承担单位：________________________

课题负责人：______________________

起止年限：____年__月至____年__月

中国铁建股份有限公司制

填写说明

1.本合同由股份公司科技设计部代表股份公司与课题承担单位签订，甲方为股份公司，乙方为课题承担单位。

2.本合同一式五份，甲方两份，乙方两份，课题负责人一份。

3.合同采用A4纸打印上报，填写内容采用小4号宋体。

4.合同编号以“股份公司年度科研计划”中合同号为准。

5.合同密级由课题承担单位提出建议，股份公司相关部门审定。

一、国内外现状及简要说明

二、主要研究内容、关键技术及研究方法

（课题研究的创新点和内容，要解决的主要技术难点及采用的研究试验方法等）

三、课题预期目标、经济技术指标和成果形式

（当课题不涉及经济技术指标时则说明“本课题不具备具体的经济技术指标”）

四、合作单位研究任务及考核指标

（如果有合作单位，须分单位说明）

五、课题的年度计划及年度目标

年度	计划及目标

六、课题参加单位及主要研究人员

参加单位	研究任务及分工

课题负责人	性别	年龄	职务职称	研究任务及分工	全时率	所在单位
主要研究人员						

七、总经费预算

单位：万元

<table>
<tr><th colspan="2">经费来源预算</th><th colspan="4">经费支出预算</th></tr>
<tr><th rowspan="2">科目</th><th rowspan="2">预算数</th><th rowspan="2">科目</th><th colspan="3">预算数</th></tr>
<tr><th>股份公司拨款</th><th>其他拨款</th><th>合计</th></tr>
<tr><td>来源预算合计</td><td></td><td>支出预算合计</td><td></td><td></td><td></td></tr>
<tr><td>一、股份公司拨款</td><td></td><td>一、直接费</td><td></td><td></td><td></td></tr>
<tr><td>二、单位自筹款</td><td></td><td>1.人工费</td><td></td><td></td><td></td></tr>
<tr><td>三、银行贷款</td><td></td><td>2.设备费</td><td></td><td></td><td></td></tr>
<tr><td>四、其他来源</td><td></td><td>（1）购置设备费</td><td></td><td></td><td></td></tr>
<tr><td></td><td></td><td>（2）试制设备费</td><td></td><td></td><td></td></tr>
<tr><td></td><td></td><td>（3）设备租赁费</td><td></td><td></td><td></td></tr>
<tr><td></td><td></td><td>3.材料费</td><td></td><td></td><td></td></tr>
<tr><td></td><td></td><td>4.测试化验加工费</td><td></td><td></td><td></td></tr>
<tr><td></td><td></td><td>5.燃料动力费</td><td></td><td></td><td></td></tr>
<tr><td></td><td></td><td>6.差旅费</td><td></td><td></td><td></td></tr>
<tr><td></td><td></td><td>7.会议费</td><td></td><td></td><td></td></tr>
<tr><td></td><td></td><td>8.国际合作交流费</td><td></td><td></td><td></td></tr>
<tr><td></td><td></td><td>9.出版/文献/信息传播/知识产权事务费</td><td></td><td></td><td></td></tr>
<tr><td></td><td></td><td>10.专家咨询费</td><td></td><td></td><td></td></tr>
<tr><td></td><td></td><td>二、间接费</td><td></td><td></td><td></td></tr>
<tr><td></td><td></td><td>1.其他费</td><td></td><td></td><td></td></tr>
<tr><td></td><td></td><td>2.绩效</td><td></td><td></td><td></td></tr>
<tr><td></td><td></td><td>三、外委支出费</td><td></td><td></td><td></td></tr>
<tr><td></td><td></td><td>四、税金</td><td></td><td></td><td></td></tr>
<tr><td colspan="3">财务部门审核意见：
财务专用章　　　　　　年　月　日</td><td colspan="3">承担单位审核意见：
单位公章　　　　　　年　月　日</td></tr>
</table>

八、拨款计划

单位：万元

股份公司资助总额	首次拨款（年）	中间拨款（年）	结题拨款

九、参与单位经费预算

单位：万元

经费来源预算		经费支出预算			
科目	预算数	科目	预算数		
			股份公司拨款	其他拨款	合计
来源预算合计		支出预算合计			
一、股份公司拨款		一、直接费			
二、单位自筹款		1.人工费			
三、银行贷款		2.设备费			
四、其他来源		（1）购置设备费			
		（2）试制设备费			
		（3）设备租赁费			
		3.材料费			
		4.测试化验加工费			
		5.燃料动力费			
		6.差旅费			
		7.会议费			
		8.国际合作交流费			
		9.出版/文献/信息传播/知识产权事务费			
		10.专家咨询费			
		二、间接费			
		1.其他费			
		2.绩效			
		三、外委支出费			
		四、税金			

财务部门审核意见： 财务专用章　　　　年　月　日	参与单位审核意见： 单位公章　　　　年　月　日

说明：各参与单位均应编制经费预算，汇总数等于课题总经费预算。

十、合同签订各方意见

项目负责人：	联系人及电话：（手机）
通信地址：	邮编：
电子邮箱：	
单位名称：	
纳税人识别号：	
地址、电话：	
开户行及账号：	
项目承担单位负责人：	
项目承担单位（乙方公章）	年 月 日
联系人及电话：（手机）	
通信地址：	邮编：
单位名称：	
纳税人识别号：	
地址、电话：	
开户行及账号：	
科技设计部负责人（签字）：	
中国铁建股份有限公司（甲方公章）	年 月 日

十一、共同条款

1.合同双方共同遵守股份公司《科技研究开发计划管理办法》（以下简称“办法”），若有争议时，按“办法”有关规定处理。

2.本课题如涉及多家（包含两家）单位参加，乙方必须在签订本合同前与其合作单位就合作任务和知识产权归属等问题签订有关合同或协议（仅委托其他单位进行常规试验、提供社会化科技服务和少量辅助科研工作的情况除外）。

3.乙方必须按要求编报年度计划执行情况及时上报甲方，逾期不报，甲方有权终止拨款。

4.合同执行过程中，乙方如需变更合同，应根据“办法”中有关规定，向甲方提出变更内容及理由的申请报告，经甲方审核批准后实施。甲方提出变更合同书有关内容时，要与乙方协商达成书面协议后实施。在变更合同未经双方确认前，双方仍应履行原合同书内容。

5.乙方课题经费开支应符合本单位财务管理有关规定和“办法”经费开支范围要求。

6.甲方根据“办法”的规定，及时向乙方拨付经费，并监督经费使用情况。对不符合规定的开支，甲方有权提出调整意见。

7.遇下列情况之一，甲方可通知乙方或乙方向甲方申请终止合同：

（1）课题所需自筹资金等条件长期不落实的。

（2）经论证，课题所选技术路线、方案已无实用价值，或依托的工程项目发生较大变化导致课题无法进行的。

（3）参加研究开发的合作单位或课题人员发生较大变化，致使课题无法进展的。

8.合同执行过程中，甲方无故终止合同，所拨经费、物资不得追回，并承担善后处理所发生的费用。

9.双方协议的其他条款如下：（若无，请填“无”）。

（三）XMGL-17-1-3 科研计划课题年度执行情况及资金使用情况表

____年度执行情况及资金使用情况表

课题名称：________________

课题类别：________________

承担单位：________________

填报日期：________________

中国铁建股份有限公司制

一、课题年度执行情况

课题名称			
承担单位			
合同编号		课题起止时间	
进展情况	按计划进行□　进度超前□　拖延□　停顿□		
课题总体进展及本年度开展的主要研究工作			
投入研究的工作量			
存在的问题、产生的原因和解决的方法			
参加研究工作人员	总　数	人·月	
	其中：高级职称		
	中级职称		
	初级职称		
	其他人员		

二、课题年度经费预算执行情况

股份公司科技研究开发计划资助经费	总经费			
	已付经费			
	未付经费			
	本年度应付经费			
	本年度实际结算经费			
本年度到位资金	股份公司科技研究开发计划付款		万元	
	单位自筹		万元	
	其他		万元	
	合计		万元	
支出	总计		万元	
	其中：固定资产购建支出		万元	
下一年度经费预算	总经费	万元	股份公司应拨	万元
课题承担单位意见 （公章） 年　月　日				
股份公司科技设计部意见 （公章） 年　月　日				

（四）XMGL-17-1-4 科研计划课题变更（解除）合同建议表

科研计划课题变更（解除）合同建议表

<table>
<tr><td>课题名称</td><td colspan="3"></td></tr>
<tr><td>承担单位</td><td colspan="3"></td></tr>
<tr><td>课题类别</td><td colspan="3">A类课题 □　　B类课题 □　　C类课题 □</td></tr>
<tr><td>合同编号</td><td></td><td>课题起止时间</td><td></td></tr>
<tr><td>课题负责人</td><td></td><td>联系电话</td><td></td></tr>
<tr><td colspan="4">变更事项及理由：</td></tr>
<tr><td colspan="4">变更内容</td></tr>
<tr><td colspan="2">原合同约定</td><td colspan="2">建议变更事项</td></tr>
<tr><td colspan="2"></td><td colspan="2"></td></tr>
<tr><td>变更类别</td><td colspan="3">1. 增加经费 □　　2. 延长期限 □　　3. 增加内容 □
4. 调整目标 □　　5. 终止合同 □　　6. 其他 □</td></tr>
<tr><td colspan="2">合同乙方意见

负责人：
年　月　日（公章）</td><td colspan="2">合同甲方意见

负责人：
年　月　日（公章）</td></tr>
</table>

（五）XMGL-17-1-5 科研计划课题合同结题验收申请表

科研计划课题合同结题验收申请表

填报单位：

项目名称	
合同编号	
合同规定要求	（填写内容：1.合同约定的主要研究内容；2.合同约定的成果形式，包括技术报告、标准、规范、专利、论文及人才培养等）
完成情况及提供的技术文件目录	（填写内容：1.完成合同约定的主要研究内容，附技术报告；2.合同约定的成果完成情况）
承担单位意见	（章） 年 月 日
股份公司科技设计部意见	（章） 年 月 日
股份公司财务部门意见	（章） 年 月 日
领导审批	（章） 年 月 日

（六）XMGL-17-1-6 科研计划课题合同结题验收报告

科研计划课题合同结题验收报告

课题名称：______________________

合同编号：______________________

承担单位：______________________

课题负责人：_____________________

起止年限：____年__月至____年__月

中国铁建股份有限公司制

填写说明

1.本表一式三份，股份公司二份，课题承担单位一份。

2.验收表用A4纸打印，宋体小四号字体填报。

3.表“课题自评价报告”主要内容提示：

（1）课题主要研究任务、考核目标及主要技术经济指标。

（2）课题执行情况评价（包括目标、任务完成情况、解决的关键技术、取得的重大成果包括专利等情况、整体水平及配套性、技术成果应用情况，课题完成后建成的试验基地、生产线及行程的技术标准等）。

（3）成果转化、产业化情况、直接效益和间接效益（经济、社会和环境效益），成果推广应用前景的评价。

（4）课题立项的必要性和科学性的后评估。

（5）经费决算和使用评价。

（6）组织管理经验（侧重评价科技工作面向经济、社会发展、成果转化及产业化的经验）。

（7）存在的问题。

（8）提供验收的技术文件清单。

4.表“2.课题参加单位及主要研究人员”填写内容与合同约定一致，如有变动，需提请股份公司批复。

5.表“3.课题经费决算表”由课题第一完成单位，将各参与单位支出经费汇总，作为财务验收依据。

6.表“4.课题验收信息表”为技术验收参考依据。

1.课题自评价报告

2.课题参加单位及主要研究人员

参加单位名称	研究任务及分工	经费分配

课题负责人	性别	年龄	职务职称	研究任务及分工	所在单位
主要研究人员					

（纸面不敷，请另加页）

3.课题经费决算表

单位：万元

<table>
<tr><th colspan="2">经费来源预算</th><th colspan="4">经费支出预算</th></tr>
<tr><th rowspan="2">科目</th><th rowspan="2">预算数</th><th rowspan="2">科目</th><th colspan="3">预算数</th></tr>
<tr><th>股份公司拨款</th><th>其他拨款</th><th>合计</th></tr>
<tr><td>来源预算合计</td><td></td><td>支出预算合计</td><td></td><td></td><td></td></tr>
<tr><td>一、股份公司拨款</td><td></td><td>一、直接费</td><td></td><td></td><td></td></tr>
<tr><td>二、单位自筹款</td><td></td><td>1.人工费</td><td></td><td></td><td></td></tr>
<tr><td>三、银行贷款</td><td></td><td>2.设备费</td><td></td><td></td><td></td></tr>
<tr><td>四、其他来源</td><td></td><td>（1）购置设备费</td><td></td><td></td><td></td></tr>
<tr><td></td><td></td><td>（2）试制设备费</td><td></td><td></td><td></td></tr>
<tr><td></td><td></td><td>（3）设备租赁费</td><td></td><td></td><td></td></tr>
<tr><td></td><td></td><td>3.材料费</td><td></td><td></td><td></td></tr>
<tr><td></td><td></td><td>4.测试化验加工费</td><td></td><td></td><td></td></tr>
<tr><td></td><td></td><td>5.燃料动力费</td><td></td><td></td><td></td></tr>
<tr><td></td><td></td><td>6.差旅费</td><td></td><td></td><td></td></tr>
<tr><td></td><td></td><td>7.会议费</td><td></td><td></td><td></td></tr>
<tr><td></td><td></td><td>8.国际合作交流费</td><td></td><td></td><td></td></tr>
<tr><td></td><td></td><td>9.出版/文献/信息传播/知识产权事务费</td><td></td><td></td><td></td></tr>
<tr><td></td><td></td><td>10.专家咨询费</td><td></td><td></td><td></td></tr>
<tr><td></td><td></td><td>二、间接费</td><td></td><td></td><td></td></tr>
<tr><td></td><td></td><td>1.其他费</td><td></td><td></td><td></td></tr>
<tr><td></td><td></td><td>2.绩效</td><td></td><td></td><td></td></tr>
<tr><td></td><td></td><td>三、外委支出费</td><td></td><td></td><td></td></tr>
<tr><td></td><td></td><td>四、税金</td><td></td><td></td><td></td></tr>
<tr><td colspan="2">财务部门审核意见：

财务专用章　　　　　　年　月　日</td><td colspan="4">承担单位审核意见：

单位公章　　　　　　年　月　日</td></tr>
</table>

4.课题验收信息表

<table>
<tr><td colspan="2">课题名称</td><td colspan="9"></td></tr>
<tr><td colspan="2">合同编号</td><td colspan="4"></td><td colspan="2">课题起止时间</td><td colspan="3"></td></tr>
<tr><td colspan="2">承担单位</td><td colspan="9"></td></tr>
<tr><td colspan="2">参加单位</td><td colspan="9"></td></tr>
<tr><td rowspan="3">课题负责人</td><td>姓名</td><td></td><td>学历</td><td></td><td>年龄</td><td></td><td>职称</td><td></td><td>电话</td><td></td></tr>
<tr><td>工作单位</td><td colspan="7"></td><td>邮箱</td><td></td></tr>
<tr><td>通讯地址</td><td colspan="7"></td><td>邮编</td><td></td></tr>
<tr><td rowspan="3">实际参加研究人员</td><td>总计</td><td colspan="9">人　　人月</td></tr>
<tr><td rowspan="2">其中</td><td>高级职称</td><td>人</td><td>中级职称</td><td>人</td><td>其他</td><td colspan="4">人</td></tr>
<tr><td>院士</td><td>人</td><td>博士</td><td>人</td><td>硕士</td><td colspan="4">人</td></tr>
<tr><td colspan="2" rowspan="5">主要成果</td><td>培养博士</td><td colspan="3">人</td><td>培养硕士</td><td colspan="4">人</td></tr>
<tr><td>新产品</td><td>项</td><td colspan="2">新技术、新工艺</td><td>项</td><td colspan="2">新材料</td><td colspan="2">项</td></tr>
<tr><td colspan="9">获专利　项，其中：实用新型专利　项，发明专利　项</td></tr>
<tr><td>论文</td><td>篇</td><td colspan="2">标准</td><td>项</td><td colspan="2">工法</td><td colspan="2">项</td></tr>
<tr><td colspan="2">技术报告</td><td colspan="2">篇</td><td colspan="3">专著</td><td colspan="2">部</td></tr>
<tr><td colspan="2">备注</td><td colspan="9"></td></tr>
</table>

5.技术验收意见

验收组组长签字： 年　月　日

6.财务验收意见

验收组组长签字： 年　月　日

注：需要财务验收的填写此表。

7.股份公司验收审批表

科技设计部意见	（章） 年 月 日
财务部意见	（章） 年 月 日
领导审批	

说明：A类课题必须填写表“课题参加单位及主要研究人员”“课题经费决算表”“课题验收信息表”。

验收专家名单

序号	验收组分工	姓名	工作单位	所学专业	现从事专业	职务或职称	联系电话	签名
1	组长							
2	副组长							
3	成员							
4	成员							
5	成员							
6	成员							
7	成员							

（七）XMGL-17-2-1 优秀工法申报表

优秀工法申报表

（　　　　年度）

工法名称：__________________

专业分类：__________________

申报单位：__________________

中国铁建股份有限公司制

填写说明

1.“申报单位”栏：应是申报表中所填写的主要完成单位中第一完成单位。

2.“专业分类”栏：按线路路基、桥梁、隧道、房建、电力和电气化、通信和信号填写。

如没有以上专业，请填写“其他”并注明自己认可的专业分类。

3.“主要完成单位”栏最多填写2家，并应当与“主要完成单位意见”栏中的签章一致。

4.“通讯地址”及“联系人”：指申报单位的地址和联系人。

5.“主要完成人”栏：最多填写5人。

6.超过有效期的中国铁建优秀工法重新申报，其关键技术应有所创新，具有较高先进性、推广应用价值。

7.“工法应用工程情况”栏：最少填写2项工程。

8.工法关键技术涉及有关专利的，应在“关键技术及保密点”栏注明专利号、专利权人。

9.“工法形成企业技术标准情况”栏：该工法已形成了企业技术标准时，填写此栏。填写的内容包含企业技术标准名称、编号和发布时间等内容。

<table>
<tr><td colspan="2">工法名称</td><td colspan="9"></td></tr>
<tr><td colspan="2">主要完成单位</td><td colspan="9"></td></tr>
<tr><td colspan="2">通讯地址</td><td colspan="6"></td><td>邮编</td><td colspan="2"></td></tr>
<tr><td colspan="2">联系人</td><td colspan="2"></td><td>电话</td><td colspan="6"></td></tr>
<tr><td colspan="2" rowspan="6">主要完成人</td><td colspan="2">姓名</td><td>职务</td><td colspan="2">职称</td><td colspan="4">所在工作单位</td></tr>
<tr><td colspan="2"></td><td></td><td colspan="2"></td><td colspan="4"></td></tr>
<tr><td colspan="2"></td><td></td><td colspan="2"></td><td colspan="4"></td></tr>
<tr><td colspan="2"></td><td></td><td colspan="2"></td><td colspan="4"></td></tr>
<tr><td colspan="2"></td><td></td><td colspan="2"></td><td colspan="4"></td></tr>
<tr><td colspan="2"></td><td></td><td colspan="2"></td><td colspan="4"></td></tr>
<tr><td rowspan="6">工法应用工程情况</td><td colspan="3">工程名称</td><td colspan="7"></td></tr>
<tr><td colspan="3">开竣工时间</td><td colspan="2"></td><td colspan="3">工程所在地区</td><td colspan="2"></td></tr>
<tr><td colspan="3">工程名称</td><td colspan="7"></td></tr>
<tr><td colspan="3">开竣工时间</td><td colspan="2"></td><td colspan="3">工程所在地区</td><td colspan="2"></td></tr>
<tr><td colspan="3">工程名称</td><td colspan="7"></td></tr>
<tr><td colspan="3">开竣工时间</td><td colspan="2"></td><td colspan="3">工程所在地区</td><td colspan="2"></td></tr>
<tr><td colspan="3">工法关键技术名称、组织鉴定（评审）单位和时间</td><td colspan="8"></td></tr>
<tr><td colspan="3">工法关键技术获科技成果奖励情况</td><td colspan="8"></td></tr>
<tr><td colspan="3">工法关键技术获专利情况（专利号、专利权人）</td><td colspan="8"></td></tr>
<tr><td colspan="3">工法形成企业技术标准情况</td><td colspan="8"></td></tr>
<tr><td colspan="3">原工法名称、完成单位、中国铁建优秀工法批准文号及工法编号（重新申报工法填写此栏）</td><td colspan="8"></td></tr>
<tr><td colspan="11">工法内容简述：</td></tr>
<tr><td colspan="11">关键技术及保密点（有专利权的，请注明专利号）：</td></tr>
<tr><td colspan="11">技术水平和技术难度（包括与国内外同类技术水平比较）：</td></tr>
</table>

续表

工法成熟、可靠性说明（当该工法应用工程少于2项时填写）：
工法应用情况及推广应用前景：
经济效益和社会效益（包括节能和环保效益）：
主要完成单位意见： （公章） 年　月　日
推荐单位意见： （公章） 年　月　日
评审委员会评审意见： 评委会主任： 年　月　日
审批意见： 年　月　日

（八）XMGL-17-3-1 专利技术交底书

专利技术交底书

<table>
<tr><td>交底书名称（必须填写）</td><td></td></tr>
<tr><td>技术联系人
电话及E-mail</td><td></td></tr>
<tr><td>经办人姓名
联系电话、E-mail</td><td></td></tr>
<tr><td>备注事项</td><td>1.是否仅用于申请政府高新资质或政府项目。
2.是否将来申请国外专利。</td></tr>
<tr><td colspan="2">一、与本专利最接近的现有技术
现有技术的方案简述（只需要描述与本专利相关的内容）：要求提供现有技术的技术方案图，针对图示做详细的文字说明，以使代理人了解本发明（实用新型）的技术背景。
二、本专利的技术
1.具体方案（描述的重点：与现有技术对比，本专利的差别以及如何通过这些差别实现客观改进效果）
技术方案不能只做功能介绍，而应当说明是怎样实现的，技术方案的阐述以本领域技术人员不需付出创造性劳动即可实现为准。
实用新型必须提供结构图，图上须标记部件名称，同时结合图进行文字说明（工艺步骤、结构说明、原理说明、动作关系说明）。发明专利必要时提供图，图的文字说明同实用新型。
2.技术效果
给出本发明（实用新型）与现有技术相比存在的优点、所产生的效果，此处需要结合技术方案来描述，以推理方式说明，做到有理有据，切忌只下结论，而无分析。
三、本发明（实用新型）的关键技术点（即最想保护和强调的技术手段）
此处需提炼出技术方案的关键创新点，列出1、2、3以提醒代理人注意，便于专利代理人撰写权利要求书。具体可以结合本发明（实用新型）带来有益效果的关键技术点；请标出创新点的重要性顺序，无须写成权利要求的形式。
四、注意
专利交底书作为发明创造的文字表现形式，技术人员一定要简单描述发明创造的方案，背景技术和本专利的具体方案一定要全面、清楚，提高与代理人的沟通效率和专利文本的撰写质量</td></tr>
</table>

十六、信息化管理用表及模板

（一）XMGL-18-1-1 项目信息化年度预算表

项目信息化年度预算表

序号	信息化项目名称	项目性质	申报单位	三级单位	业务部门	计划开始	计划结束	本年预算金额(元)													
								合计		投资					费用						
								金额	占比(%)	小计	占比(%)	基础设施投资	系统建设投资	软件资产投资	小计	占比(%)	基础设施运维费	网络通信费	系统运维费	咨询费	其他费用

（二）XMGL-18-2-1 软件资产购置年度计划

软件资产购置年度计划

项目名称（盖章）：

序号	厂商名称	软件名称	软件类别		授权模式		计量单位	数量	预估单价	预估金额	备注
			个人终端	服务器	永久	租赁					

编制人：　　联系电话：　　复核人：　　部门负责人：　　编制日期：

（三）XMGL-18-3-1 信息系统台账

信息系统台账（参考）

填报人： 所在项目： 填报时间： 年 月 日

序号	系统名称	项目操作或管理人员		使用性质	是否能用于其他项目	供应商			收费开始时间	合同金额（一次收费项目；万元）	合同金额（周期收费项目；万元/周期）	合同主要收费内容	功能简要描述	合同附件	备注
		姓名	联系电话			单位名称	联系人姓名	联系电话							

（四）XMGL-18-4-1 使用正版软件承诺书

使用正版软件承诺书

×××公司：

使用正版软件，清理和抵制盗版软件，是保护知识产权、提高自主创新能力的内在要求和重要保障措施。为此，我单位就推进使用正版软件，郑重承诺如下。

保证严格遵守《中华人民共和国著作权法》《计算机软件保护条例》等国家有关计算机软件著作权保护方面的法律法规；保证购置和使用的服务器和计算机软件是合法的正版软件，杜绝单位服务器和办公计算机中安装、使用未经合法授权的计算机软件。若有违反，自愿接受相应处罚及相关责任追究。

单位（盖章）：

单位负责人（签字）：

年　月　日

（五）XMGL-18-4-2 员工合法使用软件承诺书

员工合法使用软件承诺书

本人就计算机软件使用承诺如下：

本人知晓单位要求在工作中使用合法授权软件的规定；严格遵守在单位工作期间使用计算机合法授权的正版软件，不在本人办公用计算机中安装、使用未经合法授权的计算机软件。若有违反，自愿接受相应处罚及相关责任追究。

承诺人（签字）：

年　月　日

（六）XMGL-18-5-1 项目网络安全责任书

×××××公司
项目网络安全责任书

项目名称：

信息安全责任主体：_________项目党工委

第一责任人：（项目主要领导）

直接责任人：（项目信息化负责人，项目网络安全管理人员）

根据《中华人民共和国计算机信息系统安全保护条例》以及其他相关法律法规规定，公司因工作关系向员工提供计算机、网络、应用系统以及相关应用权限，员工不得利用公司提供的计算机、网络、应用系统相关权限进行违法犯罪活动。并承诺遵循以下安全法规，执行以下网络安全相关的工作，如出现网络安全事故，需承担相关的网络安全责任：

一、员工承诺不利用公司提供的电脑制作、复制、发布、转摘、传播含有下列内容的信息：

1.反对宪法基本原则的。

2.危害国家安全、泄露国家机密、颠覆国家政权、破坏国家统一的。

3.损害国家荣誉和利益的。

4.煽动民族仇恨、民族歧视、破坏民族团结的。
5.破坏国家宗教政策，宣扬邪教和封建迷信活动的。
6.散布谣言，扰乱社会秩序，破坏社会稳定的。
7.散布淫秽、色情、赌博、暴力、凶杀、恐怖或教唆犯罪的。
8.侮辱或诽谤他人，侵害他人权益的。
9.含有法律法规禁止的其他内容。

二、员工不得利用公司网络侵犯国家、社会、集体的利益和公民的合法权益。

三、员工不得利用公司提供的电脑和网络系统发送垃圾邮件，攻击其他网络和计算机系统，传播计算机病毒，以及其他危害互联网信息安全的行为。

四、员工不得通过公司网络系统，利用公司各交流平台及电子邮件传播不负责任、造谣滋事、煽动偏激情绪、制造恐慌气氛、扰乱正常工作秩序等各种有害信息。

五、员工不得利用公司提供的相关系统权限便利，向与公司业务无关的第三人传递、转发或抄袭公司商业机密信息。

六、员工应当时刻提高保密意识，不得与公司业务无关的任何人在任何环境内谈论、发布和传播公司机密信息。

七、员工违反上述规定情节的，公司将严肃处理，构成犯罪的送交司法机关。

八、项目须按照下述要求开展网络安全工作：

1.需要严格按照公司的相关策划配备网络安全设备，执行网络安全策略、建立台账、专人管理、定期更新、定期巡检。

2.项目建设智慧工地或其他信息系统的，应根据文件规定进行立项或报备，配备网络安全管控措施，避免弱口令、对外部用户进行严格的权限管控、不允许将账号密码交给不符合管控权限的人员代办代批，及时清理已调离或辞职的用户。

3.及时修复操作系统、中间件、数据库、代码编写遗留漏洞、系统设计逻辑缺陷、网络安全设备等漏洞。

4.根据网络安全法相关规定，做好安全等级保护测评。
5.定期进行数据备份、容灾备份、做好恢复测试。
6.定期宣贯网络安全法律法规。
7.定期组织网络安全知识培训。
8.发生网络安全事故时及时与公司网络安全委员会成员联系，并启动网络安全应急预案。

项 目 盖 章：
项目书记签名：
日　　　期：

（七）XMGL-18-5-2 项目网络安全巡检记录表

项目网络安全巡检记录表（参考）

编制单位：　　　　　　　　　　　　　　　　巡检时间：

巡检部门			巡检人	
网络连接	机房网络	正常 □　存在异常 □		
	有线网络	正常 □　存在异常 □		
	无线网络	正常 □　存在异常 □		
	异常情况记录			

续表

机房温湿度	温度	
	湿度	
	异常情况记录	
机房电力供应	常规电源供电	正常 □　存在异常 □
	备用电源供电	正常 □　存在异常 □
	异常情况记录	
消防设施状况	监控预警装置	正常 □　存在异常 □
	防火器材	正常 □　存在异常 □
	灭火器	正常 □　存在异常 □
	异常情况记录	
网络全设备	设备1	正常 □　存在异常 □
	设备2	正常 □　存在异常 □
	设备3	正常 □　存在异常 □
	异常情况记录	

十七、综合业务管理用表及模板

（一）XMGL-20-1-1-1 发文稿纸

发文稿纸

发文字号：		紧急程度：	是否涉密：
签发：		会签：	
相关部门 会审		规章制度 专项审核	
拟稿部门 负责人审稿		办公室 核稿与印发	
文件标题			
附件名称			
主送单位			
抄送单位			
拟稿部门		拟稿人	
联系电话		打印份数	

（二）XMGL-20-1-1-2 收文处理单

收文处理单

年 月 日

文件标题			
附件名称			
发文单位		发文字号	
是否涉密		紧急程度	
承办部门		经办人	
内容摘要			
承办部门意见：			
相关部门意见：			
分管领导意见：			
主要领导意见：			
承办部门填写落实情况：			

备注：落实情况填写完毕后，该表由办公室统一存档。

（三）XMGL-20-1-2-1 项目经理办公会记录

中铁××项目经理部

______________会议

第＿××＿次　会议记录

<table>
<tr><td colspan="2">日期：　　年　月　日　　时开始　　时结束</td><td>主持人：</td></tr>
<tr><td colspan="2">地点：××××会议室</td><td>记录人：</td></tr>
<tr><td>会议主要内容</td><td colspan="2">1.各部室汇报工作
2.研究有关办法及工作
3.分管领导安排工作
4.主要领导讲话</td></tr>
<tr><td>出席</td><td colspan="2">（项目领导姓名）
（共　人）</td></tr>
<tr><td>列席</td><td colspan="2">（项目部室负责人及列席会议的相关人员姓名）
（共　人）</td></tr>
<tr><td>缺席</td><td colspan="2">（应出席而未出席的项目领导姓名）
（共　人）</td></tr>
<tr><td>附件</td><td colspan="2">1.原始记录　页
2.整理记录　页
3.会议文件　页</td></tr>
</table>

第××页　共××页

时间： 年 月 日 地点： 主持人： 记录人：
（主持人）：今天召开 年第 次项目经理办公会
一、各部室汇报工作
1.办公室汇报
2.工程部汇报
二、研究有关办法及工作
1.关于审议项目重大、重要风险的议案（安全监督部汇报）
2.关于审议《××××管理办法》的议案（设备管理部汇报）
3.关于审议××××的议案（××××部汇报）
三、分管领导安排工作
1.项目副经理××安排工作
2.项目总工程师××安排工作
四、主要领导讲话

第××页 共××页

（四）XMGL-20-1-3-1 印章使用审批表

印章使用审批表

年　月　日

用印部门		经办人	
印章名称			
用印事项	事由： 数量：___式___份		
是否携带印章外出及时间	□否 □是 借出时间：__年__月__日__时__分 保管人：___ □是 归还时间：__年__月__日__时__分 归还人：___		
用印部门负责人意见			
相关部门/项目法律顾问意见			
分管领导意见			
主要领导意见			
办公室办理登记			

备注：1.已在OA、GS或其他信息系统相关管理流程中完成审批的，可以直接办理用印，用印部门应提供已审批完结的流程给办公室，作为用印审批手续留存。

2.若项目法律顾问由项目分管或主要领导兼任，“四项法律审核”相关内容的用印申请，项目法律顾问的意见可以直接写在分管或主要领导意见栏。

（五）XMGL-20-1-4-1 管理活动检查记录表

管理活动检查记录表

编号：

受检查单位		检查项目	
检查内容及结果： 受检查方确认：　　　　　　　　检查人及日期：			
整改措施（需要时）： 制定人及日期：			
整改过程： （文字及影像资料可另附页）　　　　　　　　整改人及日期：			
验证意见： （有关证据可附后）　　　　　　　　验证人及日期：			

（六）XMGL-20-1-5-1 办公类固定资产清查盘点表

办公类固定资产清查盘点表

年　月　日

序号	资产编号	资产名称	资产原值	使用部门	使用人	管理责任人	启用日期	资产状况	盘点结果	备注

备注：盘点结果是与财务部门的账目进行比对，分为：盘盈、一致、盘亏。

单位负责人:　　　　盘点人:　　　　监盘人:　　　　制表人:

（七）XMGL-20-1-6-1 信访接待登记表

信访接待登记表

填报人：　　　　填报时间：　年　月　日

信访类别	1.拖欠工资　2.工伤赔偿　3.经济纠纷　4.其他				
来访姓名		性别		联系电话	
身份证号				来访时间	
工作单位及住址					
主要诉求					
办公室接访意见					
项目领导批示					
承办部门处置结果					

（八）XMGL-20-1-7-1 请假审批单

请假审批单

单位：　　　　　　　　　　　　　　　　　　　　填表日期：　　年　月　日

姓名		职务	
联系电话		假别	
预计请休假时间	___年_月_日至___年_月_日，共计_天		
紧急联系人及电话			
销假时间确定	___年_月_日	签名：__________	
请休假事由			
请休假地址			
部门负责人审核			
项目领导审核			
办公室登记			

备注：1.请休假天数的批假权限遵照上级单位规定执行。
2.项目主要领导请休假按上级单位规定执行，项目副职领导及部室负责人请休假需项目主要领导审批，其他人员请休假由项目分管领导或主要领导审批。

（九）XMGL-20-1-8-1 项目文件材料归档范围

项目文件材料归档范围

序号	类别	归档范围	备注
1	管理类档案	本级文件、上级来文及需本项目执行和办理的其他文件材料	
2	科技档案	建设项目资料、科学研究资料、设备仪器资料、生产技术资料、房地产资料、铁路保障资料等	
3	会计档案	会计凭证、会计账簿、财务会计报告及其他会计资料	
4	实物档案	重大荣誉、各类印章、重要纪念品、重要产品样品、有价值或有意义的字画等	
5	声像档案	具有保存价值的记录声音和影像的载体，包括照片、录音带、录像带、影片、光盘等	
6	其他	其他具有保存价值的文件材料	

（十）XMGL-20-2-3-1 合规官候选人背景调查表

合规官候选人背景调查表

所属单位：__________ 填表日期：__________

为加强合规官队伍的建设，选拔符合公司价值准则与合规要求的合规官，特向各合规官候选人发放“合规官候选人背景调查表”（以下简称“调查表”）。本调查表仅用于各单位人力资源部门开展对合规官候选人进行背景调查工作。如发现潜在合规问题，有关信息可能递交到各单位合规主管部门。

您需要如实填写本调查表，同时有权要求查阅或更正已提交的个人信息。如您在提交后发生个人信息变更，请及时报告本单位人力资源部门以修改相关信息。

个人基本情况

姓名		性别		出生日期		
民族		籍贯		婚姻状况		
最高学历		所学专业		毕业时间		
联系电话			家庭住址			
身份证号			电子邮箱			

工作经历（如无工作经历者可不填）

起始时间	结束时间	单位名称	部门	职位	证明人	证明人联系方式

社会关系和家庭主要成员

姓名	关系	年龄	工作单位	职务

背景调查（如需要，可加页说明情况）

您是否具有法律合规管理等相关专业教育背景	是 / 否 （如是，请填写相关细节）
您曾经或现在是否从事过法律、合规、内控、风险管理、审计、纪检监察等工作	是 / 否 （如是，请填写相关细节）
您是否了解公司的现有合规政策和制度	是 / 否 （如是，请填写相关细节）
您是否曾经被法院或政府机构认定触犯民事、刑事的虚假陈述、贿赂、反腐败、证券或反不正当竞争方面的法律	是 / 否 （如是，请填写相关细节）
您是否曾经受到过公司内部处分	是 / 否 （如是，请填写相关细节）
您是否熟知公司合规官的任职条件及具体岗位职责	是 / 否
您是否允许我们对您提供的背景信息进行核实	是 / 否

个人资料收集声明

本人谨此声明，本人在本调查表中所提供的一切信息均真实、准确和完整。本人明白并同意本单位人力资源部门对本人的合规官选任是以本人遵守前述义务为前提。本人也明白并同意如所提供的任何资料虚假、误导或不完整，将会导致该选任无效。如本人就任本单位合规官，前述虚假、误导或不完整信息的提供将会构成立即免除合规官职务的根据，并按照《职工违纪违规处分规定（试行）》承担相应责任。本人在此不可撤销地同意个人资料收集声明中所载事项。

签字：　　　　年　月　日

（十一）XMGL-20-2-3-2 员工合规申明

员工合规申明

【姓名】

【所属单位】

【职务】

在此确认，我始终将公司的利益放在首位，认同公司的企业合规文化及宗旨，认真履行自身职责，努力维护公司的良好社会形象和声誉，杜绝实施一切可能导致公司陷入违法或不当行为的可能。

我充分知悉并将严格遵守中华人民共和国相关法律法规，以及公司海外业务所在国的相关法律法规中有关公司依法合规经营的相关规定。

我也充分知悉并将严格遵守《世界银行集团廉政合规指南概要》以及其他多边开发银行的诚信合规的相关政策、规则和指南或指引。

我充分知悉并将严格遵守公司制订的所有合规管理制度的相关规定和要求。

我承诺，将在履职过程中严格遵守上述所有相关规定和要求，并为由于本人任何不当行为或任何疏于监督造成的违规行为负全部责任。

我保证，如果我知悉任何同事、下属及上级存在任何违反上述公司合规制度的情况，我会立即将有关情况通过举报邮箱向合规办公室反映。

我保证，如果我了解到任何与公司存在业务关系的第三方单位、个人存在违反上述公司合规制度的行为，我会立即将有关情况通过举报邮箱向合规办公室报告。

我知悉，我的任何错误陈述或上述不当行为将会导致公司采取批评直至解雇的处罚，情节严重的可能被移交司法部门处理。

承诺人（签字）：

日期：　　年　月　日

（十二）XMGL-20-2-3-3合规培训记录表

合规培训记录表

课程名称：				
日　期：		培训时长：		
地　点：		培训主讲人：		
应参加培训人员姓名	公司名称/部门	参加培训人员签字	如未参加，请说明原因	如未参加，请说明补救措施
培训效果的总体评价：				

（十三）XMGL-20-2-3-4合规风险评估问卷

合规风险评估问卷

一、请列出您所在地区/国家或项目中存在业务合作关系的主要政府机构。

您是否知晓对上述政府机构有关欺诈、腐败或串谋的指控？如有，请予以具体描述。

二、您认为对于您所在的地区/国家或项目，开展诚信合规面临的三大困难是什么？

请尽量详细说明，如来自各方（军队、警察、税务、海关、矿业部、环境部、工会、劳动局、当地居民等）的勒索，办公加速费或融通费（来自海关、税务、移民局、工程部门、合同部门、劳动局、社保局、财政部，各类办事员、秘书等）以及缺乏真实信息的获取途径等。

三、请描述您所在地区/国家或项目中提供纪念品与进行招待的实际情况：

1.您所在地区/国家或项目提供纪念品与招待的频率。

2.提供这些纪念品与招待的目的。

3.业务招待的对象。

4.过去一年内您提供过的最昂贵的纪念品。

5.与政府官员就餐的频率及支出情况。

6.其他类型的招待频率。

7.最近一年内，您为外国政府官员提供的招待活动。

四、最近一年内，您所在单位有多少次被要求为客户（包括政府官员）提供旅行费用？

五、请描述您所在地区/国家或项目在开展业务活动中现金支付的情况（包括与供货商、律师和其他服务机构之间的业务活动）。

六、最近一年内，您所在地区/国家或项目向当地政府官员、警察或士兵提供过多少次小额现金支付？

七、您认为通过何种举措可以加强您所在地区/国家或项目上商业伙伴、所属单位或合营公司的合规文化？

八、您认为，目前您所在单位最严重的合规风险是什么？

九、您是否有其他需要进行说明的内容，如有，请在下方填列。

调查人：
受访人：
调查日期：

（十四）XMGL-20-2-3-5 初步调查报告

初步调查报告模板

调查人：（开展初步调查的员工姓名）

日期：年/月/日

不合规行为线索：这部分应说明不合规行为线索的来源、发生时间、地点等基本情况。

调查开展和调查结果：这部分应简要描述调查方法（采访证人、审核文件和得到其他业务机构的援助）和通过初步调查揭露的事实。（这部分应为一个或两个段落）

结论：这部分应说明负责初步调查的员工是否认为存在不合规行为。

需要采取进一步行动：这部分应说明负责初步调查的员工是否认为此事应上报以及上报原因（这部分通常应不超过两句）。

（十五）XMGL-20-2-3-6 合规调查发现问题改进记录表

合规调查发现问题改进记录表

发现的问题	问题产生原因	改进措施	改进落实时间

合规官签字栏：
姓名：
日期：

（十六）XMGL-20-2-3-7 合规审查处理意见表

合规审查处理意见表

被审查单位名称：
合规审查日期：
合规审查小组组长：
合规审查组成员：

编号	违规事实	主要责任人	影响/后果	问题定性依据的规章制度	证明材料和审查记录（如有附件，请说明）	处理意见	补救、整改措施

合规审查经办人签字：
首席合规官签字：

（十七）XMGL-20-2-3-8 合规访谈内容记录表

合规访谈内容记录表

<table>
<tr><td colspan="2">访谈事项：</td></tr>
<tr><td>合规审查小组成员：</td><td>被访谈人：</td></tr>
<tr><td>时间：</td><td>被审查单位名称：</td></tr>
<tr><td colspan="2">经办人签字：
被访谈人签字：</td></tr>
</table>

（十八）XMGL-20-2-3-9 合规审查评价表

合规审查评价表

被审查单位名称：					
合规审查日期：					
合规审查小组组长：					
合规审查小组成员：					
审查项目	审查内容	审查情况	是否发现异常，如有异常请简要描述	建议采取措施	备注
合规管理组织机构、人员到位及履职情况	1.1是否设立合规管理组织机构				
	1.2合规主管部门人员职责是否明确				
	1.3是否配备合规官，人员数量是多少				
	1.4合规官的合规宣传情况及记录				
	1.5合规官的合规培训情况及记录				
	1.6合规官对合规业务的普及情况及员工对合规业务的了解情况				
	1.7单位员工是否已签署员工合规申明并做好高风险岗位背景调查				
合规制度执行情况	2.1合规计划何时启动				
	2.2合规管理过程的实施步骤是否完备				
	2.3合规业务过程的合规审批步骤是否完备				
	2.4合规业务过程的财务审批步骤是否完备				
	2.5合规业务过程记录整理归档是否完备				
	2.6合规业务过程台账登记是否完备				
	2.7合规业务过程报告（季报、年报等）是否完备				
	2.8合规业务过程合规业务监督是否完备				
	2.9对内部咨询情况的解答和记录是否完备				
合规风险评审应对情况	3.1是否开展合规风险评估				
	3.2是否针对合规风险评估结果采取有效应对措施				
	3.3针对何种风险采取何种应对措施				
	3.4是否针对内部违规情况开展调查				
	3.5针对内部违规情况的调查报告及结果报告				
	3.6针对内部举报采取何种应对措施				

续表

审查项目	审查内容	审查情况	是否发现异常，如有异常请简要描述	建议采取措施	备注
合规培训宣贯情况	4.1是否建立本单位的年度合规培训计划				
	4.2是否按期完成上级及本单位各次培训任务				
	4.3合规培训记录是否完备				
	4.4合规培训是否达到预期效果				
	4.5主要领导对合规政策执行的重视程度及宣贯记录				
	4.6对合作伙伴、第三方合规宣贯情况及效果				
合规工作考核情况	是否计划将合规工作纳入绩效考核体系				
合规审查经办人签字：					
被审查单位负责人签字：					
被审查单位合规官签字：					

（十九）XMGL-20-3-3-1 信用评价信息表

项目信用评价情况一览表（参考）

检查单位	检查时间	检查形式	参与评价的施工单位数量	扣分（本期/累计）	本单位排名	具体扣分原因	标准化管理绩效考评情况

填报人：　　　　审核人：　　　　日期：

股份公司内部信用评价项目经理部扣分排名表

序号	项目名称	公司	区域	本期扣分	累计扣分	项目排名	扣分说明	项目公司（总承包部）	评价主体单位	备注

编制：　　　　复核：

股份公司内部信用评价项目排名与赋分表

序号	信用评价主体单位	项目名称	公司	区域	项目得分	项目排名	项目赋值分	评价主体单位得分	评价主体单位排名	评价主体单位档次	评价主体单位赋值分	备注

编制：　　　　审核：　　　　日期：

十八、党群工作管理用表及模板

XMGL-21-1-1-1关于成立项目党群组织的请示

关于成立×××项目部党支部的请示

公司党委：

×××项目部担负××标施工任务，项目部共有职工 ××名，党员××名，其中预备党员××名。为了加强基层党组织建设，充分发挥党组织的战斗堡垒和共产党员的先锋模范作用，根据《中国共产党章程》《集团公司基层党支部建设实施细则》要求，申请成立×××项目部党支部。项目部于×月×日召开全体党员大会，大会应到党员××人，实到党员××人，通过无记名投票差额选举×××、×××共××位同志组成党支部委员会，×××担任支部书记。委员分工及基本情况附后。

妥否，请批示

附：党支部委员基本情况表

年　月　日

关于×××项目部党工委、纪工委委员建议名单的报告

公司党委：

×××项目部担负××标施工任务，项目部共有职工××名，党员××名，其中预备党员××名。为了加强基层党组织建设，充分发挥党组织的战斗堡垒和共产党员的先锋模范作用，根据《中国共产党章程》《集团公司工程项目部党组织工作条例》和上级有关文件规定，拟推选×××共××位同志为党工委委员，×××共××位同志为纪工委委员。委员分工及基本情况附后。

附：党工委、纪工委委员基本情况表

年　月　日

关于成立×××项目部工会工作委员会的请示

公司工会：

×××项目已于××月进场，现有正式职工××名，其中女职工 ××名，根据《工会法》《中国工会章程》规定，为落实全心全意依靠工人阶级的指导方针，健全工会组织，协调劳动关系，促进项目发展，经项目党工委研究，拟成立×××项目部工会工作委员会，×××、×××、×××等××名同志为×××项目部工会工作委员会委员候选人，提交工会会员大会选举通过。

×月×日项目召开全体工会会员大会，大会应到职工 ××人，实到××人，通过无记名投票差额选举×××、×××等×名同志为×××项目部工会工作委员会委员，其中×××同志任工委主任，委员分工及基本情况附后。

妥否，请批示。

附：工会工作委员会委员基本情况表

年　月　日

关于成立共青团×××（总）支部委员会的请示

共青团×××委员会:

××项目部于××月组建上场，现有职工××人，其中青年（35岁以下）××人，共青团员××人。根据团组织设置要求，应成立团组织。

为了更好地开展团青工作，调动广大团员青年积极性，团结带领广大团员青年为服务项目生产经营发挥生力军和突击队作用，特申请成立共青团×××（总）支部委员会。×××团（总）支部，拟设置书记1名、副书记××名、委员××名。

妥否，请批示。

×××党支部

年　月　日

＿＿＿＿＿委员基本情况登记表

姓名	性别	出生年月	文化程度	入党时间	工作部门及行政职务	拟任职务	联系电话	备注

注：此表适用于党工委/支部、纪工委、工委、团支部等各类组织的委员基本情况登记。

十九、项目收尾管理用表及模板

（一）XMGL-22-2-1 项目收尾管理工作方案

×××项目收尾管理工作方案（模板）

1.工程概况

2.收尾工作责任分工及负责人安排

3.工程完成情况及安排（明确时间节点）

3.1　剩余工程完成情况及安排

3.2　缺陷修复、交验工作和固定资产移交完成情况及安排

4.经济管理工作完成情况及安排

4.1　概算清理、变更索赔情况及安排

4.2　竣工结算、工程价款的结算情况及安排

4.3　对下计量、结算；债权债务清理情况及安排

4.4　审价、审计工作情况及安排

5.财务管理工作完成情况及安排

5.1　财务盘点

5.2　分包成本入账

5.3　工程结算入账

5.4　财务并账

5.5 项目销户、税务及外出生产许可证销户、并账及会计档案移交

5.6 对下支付、工程价款回收、各种保证金、押金清收情况及安排

6.收尾其他工作完成情况及安排

6.1 人员的安排建议

6.2 物资设备、机械和车辆等资源的安排建议

6.3 项目所拥有的办公家具、设备器材的详细情况及安排

6.4 竣工技术资料（含技术总结）的编制情况及安排

6.5 项目科研课题的结题情况及安排

6.6 签订工程质量保修书，申报优质工程情况及安排

6.7 业绩的收集归档，技术、经济档案的归档移交情况及安排

6.8 项目所投保险种清理情况及安排

6.9 项目印章上交封存安排

6.10 发生的法律、经济纠纷事件、案件处理情况及安排

7.项目收尾管理费用预算（附项目收尾管理成本费用开支预算表）

8.项目存在的问题及对策措施

（二）XMGL-22-2-2 项目收尾管理成本费用开支预算表

×××项目收尾管理成本费用开支预算表

编制单位：×××项目部　　收尾期间：　年　月　日～　年　月　日　　金额单位：元

预算项目编号	预算项目	行次	收尾期间成本费用开支预算				
			×年	×年	×年	×年	合计
	栏次	一	1	2	3	4	5
2	间接费用开支预算（合计）	1					
201	职工薪酬	2					
202	办公费	3					
20201	通信费	4					
2020101	固定电话费	5					
2020102	移动电话费	6					
2020103	宽带费	7					
20202	邮资费	8					
20203	办公耗材费	9					
20204	书报资料费	10					
20205	档案管理费	11					
20206	协会会费	12					
20207	印刷装订制作费	13					
20208	其他办公费	14					
203	折旧费	15					

续表

预算项目编号	预算项目	行次	收尾期间成本费用开支预算				
			×年	×年	×年	×年	合计
	栏次	—	1	2	3	4	5
204	修理费	16					
205	物料消耗	17					
206	差旅交通费	18					
207	会议费	19					
208	劳动保护费	20					
209	水电费	21					
20901	水费	22					
20902	电费	23					
210	财产保险费	24					
211	租赁费	25					
212	环境治理费	26					
213	咨询费	27					
214	检验试验费	28					
215	办公用临时设施摊销	29					
216	报废损失	30					
217	停工损失	31					
218	劳务费	32					
219	安全生产费用	33					
220	其他	34					
3	直接成本支出预算（合计）	35					
31	合同成本	36					
311	人工费	37					
312	材料费	38					
313	机械使用费	39					
314	其他直接成本	40					
315	分包成本	41					

说明：1.年度栏可根据实际情况增减列。
2.报送上表时，应同时报送"×××项目成本费用预算编制说明"，详细说明成本费用构成、开支缘由等。

（三）XMGL–22–2–3 责任人收尾管理兼职责任书

责任人收尾管理兼职责任书

根据《×××公司收尾项目管理办法》规定，×××项目于____年__月__日纳入×××公司收尾项目统一管理，期间项目收尾业务管理主要责任人（　　责任人）负责的主要责任事项达到收尾项目管理人员调离必要条件，同意该责任人调离，调离后在本项目兼负以下职责：

（1）继续履行本项目后续的业务收尾工作及目标：（1）　　（2）　　（3）　　。

（2）服从调遣。因项目工作需要接到通知后，应在第一时间回复、处理、反馈。

（3）处理好新岗与兼职岗工作时间的兼容关系，合理安排，注重效率，实现"两头"工作平行推进。

兼职管理事项完结，实现预期目标，经确认，发给____兼职津贴___元。

业务兼职责任人：　　　　年　月　日

业务兼职责任人归口序列公司部门负责人：　　　　年　月　日

项目收尾管理负责人：　　　　年　月　日

监管方（债权及收尾项目管理部）：　　　　年　月　日

（四）XMGL–22–2–4 收尾项目管理目标责任书

收尾项目管理目标责任书

甲方：×××公司

乙方：×××项目经理部

为强化公司项目收尾管理，充分调动项目收尾管理人员的工作能动性，提高管理绩效，全面实现项目经营管理责任目标，特签订"收尾项目管理目标责任书"。

一、项目收尾管理责任期限

项目于____年__月__日纳入公司收尾项目管理，责任要求____于____年__月__日前收回全部竣工决算尾款，完成项目收尾管理所有责任事项，实现收尾项目管理销号。

二、项目收尾管理主要内容及节点目标

三、项目收尾管理期间成本费用开支管控

执行公司总经理办公会批复的"项目收尾管理成本费用开支责任预算"，收尾期间成本费用开支额度控制在预算额度以内，支出核销执行《×××公司收尾项目管理办法》规定的审批流程。

四、项目收尾管理主要责任人员及调离的必要条件

该项目管理主要责任人定为：项目经理（或项目负责人）______、项目总工程师（或技术负责人）______、计划负责人______、财务负责人______。

项目管理主要责任人调离必须完成必要的责任目标事项，经债权及收尾项目管理部同意后才能调离。

项目经理（或项目负责人）调离必要条件：项目主体工程完结，化解了亏损、安全、质量、信誉等风险后。

总工程师（或技术负责人）调离必要条件：实体工程完工，竣工文件、资产档案、土地恢复等所有资料移交手续办理完结，或者整理、组卷、归档，经公司技术管理部、工程管理部联合验收、评审，认定达到合格签字后。

计划负责人调离的必要条件：合同外（工程变更设计）费用及竣工决算批复后；或者清理编制

完结，经公司经济管理部验收、评审认定达到达标签字后。

财务负责人调离的必要条件：业主扣留的各类保证金清欠到位后。

五、项目收尾人员管理与薪酬

依据《×××公司收尾项目管理办法》有关规定，公司债权及收尾项目管理部负责对项目收尾人员日常管理，按月考勤，发放专职收尾人员月度基本薪酬；按年度考核，发放专职人员年度绩效奖金、兼职人员年度兼职津贴。

六、双方权利与义务

1.甲方依法享有对乙方监督管理、考核和奖罚的权利。

2.乙方应根据甲方制度办法及相关文件规定，落实收尾阶段各项工作，并按时、按量完成。

3.乙方对责任书绩效考核与奖惩意见有异议的，有权向甲方提出。

七、其他

1.本责任书自签章之日起生效。

2.本责任书一式二份，甲乙双方各一份。

3.本责任书生效后即具有约束力，任何一方不得随意变更和解除。

4.责任期满，本责任书履行完毕，本责任书自行终止。

附表: 项目收尾管理主要内容时间节点目标表

甲方授权代表： 乙方授权代表：

（甲方盖章） （乙方盖章）

年 月 日 年 月 日

（五）XMGL-22-4-1 专项验收问题汇总表

××专项验收问题汇总表（路外工程）

序号	区域	地点	问题分类	问题描述	依据标准	问题照片	整改要求	整改责任部门	整改责任人	整改时限	整改完成情况描述	整改完成情况照片	复查人	备注

说明：表格内容可根据实际情况进行适当调整。

××铁路工程专项验收问题汇总表

序号	线名	项目名称	设备名称	侧别	中心里程	起点里程	终点里程	问题项	问题内容	问题类别	原因分析	整改方案	整改完成时间
一、影响联调联试的A类问题													
二、不影响联调联试的B类问题													

（六）XMGL–22–4–2 项目后续事宜联系单

项目后续事宜联系单

×××公司（建设单位）：

我公司负责施工的××工程，于××年××月××日完成交（竣）工验收并办理了工程移交手续。项目交工之后，为了保证工程后续工作联系畅通，在质保期间更好地为工程运营提供质保服务，后续事宜负责人联系方式如下：

1.项目经理

联系人：

联系电话：

责任：负责项目后续所有事宜牵头处理工作。

2.公司债权及收尾项目管理部

联系人：

联系座机：

责任：处理业主来函来信，协调公司各部门调集资源进行项目后续事宜的处理。

3.公司市场开发部门

联系人：

联系座机：

责任：负责对业主进行回访。

×××公司

年　月　日

二十、督察与审计管理用表及模板

（一）XMGL-23-2-1 项目审计专项策划书

项目审计专项策划书（模板）

根据项目风险管控要求，结合项目实际情况，为加强迎审风险控制，规范迎审管理工作，制订本策划书。

1.工程概况及任务划分

1.1 工程概况

1.2 任务划分

2.审计策划工作领导小组及职责

2.1 策划工作领导小组

2.2 工作职责

工程项目部对配合审计承担直接责任。项目经理是落实配合审计责任的第一负责人。

配备外部审计联络员，负责协调外部审计业务，与有关各方沟通，合理安排资源积极配合。

3.开展自查自纠工作

3.1 时间范围

3.2 工作重点

（1）经营决策。

（2）前期策划。

（3）内部控制。

（4）薪酬管理。

（5）工程技术管理。

（6）物资管理。

（7）设备管理。

（8）计划成本管理。

（9）劳务管理。

（10）安全管理。

（11）质量管理。

（12）财务管理。

（13）债权、债务管理。

（14）项目综合管理。

4.自查整改工作报告

4.1 项目概况

4.2 经营成果

4.3 财务状况

4.4 管理评价

包含但不限于以下内容：

（1）安全质量管理。

（2）工程量管理。

（3）劳务管理。

（4）物资设备管理。

（5）资金管理。

（6）八项规定。

4.5 合同履约情况

5.配合审计工作原则及方式

5.1　配合审计工作原则

（1）客观原则。提供资料，接受审计访谈、签认审计取证单、介绍有关情况时要实事求是，准确全面，要就事论事，有理有据，一事一答。

（2）正面原则。面对审计组提出的问题和风险，注重把握点和面的关系，注重三个区分开来，积极沟通，正视问题的同时认真分析相关历史背景和发生的客观原因，争取审计组理解和认可。

（3）归口原则。各部门对审计所需资料需履行相关审批程序，提供的资料应在本单位、本部门登记留存。

（4）统一原则。各部门提供相关资料和经济数据（各业务信息系统的数据要关联、闭合），以及回答审计人员询问时，要注重横向纵向核对。

（5）保密原则。对于企业机密资料要保密，专人保管；对于审计要求提供的资料要保密，不得擅自泄露外传；对于审计中发现的问题要保密。

5.2　配合审计方式

（1）建立配合审计工作责任制度。各部门应根据审计工作统一安排，制订配合审计工作计划，明确工作节点和工作目标，落实配合审计工作职责。

（2）建立资料提供内部审签流程。各部门在向审计组提供相关资料时，要保证及时和有效，不能拖沓，但必须履行内部审签流程。所有应提供的资料，各相关部门应提前分析，做好解释预案，履行相关审批手续后，统一交由联络组办公室负责提供。

（3）建立重要事项督导督办制度。配合审计领导小组要及时进行督促、指导、监控和协调，监督各部门报送资料、提供信息、落实审计责任等事项。对重要审计事项的关注点、平衡点、风险点进行卡控，对上下互联、横向关联、内引外联等事项进行统一协调、查证、对应、督办，防止出现连锁反应。

（4）建立定期报告制度。审前调查和延伸审计期间，联络组办公室及各业务部门要坚持值班，联络组将制订周报及重要审计情况报告统一模板及工作报表和相关台账，对审计动态情况做到“重要情况逐日上报、进展情况每周汇总、总体情况每月综合汇报”，不定期向公司领导汇报配合审计情况。

（5）加强风险预警和危机应急管理。对重点业务、重点人员要建立风险预控机制，做好与相关部门的信息沟通，建立信息共享互换机制，设立防火墙和缓冲带。

（二）XMGL-23-2-1-2 工程项目审计自查自纠清单

工程项目审计自查自纠清单

序号	关键环节	自查自纠内容（仅供参考）
一、开工准备		
（一）	施工组织	
（二）	临建工程	
（三）	单价预控及法人管项目	
（四）	责任预算编制及效益策划	
（五）	项目管理机构设置和主要管理人员的任用	

续表

序号	关键环节	自查自纠内容（仅供参考）
	二、项目实施	
（一）	内控制度落实	
（二）	劳务管理	
（三）	物资材料管理	
（四）	机械设备管理	
（五）	成本核算及费用控制	
（六）	资金管理	
（七）	变更索赔（二次经营）	
（八）	工期安全质量环水保	
	三、竣工收尾	
（一）	竣工决算	
（二）	销户并账	
（三）	余款清收	
（四）	终期考核兑现	

（三）XMGL-23-2-2-1 审计查询书

中国铁建股份有限公司

审计查询书

编号：××

××公司（项目）：

根据审计工作需要，请按本查询书要求，于××月××日前答复我们。

审计人员签字：××

××年××月××日

查询事项	
要求	
答复：	
被查询单位（部门）：　　负责人：　　填写人： 填写时间：	

（四）XMGL-23-2-2-2 工程项目内部审计套表

项目基本情况表（样表）

被审计单位签章： 截止日期：××年××月××日 单位：万元

工程名称		发包方名称	
建设单位名称		监理单位名称	
施工地点			
合同总价（万元）		合同外调整价	
合同工期	合同工期××个月，自××年××月至××年××月	实际开工日期	
安全质量标准			
主要工程量	路基土石方××万方；桥梁××座，总长××延米；涵洞××座，××横延米；架设T梁××孔；正线铺轨××km，站线铺轨××km；改造既有正线××km，站线××km		
人员配备及机械设备投入情况	项目上场人员××人，其中：职工××人，民工及外聘人员××人。参建技术人员××人，其中：高级职称××人、中级职称××人、初级职称××人。投入机械设备××台（套），价值××万元，投入施工管理车辆××辆（台）、办公设备××台，价值××万元		
项目组织机构设置	××年××月成立，项目××人（其中：外聘人员××人），设“××部××室”，即××部、××部、××部、××部，负责项目具体施工		
项目部负责人		总工程师	
实际完成工程量			
完成产值		剩余产值	

被审计单位负责人： 工程部负责人： 填表人：

（五）XMGL-23-2-2-3 审计承诺书

审计承诺书

××审计组:

根据中国铁建股份有限公司内部审计有关规定，我公司（项目）按照审计组要求提供了审计所需全部资料，并郑重承诺如下:

一、所提供数据信息、文件、合同、会议纪要和记录、情况说明等全部审计资料真实、准确、完整。

二、所提供资料真实、完整地反映了公司（项目）全部经济事项，无账外账户、账簿、资产、抵押或担保等事项。

三、本公司（项目）对所提供资料存在不真实、不完整的情况承担责任。

企业主要负责人（签字）:

总会计师或财务负责人（签字）:

（公章）

××年××月××日

（六）XMGL-23-2-2-4 审计工作底稿

中国铁建股份有限公司

审计工作底稿

索引号	
页次	

项目名称			
被审计单位名称			
审计事项			
审计目标			
执行审计程序			
事项摘要 审计证据名称：			
审计结论			
审计意见及建议			
审计人员		编制日期	
复核人员		复核日期	
被审计单位或当事人意见			
	被审计单位（部门）负责人（签名）		日 期

审计组长：　　　　附件　页

备注：“被审计单位或当事人意见栏”填写不够时，可另附说明。

（七）XMGL-23-2-2-5 审计报告征求意见书

审计报告征求意见书

××单位：

现将审计组拟定的“××审计报告（征求意见稿）”送给你们。根据《中国铁道建筑有限公司暨中国铁建股份有限公司内部审计管理规定》第二十九条规定，请在收到此报告之日起10个工作日内提出书面意见，并连同审计报告一并返还我们，逾期不提出的，视为无异议。

附：××审计报告（征求意见稿）

审计组长：

××年××月××日

被审计单位意见（可加附页）：

被审计单位（公章）：

单位负责人（签名）：

××年××月××日

（如果是离任经责审计，需要征求被审计单位离任责任人意见，格式如下）

审计报告征求意见书

被审计人：

现将审计组拟定的“××审计报告（征求意见稿）”送给你们。根据《中国铁道建筑有限公司暨中国铁建股份有限公司内部审计管理规定》第二十九条规定，请在收到此报告之日起10个工作日内提出书面意见，并连同审计报告一并返还我们，逾期不提出的，视为无异议。

附：××离任经济责任审计报告（征求意见稿）

审计组长：

××年××月××日

被审计人意见（可加附页）：

签字：

××年××月××日

（八）XMGL-23-2-2-6 审计整改“三表一单”

审计发现问题整改表

序号	审计机构	审计项目名称（如：×××离任经济责任审计）	审计工作起止日期	被审计单位	审计期间	问题描述	问题金额（万元）	定性依据	处理意见或建议	整改责任单位（或部门）	整改措施及进展	整改完成情况（已完成或未完成）	整改问题金额（万元）							建立健全制度（项）				追责问责						整改验收情况	验收人	备注
													调整账表	避免或挽回经济损失	清理应收款项	终止合同	减少风险敞口	解除不合理担保	其他	新建	制度名称	修订完善	制度名称	移交司法机关（人次）	党纪政纪处分（人次）	调整职务（人次）	诫勉谈话（人次）	扣减责任人员薪酬（人次）	其他（人次）			

审计风险提示表

序号	审计机构	审计项目名称（如：×××离任经济责任审计）	审计工作起止日期	被审计单位	审计期间	重大风险描述	涉及金额（万元）	风险防范及化解措施

审计建议采纳表

序号	审计机构	审计项目名称（如：××离任经济责任审计）	审计工作起止日期	被审计单位	审计期间	处理意见及建议	处理意见或建议采纳情况

审计问责清单

序号	审计机构	审计项目名称（如：××离任经济责任审计）	被审计单位	问题线索描述	责任认定情况					备注
					责任定性	定性依据	损失或风险金额	主要责任人	责任类型	

（九）XMGL-23-2-3-1 外部审计情况表

××年××月外部审计情况表

填报单位（全称）：

序号	公司	工程项目名称	工程项目类别	工程完工时间/未完工的项目填完工程度	审计单位名称	审计实施单位	审计类型	审计查阅资料	要求提供资料日期	审计组进点时间	审计结束时间	合同金额	初审金额（送审金额）	审计组提出审减金额（最初拟审减额）	审后（过程中）确认金额	审计状态	审计出的问题金额	联系人	电话
合计																			

（十）XMGL-23-2-3-2 外审关注的重点内容

工程项目外部审计关注的重点内容

1.投标经营情况

主要审查工程项目投标决策、承包合同签订、项目经营投标模式等情况。重点关注投标管理制度执行、违反“七严禁”规定承揽项目、承包合同签订、提点转包、借用资质、围标等情况。

2.政策措施贯彻落实情况

主要审查工程项目建设贯彻落实中央重大决策部署情况。重点关注项目建设过程中贯彻落实“六稳六保”、三大攻坚战、放管服改革、减税降费、投融资体制改革、基础设施领域补短板、清理拖欠民营企业欠款等政策措施落实情况。

3.项目基本建设程序履行情况

主要审查工程项目立项决策程序、施工准备程序、施工和验收程序履行情况。重点审查工程项目决策过程，项目建议书、可行性研究报告、初步设计概算的编制和审批，以及项目评审等情况。

4.项目建设资金使用管理情况

主要审查工程项目建设资金筹集和管理使用情况。重点审查项目建设资金筹集渠道和方式、债务规模、社会资本参与和项目资本金到位等情况；项目建设资金核算、管理和使用情况；各项建设成本的核算和归集情况；项目决算和结余资金管理使用情况。

5.项目征地拆迁情况

主要审查工程项目土地征收程序、土地征收补偿、土地征收规划及用地情况。重点审查土地征收审批、土地征收补偿范围、补偿标准、补偿资金管理使用、失地农民社保政策落实，以及政策规划执行和土地用途及管理使用情况。

6.项目招投标情况

主要审查工程项目招投标过程，包括招标、投标、开标、评标、定标过程，以及合同管理情况。重点审查项目招标前期准备、招标程序；项目开标、评标定标过程；项目合同主体资格、合同主要条款；对上对下合同或补充协议签订及时性和规范性；对上计价或变更索赔及时性、对下计价审批和结算及时性、合同约定预付款收取、保证金收回；合同人员与项目实际管理人员一致性、按合同条款招用当地劳务人员比例、合同交底及时性等情况。

7.项目质量安全与进度管理情况

主要审查工程项目工程质量管理、安全管理、进度管理情况。重点审查建设等相关单位等工程质量、安全和进度内部管理制度的建立健全情况；审查项目建设中存在质量、安全问题的整改情况，必要时抽查关键部位实体质量和相关安全管理措施有效性；施工方案或图纸编制、合同交底、试验检测工作开展、项目进度控制情况；安全协议或安全包保责任书签订、风险抵押金缴纳、安全培训教育、工程保险购买、安全考核工作实施、现场安全生产管理、工程质量、返工、安全质量罚款落实等情况。

8.项目生态环境保护情况

主要审查工程项目前期阶段、实施阶段和竣工阶段生态环境保护情况。重点审查生态环境保护相关重大政策落实，生态环境保护文件（方案）编制和审批，项目建设中生态环境保护措施实施；项目单位组织环保验收情况；生态环境保护设施运行状态及效果等情况。

9.项目预算执行情况和投资绩效情况

主要审查工程项目预算执行、工程结算、竣工审计和投资绩效等情况。重点审查初步设计概算编制、概算执行及调整；工程价款结算、设计变更和签证、工程索赔；竣工财务决算报表和说明书编制、交付使用资产；项目建设目标实现，经济效益社会效益和生态效益等情况。

10.劳务管理情况

主要审查工程项目劳务招标、验工计价情况。重点审查劳务招标规范性、招标资料完整性、分包单位资质和分包内容标准性；劳务台账管理、对下计价规范性、应扣劳务队费用情况；农民工工资管理和发放、因债务纠纷被法院扣款或冻结资金情况。

11.物资管理情况

主要审查工程项目物资招标采购、材料核算、领用消耗及现场管理情况。重点审查物资招标过程规范性、采购需求计划编制、集采物资审批、材料核算规范性（是否以发代耗、材料超耗）、物资点验、限额领料、物资盘点、现场保管、废旧物资处置规范性等情况。

12.设备管理情况

主要审查工程项目设备采购、设备费用核算、设备租赁情况。重点审查设备采购报批、设备租赁需求计划编制、单机核算、设备租赁合同结算、设备租赁台账、设备维修保养记录、租赁设备使用签证等情况。

13.成本费用控制方面

主要审查工程项目责任预算管理、成本核算、成本费用控制情况。重点审查责任预算编制、目标责任书签订、节超分析或成本分析、成本辅助台账建立、收入成本入账及时性、会计核算规范性、税费缴纳及时性、发票取得及时性、会计基础工作规范性等情况。

14.其他方面

主要包括保密措施执行情况、廉政建设情况等。

管理用表及模板索引

（右侧号码指本手册对应的页码）

项目投标

项目风险

项目策划

施工技术

安全生产

工程质量

工程进度

项目成本

项目合同

项目分包

项目物资

机械设备

项目财税

节能环保

科技创新

信息化

综合业务

党群工作

项目收尾

督察与审计